LE MANAGER AU QUOTIDIEN

Éditions d'Organisation
Groupe Eyrolles
61, bd Saint Germain
75240 Paris cedex 05
www.editions-organisation.com
www.editions-eyrolles.com

Du même auteur,
chez le même éditeur

Le management : voyage au centre des organisations

Structure et dynamique des organisations

Le pouvoir dans les organisations

Pouvoir et gouvernement d'entreprise

Des managers, des vrais ! Pas des MBA

HENRY MINTZBERG

LE MANAGER
AU QUOTIDIEN

Les dix rôles du cadre

Deuxième édition mise à jour et complétée

Traduit de l'anglais par Pierre Romelaer

**Éditions
d'Organisation**

© Groupe Eyrolles, 1984, 2006

ISBN : 2-7081-3728-X

Sommaire

Avant-propos

Lorsque j'écrivais ce livre, je pensais que j'étais simplement en train de faire une description de ce qu'est le travail du cadre, destinée à remplacer celles qui existaient alors et qui étaient usées jusqu'à la corde. C'est tout au moins ce que je pensais en 1973. Ma vision des choses a changé depuis : j'ai vu ce livre par les yeux d'autres personnes et je lui trouve maintenant une signification plus profonde : pour l'essentiel, la remise en question de quelques visions conventionnelles sur la rationalité et la bureaucratie. J'apprécie de constater qu'un certain nombre de personnes voient dans ce travail la réapparition du rôle de l'intuition dans la gestion (ou plus exactement dans la littérature de gestion ; l'intuition n'a jamais disparu de la pratique quotidienne des cadres ; elle s'est juste dissimulée dans un obscur hémisphère du cerveau humain).

. Dans la semaine qui a suivi la parution dans le *New York Times* (le 29 octobre 1976) d'un article consacré à ce livre, je reçus un appel des assistants de programmation d'une chaîne de radio et d'une chaîne de télévision canadiennes, qui me demandaient une interview pour leurs programmes du matin. Dans les deux cas, ceux qui m'appelaient — ils avaient lu l'article, mais rien de ce que j'avais écrit moi-même — me disaient qu'ils seraient heureux de voir qu'enfin quelqu'un avait « réglé leur compte » aux cadres. Bien sûr, ce livre ne fait rien de tel. En fait, cela m'amuse de constater que les seules personnes qui paraissent apprécier ce livre plus que les assistants de programmation sont les cadres eux-mêmes. Jour après jour, j'en ai entendu qui me disaient : « Grâce à vous, je me sens bien. J'en étais venu à penser que je faisais mal mon travail. Pendant que *j'*étais sans cesse interrompu, *ils* étaient tous en train de planifier, d'organiser, de coordonner et de contrôler ».

Je ne parviens à expliquer que d'une seule façon l'accueil enthousiaste fait à ce livre, à la fois par les cadres et par les gens qui croient qu'il y a quelque chose à changer chez les cadres : tous en ont assez de la rationalité au sens étroit du terme, de la rationalité qui cherche à éliminer toute intuition au profit de l'analyse, de la rationalité qui place le cadre au-dessus de l'agitation et des contingences de la vie quotidienne de l'organisation, de la rationalité qui fait passer le système avant l'homme. C'est un thème que j'espère poursuivre, mais pas ici. *Les dix rôles du cadre* a été écrit pour nous permettre de connaître la réalité telle qu'elle est. Ceci demeure son objectif.

Préface

Pour identifier l'origine de ce livre, il faut en fait remonter vingt sept ans en arrière, à l'époque où, enfant, je me demandais ce que mon père faisait quand il était au bureau. Il était président d'une petite entreprise, mais la nature de son travail n'avait rien de clair pour un garçon de six ans. Certains salariés travaillaient sur des machines, d'autres dactylographiaient des lettres. Apparemment, mon père restait assis dans son bureau, signait une lettre de temps en temps, et parlait. De cette vieille interrogation est née la question : que font les cadres ?

Cette question est restée enfouie dans ma mémoire pendant quelques dix neuf années de scolarité, dans lesquelles je compte deux années d'un programme de maîtrise de gestion et la première année d'un programme de doctorat dans la même matière. Jamais je n'ai pris conscience (non plus d'ailleurs que nombre de ceux qui m'ont enseigné) du fait qu'on ne parlait jamais du travail du cadre, bien que le programme de maîtrise ait eu précisément pour objectif la formation de cadres ! Cette vieille question m'est revenue à l'esprit seulement lorsque je me suis mis à la recherche d'un sujet de thèse. L'un de mes professeurs avait rendu visite à un haut fonctionnaire connu qui pensait qu'il serait intéressant d'étudier son travail. Le professeur me proposa de travailler sur ce sujet mais j'hésitai : il me paraissait risqué d'entreprendre un tel projet dans le cadre d'un institut de formation à la gestion moderne, marqué par l'approche scientifique.

Graduellement, cependant, l'idée prit corps, son chemin ayant été préparé par la curiosité de mon enfance, et par la conscience de plus en plus claire que j'avais du fait que les enfants de six ans ne sont pas les seuls à ne pas comprendre ce que font les cadres. Je fus certain de ce que serait mon sujet de thèse le jour où j'assistai à une conférence sur l'impact de l'ordinateur sur le travail du cadre. J'y fus témoin de la frustration des penseurs les importants du domaine : ils étaient tous bloqués parce qu'ils ignoraient ce qu'est le travail du cadre dirigeant. Ma thèse, intitulée *Le Cadre au Travail : Détermination de ses Activités, de ses Rôles et de ses Programmes par Observation Structurée* fut terminée à la "Sloan School de Management" du M.I.T. en 1968, fondée sur mon étude du travail de cinq directeurs généraux.

Je restai deux ans sans toucher à ce projet, puis j'y revins en 1970. Je pouvais alors l'approcher en tant que professeur d'université corrigeant le travail d'un étudiant de doctorat. Lorsque je pensais que le travail était superficiel ou non pertinent, je n'avais aucun complexe à le supprimer. Aussi, en prenant du recul, je pouvais mieux en comprendre les conclusions et mieux voir leur importance pour les cadres et pour les spécialistes des sciences de gestion. Cependant, le livre que je me proposais d'écrire n'était pas la simple publication d'une thèse, mais un nouveau travail utilisant non seulement mon étude des tâches des cinq directeurs généraux, mais également des études empiriques portant sur de nombreux autres cadres. Je décidais aussi d'essayer de créer un livre qui suscite l'attirance d'un large public, un livre qui ait un impact sur les cadres en activité, sur les fonctionnels comme sur les universitaires et leurs étudiants. Je pensais qu'il y avait dans ce domaine trop d'idées erronnées, que les cadres avaient été exposés à trop de ratiocinations dépourvues d'assise empirique, et qu'ils étaient prêts à regarder leur travail d'une nouvelle façon, qui s'appuie sur les résultats systématiques.

Pour écrire un livre, on se concentre sur un élément à la fois et on finit au bout du compte par le terminer. Mais maintenant que le livre est achevé et que je le considère avec quelque recul, je suis surpris de sa complexité et de l'importance du nombre de personnes qui m'ont apporté tout au long du chemin une aide substantielle. Au début, il y a eu Ned Bowman, qui se déclara volontaire pour m'accueillir dans un programme doctoral assez peu conventionnel au M.I.T., et Jim Hekimian qui me garda tout au long du programme, jusqu'au bout. Jim, Charles Myers et Don Carroll ont siégé dans mon jury de thèse; chacun d'entre eux m'a aidé de façon substantielle pendant et après la rédaction de ma thèse. Grâce à eux, mon sujet de thèse s'est trouvé ne plus être risqué du tout. Les cinq directeurs généraux qui m'ont autorisé à les suivre comme leur ombre pendant une semaine, et qui m'ont toujours donné tant de leur temps et confié tant de leurs pensées, doivent aussi être remerciés, mais malheureusement je ne puis le faire de façon nominative.

De nombreuses personnes m'ont aidé de leurs commentaires au cours de la préparation du manuscrit. A la Faculté de Gestion de l'Université Mc Gill, je dois particulièrement remercier mes collègues Pradip Khandwalla, Stan Shapiro et Harvey Thomson. Harvey, en particulier, m'a aidé à élaborer la partie du chapitre 7 consacrée aux aptitudes et traits de personnalité des cadres. Nombre de mes étudiants de Mc Gill m'ont aussi fait part de commentaires utiles. Je cite les travaux de Irving Choran et de Liong Wong dans le livre, et je dois aussi mentionner Danny Miller et Tony Frayne. John Bex de Phillips Industries en Grande Bretagne et Hans Wirdenius et ses collègues Kjell Martvall et Mats Kullstedt du Personaladministrativa Council de Stockholm ont tous fait sur des premiers jets du travail des commentaires qui m'ont conduit à des améliorations importantes. Je dois à Len Sayles des remerciements particuliers pour ses commentaires sur l'avant dernière version du travail : ils ont conduit à une restructuration et à une amélioration très profonde du manuscrit.

Amina Rajabalee a dactylographié plus de versions de ces chapitres qu'elle ou moi nous soucions de nous souvenir; la pression du travail a parfois été importante mais jamais elle ne s'est plainte ou n'a diminué la haute qualité de son travail. Je lui en suis particulièrement reconnaissant. Je dois exprimer mon appréciation spéciale à Jim Campbell de Harper et Row pour le soutien qu'il m'a apporté. Bill Litwack a été un véritable ami tout au long du chemin, prêt à s'impliquer dans tous les aspects du travail, des corrections grammaticales à la relecture des épreuves. A l'exception peut-être de l'auteur, nul ne connaît ce manuscrit mieux que lui.

Dans ma thèse j'ai exprimé mon amour et mon estime à Yvette; elle a interrompu sa carrière et coupé ses contacts "avec la réalité de la vie citadine de Boston pour une période importante d'hibernation dans la "cabane près du lac" à Sainte Agathe des Monts, pendant que son mari écrivait petit à petit une thèse de quatre cent pages. Les livres sont écrits encore plus graduellement que les thèses, et les épouses y apportent leur contribution de mille et une manières. Mais ce qu'a bâti Yvette a été plus important et situé sur un autre plan : elle a développé, pour nous, un style de vie ouvert, riche en émotions, et dont l'ennui était certainement absent. Je pense qu'il a eu une forte influence sur le livre.

Enfin, aux deux petites filles à qui ce livre est dédié, laissez-moi simplement dire qu'elles ne se demanderont jamais ce que fait leur père. Elles savent bien qu'il écrit des livres au sous-sol et qu'il ne faut pas le déranger.

1
Introduction

Observateur : Mr. R.........., nous avons brièvement discuté de cette organisation et de la façon dont elle fonctionne. Pourriez-vous maintenant me dire ce que vous faites ?
Président   : Ce que je fais ?
Observateur : Oui.
Président   : Ce n'est pas facile.
Observateur : Allez-y quand même.
Président   : Comme président, je suis naturellement responsable de beaucoup de choses.
Observateur : Bien sûr, je comprends cela ; mais que faites-vous ?
Président   : Eh bien, je dois m'assurer que tout marche bien.
Observateur : Pouvez-vous me donner un exemple ?
Président   : Je dois m'assurer que notre position financière est saine.
Observateur : Que faites-vous au juste pour vous en assurer ?
Président   : Eh bien, c'est difficile à dire.
Observateur : Posons la question autrement : qu'avez-vous fait hier ?

C.L. Shartle (1)

«Que font les cadres ?». Il s'agit d'une question simple, adressée aux cadres par leurs enfants, par les spécialistes fonctionnels qui travaillent pour eux et par les étudiants qui aspirent un jour à les remplacer. Si vous posez cette question, il est probable qu'on vous répondra en reprenant les termes qu'utilisait Fayol en 1916: les cadres planifient, coordonnent et contrôlent. «Bien», répondrez-vous, «mais que font-ils vraiment?» Si vous insistez pour obtenir une réponse, vous pouvez toujours aller vous enterrer pendant le plus clair d'une année dans l'une des meilleures bibliothèques américaines de gestion. Après avoir lu peut-être deux cent livres et articles, vous en émergerez en étant capable de citer la littérature la plus récente :

> Le cadre, donc, planifie, organise, motive, dirige et contrôle. Ce sont là les grandes composantes de son travail. Il ajoute la prévision, l'ordre, la direction, l'intégration des efforts et l'efficacité aux contributions des autres. C'est là le meilleur sens qu'on peut donner au mot «gérer». Tel est le travail du cadre.
> *(Strong, 1965, p. 5)*

---

(1) Citation en exergue : C.L. Shartle, 1956, p. 82.

Notre savoir en reste là. Le cadre est le héros de la société économique contemporaine, et pourtant nous connaissons si peu de choses de son activité. On nous dit que c'est en lui que réside le génie de l'efficience, et que, par exemple, l'Amérique doit son succès matériel et organisationnel à ce groupe de quelques dix millions de personnes (2). Et donc, nous nous tournons vers le cadre pour y chercher le leadership, tout en nous inquiétant de sa capacité à assumer ce leadership; un périodique connu (3) demande : «La Présidence (de la République) n'est-elle pas une tâche trop lourde pour un seul homme ?» Et on entend la même question dans les couloirs de milliers d'entreprises et administrations.

Les cadres sont ostensiblement formés dans les IAE et les écoles de commerce. Les magazines comme l'*Expansion* et la *Revue Française de Gestion* sont écrits pour eux (4). Des centaines de cours de formation sont en principe conçus pour les aider à mieux gérer; et ceux qui travaillent dans une grande entreprise ont toute chance d'avoir été exposés aux programmes internes de formation et de développement professionnel. Plus, encore, ils sont entourés par des équipes de spécialistes — de planification, de conception de systèmes d'information, de recherche opérationnelle, etc. — dont la fonction est précisément de rendre les organisations, et tout particulièrement leurs cadres, plus efficientes dans leur travail. Malgré tout cela, nous ne savons pas réellement ce que font les cadres.

La question est apparue de façon particulièrement aiguë il y a quelques années lors d'une conférence organisée par la «Sloan School of Management» du M.I.T. et ayant pour thème l'impact de l'informatique sur les cadres. Après des heures de discussion entre grands noms du management, un participant (5) posa une question qui montrait précisément quel était le problème-clé de la conférence — et en même temps le problème que rencontrent tous ceux qui cherchent à influencer le travail des cadres :

> Je voudrais revenir à un point que nous évoquions tout à l'heure. Il me semble que nous ne nous sortirons pas des difficultés que nous rencontrons actuellement tant que nous ne nous adresserons pas la question de savoir ce que fait le cadre dirigeant ou quelles sont les fonctions dont est composé le poste de direction générale. Je reviens à une question que j'ai posée et à laquelle personne n'a réellement répondu : peut-on spécifier de quoi est fait le travail du cadre dirigeant ?
> *(Myers, 1967, p. 198).*

Cette question est restée sans réponse lors de la conférence, ainsi que, pour l'essentiel, dans la littérature de gestion.

---

(2) Neadly et Fielder (1968) estiment qu'il y a entre 3 et 5 millions de cadres «de second niveau», c'est-à-dire de cadres ayant d'autres cadres sous leur responsabilité.
(3) U.S. News and World Report (13 juin 1966) : «un regard sur le fonctionnement de la Maison Blanche», p. 78.
(4) NdT : Nous donnons ici des équivalents français des références typiquement américaines citées par l'auteur.
(5) Emmanuel G. Mesthene, Directeur du Programme de Harvard sur la Technologie et la Société.

Si nous ne pouvons pas comprendre de quoi est fait le travail du cadre dirigeant, comment peut-on mesurer l'impact de l'ordinateur sur ce travail? En fait, comment peut-on concevoir pour lui des systèmes de planification et d'informatique **de gestion** qui soient utiles? Si on ne sait pas ce que font les cadres, comment peut-on prétendre enseigner la gestion aux étudiants? Comment peut-on espérer que les programmes internes de développement professionnel améliorent les performances des cadres? Et, si on ne parvient pas à avoir une influence sur le travail des cadres, comment peut-on espérer rendre nos grandes bureaucraties capables d'affronter les problèmes qui aujourd'hui paraissent insurmontables.

Avant de pouvoir espérer que la formation et les sciences de gestion aient un impact tangible sur la pratique, il est un certain nombre de questions précises auxquelles nous devons pouvoir répondre :

> Quelles sont les activités du cadre ? Quelles informations traite-t-il ? Avec qui doit-il travailler ? Où ? Avec quelle fréquence ?
>
> Quelles sont les caractéristiques distinctives du travail d'encadrement ? Qu'y a-t-il d'intéressant à noter sur les moyens de communication qu'il utilise, les activités dans lesquelles il préfère s'engager, le flux de ces activités au cours de la journée de travail, l'usage qu'il fait de son temps, les pressions auxquelles il est soumis ?
>
> Quels rôles de base l'étude des activités du cadre permet-elle d'identifier ? Quels rôles le cadre joue-t-il dans la transmission des informations, la prise des décisions, les relations interpersonnelles ?
>
> Quelles variations existent entre les divers postes d'encadrement ? A quel point les différences fondamentales peuvent-elles être attribuées à la situation, à la personne qui remplit la fonction, au poste lui-même, à l'organisation, et à l'environnement ?
>
> A quel point le travail du cadre est-il programmé (c'est-à-dire répétitif, systématique, et prévisible) ? Dans quelle mesure est-il programmable ?
>
> A quel degré le spécialiste de gestion peut-il «reprogrammer» le travail du cadre ?

L'objectif de cet ouvrage est de fournir un début de réponse à ces questions, et d'amener d'autres personnes à y rechercher des réponses plus précises. Il s'agit d'un livre sur les cadres — sur les individus qui ont la responsabilité d'organisations ou de parties d'organisation. Cette définition exclut beaucoup des «cadres de niveau intermédiaires», mais inclut des personnes qui ont le titre de président, premier ministre, chef d'équipe, doyen, chef de département, et archevêque.

Ce livre n'est pas consacré à la description de l'action et du style des cadres efficaces. Il est centré sur cette unique question : que font les cadres ? L'objectif, en d'autres termes, est de développer une description de poste qui a un sens pour ceux qui croient qu'on peut approcher la gestion comme une science.

A la différence de pratiquement tous ceux qui l'ont précédé, ce livre est exclusivement fondé sur les résultats d'observations et d'études empiriques.

La plupart des autres ouvrages traitant du sujet ne font pas systématiquement référence à l'évidence expérimentale. Nous devons rejeter leurs conclusions, non seulement parce qu'elles ne sont pas validées expérimentalement, mais parce que nombre d'entr'elles sont en fait directement contredites par les témoignages issus de notre recherche.

Ce livre est donc écrit sans idées préconçues sur ce qu'est le travail des cadres. Les résultats des recherches empiriques parlent d'eux-mêmes: étude des agendas de cadres supérieurs et de cadres moyens, observation détaillée de chefs de bandes de jeunes, d'administrateurs d'hôpitaux et de responsables de production; analyse des dossiers d'activités de présidents des Etats-Unis; étude par échantillon des activités d'agents de maîtrise; observation structurée du travail de PDG. En rassemblant tous ces résultats pour la première fois, nous pouvons développer une nouvelle image du travail du cadre et aboutir à quelques conclusions majeures, entre autres celles qui suivent :

1. Le travail est remarquablement semblable d'un cadre à un autre. Le travail d'agents de maîtrise, de présidents, d'administrateurs gouvernementaux et d'autres cadres peut être décrit à l'aide de dix rôles de base et de six ensembles de caractéristiques.

2. Les différences qui existent entre cadres peuvent être décrites pour une large part à l'aide des caractéristiques et des rôles qui leur sont communs, comme par exemple une caractéristique atténuée ou au contraire particulièrement importante, ou encore une attention toute spéciale accordée à un rôle.

3. Comme on le pense habituellement, une bonne partie du travail du cadre est difficile et non programmée. Mais chaque cadre a sa part de devoirs ordinaires et réguliers, en particulier transmettre des informations et faire fonctionner l'organisation hiérarchique. De plus, il paraît arbitraire d'exclure certaines activités (comme voir des clients et négocier des contrats) des tâches d'encadrement, alors que de nombreux cadres les accomplissent. Pratiquement toutes les activités dans lesquelles les cadres s'engagent, même si elles font à l'évidence partie des opérations régulières de l'organisation, sont en fait reliées à leur rôle d'encadrement.

4. Le cadre est à la fois généraliste et spécialiste. Dans sa propre organisation, il est généraliste — point focal du flux d'information et de traitement des exceptions. Mais comme cadre, il est spécialiste : assurer un travail d'encadrement exige de tenir des rôles spécifiques et d'avoir des aptitudes particulières. Malheureusement, nous savons peu de choses de ces aptitudes et, par conséquent, nos écoles de gestion ont jusqu'ici peu fait pour les enseigner de façon systématique.

5. La plus grande partie du travail du cadre vient de son information. Le cadre parvient à développer une base de données qui lui permet de prendre des décisions de façon plus efficace que ne pourraient le faire ses subordonnés parce qu'il a accès à de nombreuses sources d'information, et que pour certaines d'entre elles, il est la seule personne de son unité à y avoir accès. Malheureusement, il reçoit la plupart de son information de façon verbale et il lui est difficile de déléguer la responsabilité de la prise de décision parce qu'il manque de

moyens efficaces pour diffuser l'information. Par conséquent, il doit prendre en charge lui-même, totalement, l'élaboration de la stratégie de son unité.

6. Le risque majeur que court le cadre est celui de la superficialité. Parce que son travail est peu défini, à cause aussi de sa responsabilité dans la transmission de l'information et dans l'élaboration de la stratégie, le cadre est conduit à accepter une charge de travail très importante et à en accomplir une bonne partie de façon superficielle. Par conséquent, il travaille à un rythme soutenu et ses activités sont caractérisées par la brièveté, la variété et la fragmentation. Son travail ne conduit pas le cadre à être un planificateur et un penseur; il le conduit plutôt à être un manipulateur d'information et un adaptateur qui préfère un milieu de type «stimulus-réponse».

7. Il n'y a pas de science dans le cadre du cadre. Les cadres travaillent comme ils ont toujours travaillé : avec de l'information verbale et en suivant des processus intuitifs (non explicites). Le spécialiste de gestion n'a pratiquement aucune influence sur la façon dont le cadre travaille.

8. Le cadre est dans une sorte de *cercle vicieux*. La pression du travail le force à adopter dans son travail des caractéristiques (fragmentation des activités, importance accordée à la communication verbale, entre autres) qui le conduisent à être superficiel, et qui rendent difficile l'aide du spécialiste de gestion. Ces effets, à leur tour, entraînent un renforcement des caractéristiques du travail et une pression accrue. A mesure que les problèmes que rencontrent les grandes organisations deviendront plus complexes, les cadres dirigeants seront soumis à des pressions toujours accrues dans leur travail.

9. Le spécialiste de gestion peut aider à briser ce cercle vicieux. Il peut apporter au cadre une aide significative dans le traitement de l'information et l'élaboration de la stratégie, à condition qu'il comprenne mieux le travail du cadre et qu'il puisse se ménager un accès à sa base de données verbales.

10. Le travail du cadre est d'une complexité extraordinaire, bien plus forte que ne le suggère la lecture de la littérature traditionnelle. Il est nécessaire de l'étudier de façon systématique et d'éviter la tentation qui consisterait à rechercher des recettes simples aux problèmes qu'il pose. Nous ne pourrons l'améliorer de façon significative que lorsque nous le comprendrons avec précision.

Ce livre analyse le travail du cadre en utilisant quatre dimensions. Le chapitre 3 décrit les caractéristiques les plus communes du travail des cadres, et le chapitre 4 présente une description des dix rôles que les cadres paraissent tenir. Le chapitre 5 contient les résultats de recherches sur les différences qui existent entre le travail de différents cadres, et le chapitre 6 aborde la question de savoir si une approche scientifique du travail du cadre est possible. Le chapitre 7 résume ces découvertes et en tire les conséquences. En préambule à cette description du travail des cadres, le chapitre 2 passe en revue la littérature contemporaine dans le domaine: huit écoles de pensée font l'objet chacune d'une discussion: la dernière section du chapitre définit avec plus de précision les quatre corps de théorie présentés dans les chapitres 3 à 6: les caractéristiques, les rôles, les différences et l'approche scientifique.

Note au lecteur : mon objectif a été d'écrire ce livre de façon à ce qu'il puisse être lu de bout en bout par le cadre, par l'étudiant en gestion, par le fonctionnel, le professeur ou le chercheur en gestion. Je ne vois aucune raison qui empêche un livre d'être à la fois clair pour le novice et rigoureux pour le scientifique. A cette fin, on trouvera à la fin de chacun des quatre principaux chapitres (3 à 6) un résumé sous forme de «propositions». De plus, nous recommandons au lecteur de lire la dernière section du chapitre 2 comme une introduction plus détaillée à l'armature théorique utilisée dans la suite. On trouvera d'autres résumés vers la fin des chapitres 4 et 5, consacrés respectivement aux *Objectifs Principaux des Cadres et aux Huit Types Principaux de Postes d'Encadrement*.

Le chapitre 7 commence par un résumé qui intègre toutes les découvertes et l'ensemble des matériaux théoriques présentés dans les chapitres 3 à 6. Ce résumé est suivi d'une courte section dans laquelle il est suggéré que le cadre opère à l'intérieur d'un cercle vicieux dans lequel l'enferment les pressions du poste et les difficiles caractéristiques du travail. Les quatre dernières sections analysent les conséquences de cet état de fait : une des sections est explicitement écrite pour le cadre, une autre pour le formateur qui intervient dans des programmes pour cadres, une troisième pour le spécialiste de gestion (il s'agit d'un résumé du chapitre 6) et une, enfin, pour le chercheur en gestion.

2
Conceptions contemporaines sur le travail du cadre

Nous avons une meilleure connaissance des motivations, des habitudes et des mystères les plus intimes des peuples primitifs de Nouvelle Guinée, ou d'ailleurs, que des cadres dirigeants d'Unilever.

Roy Lewis et Rosemary Stewart (1)

Bien que le travail du cadre ait fait l'objet d'une abondante littérature, nous continuons d'en savoir très peu sur ce sujet. La plus grande partie de la littérature est d'une utilité faible, se limitant à une répétition sans fin des mêmes propositions vagues. Un scientifique écrivait récemment: «Il faut admettre que la plupart des cadres gèrent et agissent à la fois, mais aussi que lorsqu'ils sont en train d'agir ils ne sont pas en train de gérer» (Goodman, 1968, p. 31).

Des descriptions comme celle-ci — des généralités abstraites déconnectées des données solides de la recherche empirique — persistent malgré des avertissements répétés indiquant que l'on ne sait presque rien de ce que font les cadres.

Presque tous ceux qui ont essayé de passer en revue une partie de la littérature ou d'étudier sérieusement le travail des cadres ont insisté sur ce problème (2). Dans l'introduction à sa célèbre étude sur la répartition du temps de travail de neuf cadres suédois. Sunne Carlson écrivait, en 1951, «cette littérature s'attache plus à des spéculations générales sur les fonctions des cadres qu'à une description de la réalité de leur travail» (p. 23). Cette remarque fut reprise plus tard, en 1959, par Mason Haire : «la plus grande partie de l'attention est encore consacrée au comportement et aux motivations des ouvriers et des employés dans

---

(1) Cette citation provient de Lewis et Stewart, 1958, p. 17.
(2) Malheureusement, il n'existe même pas de revue complète de la littérature, bien que Campbell et al (1970) et Dubin (1962) couvrent les plus importantes des études empiriques.

l'organisation... il n'y a pratiquement aucune étude consacrée à ce que l'encadrement fait en réalité» (p. 15). Et lorsque Campbell et ses collaborateurs publient en 1970 leur importante étude sur l'efficacité des cadres, ils trouvent une situation inchangée dans ce domaine :

> «Le problème, bien sûr, réside dans notre incapacité actuelle à définir et à mesurer les exigences des tâches d'encadrement. La description du travail des cadres est encore à un niveau totalement primitif. Le domaine du comportement des cadres demeure pour l'essentiel une masse indifférenciée (1970, p. 476).»

Une autre difficulté — même quand la recherche est fondée sur des études systématiques — est sa tendance à se focaliser sur un élément du travail du cadre à l'exclusion de tous les autres. En particulier, on a une littérature abondante sur deux aspects du travail du cadre : c'est un leader et un décideur; mais ces deux aspects sont rarement intégrés dans une perspective cohérente d'ensemble (3).

La tâche à laquelle je m'attelle dans ce livre est d'extraire l'information utile de la littérature existante et de la confronter à mes propres découvertes pour aboutir à une description d'ensemble du travail du cadre.

L'ECOLE CLASSIQUE

La première conception du travail du cadre, celle qui domine en fait, nous vient d'auteurs que l'on rangera ici dans «l'école classique». Ils décrivent ce travail à l'aide d'un ensemble de fonctions composites. Le père de cette école, Henri Fayol, présenta en 1916 les cinq fonctions de base de l'encadrement: planifier, organiser, coordonner, commander et contrôler (4). Son travail fut repris dans les années trente par Luther Gulick qui donna aux cadres un de leurs premiers acronymes :

> «Quel est le travail du PDG ? Que fait-il ?»
> La réponse est POPDCORB.
> POPDCORB est bien entendu un mot forgé pour attirer l'attention sur les différents éléments fonctionnels du travail du directeur général, les mots «administration» et «gestion» ayant perdu tout sens spécifique. POPDCORB est formé des initiales des différentes activités :
> *Planification,* activité qui consiste à définir dans ses grandes lignes les choses qui sont à faire et la méthode à suivre pour les faire, dans le but d'accomplir les objectifs de l'entreprise;

---

(3) Katz et Kahn remarquent que «March et Simon (1958) ont écrit un livre important sur les organisations formelles (un livre très connu pour ses théories relatives aux processus de décision) dans lequel le terme *leadership* n'apparaît ni dans la table des matières ni dans l'index» (1966, p. 300). L'ouvrage de Campbell et al (1970), typique quant à lui des ouvrages récents et importants consacrés au leadership, ne comporte pas le terme *prise de décision* dans la table des matières et ne le fait figurer qu'une fois, et de façon tangentielle, dans l'index.
(4) En réalité, il existe des éléments qui permettent de penser que Fayol opérait l'extension de travaux similaires réalisés par des économistes à des époques diverses remontant jusque 1770. Voir C.S. Georges Jr: «L'histoire de la pensée en gestion» (Englewood Cliffs, N.J., Prentice Hall, 1968, p. 65, en langue anglaise).

Organisation, activité qui consiste à établir la structure d'autorité formelle; cette structure décompose l'entreprise en sous-unités, effectue la division du travail entre ces composantes et assure la coordination nécessaire à l'atteinte de l'objectif de l'ensemble.

Personnel, c'est-à-dire toute la fonction qui consiste à recruter et former les personnels, et à maintenir des conditions de travail favorables;

Direction, activité permanente qui consiste à prendre des décisions, à les transformer en ordres et en instructions générales et spécifiques, et à servir de leader à l'organisation;

Coordination, activité d'importance essentielle qui consiste à assurer la liaison entre les différentes parties du travail;

Rapport, activité qui consiste pour le cadre à tenir son supérieur au courant de ce qui se passe; au moyen de dossiers, de recherches et d'inspections, il lui faut donc se maintenir lui-même et maintenir ses subordonnés informés de la situation.

Budget, et tout ce qui y est rattaché, comme la planification fiscale, la comptabilité et le contrôle.

Cette description du travail du directeur général est inspirée de l'analyse fonctionnelle élaborée par Henri Fayol dans son ouvrage «Administration Industrielle et Générale». Nous pensons que ceux qui connaissent intimement l'administration des affaires trouveront dans cette analyse une structure valable et utile, à laquelle s'adaptent chacune des activités principales et chacun des devoirs de chaque directeur général (Gulick et Urwick, 1937, p. 13).

POPDCORB eut du succès, et continue aujourd'hui encore à dominer la littérature sur le travail des cadres. *La Harvard Business Review,* par exemple, a choisi d'insérer dans l'un de ses numéros, un article intitulé **«Le processus de gestion en 3-D»** dont l'objectif est «de fournir une méthode pour intégrer toutes les activités généralement reconnues comme relevant de l'encadrement» (Mackenzie, 1969, p. 87). Plus d'un demi-siècle après Fayol, cet article apprend au lecteur que les cadres planifient, organisent, gèrent le personnel, dirigent et contrôlent. L'article entre plus avant dans le détail. La *fonction* de direction, par exemple, comprend les *activités* suivantes : déléguer, motiver, coordonner, gérer les différences et le changement. Curieusement, l'article prétend mettre au compte de ses résultats principaux «une avancée vers la standardisation de la terminologie», tout en démontrant que ce résultat peut être clairement attribué à Fayol dès 1916!

POPDCORB imprègne les écrits des théoriciens à succès comme Drucker, et ceux des dirigeants d'entreprise comme Ralph Cordiner; on voit apparaître ce sigle lorsqu'on demande aux cadres de décrire leur travail, ou quand on lit leur description de poste; il se présente aussi dans une multitude d'articles, de rapports et de manuels (5). Apparemment POPDCORB s'est imprimé dans l'esprit des cadres, des enseignants et des étudiants en gestion.

Quelle est l'utilité de POPDCORB ? Pour s'en rendre compte rapidement, il suffit d'observer un cadre au travail, puis d'essayer de relier les activités qu'il a

---

(5) Voir par exemple Drucker (1954, pp. 343-344), Cordiner (1965), Goodman (1969), Strong (1965, p. 5), Courtois (1961) et Stieglitz (1968).

aux fonctions de POPDCORB. Considérons par exemple un directeur général qui est approché par un groupe de salariés mécontents menaçant de démissionner si l'un des vice-présidents de l'entreprise n'est pas licencié, et qui doit passer les quelques jours qui suivent à rassembler des informations et à trouver un solution à ce problème. Ou bien considérons un cadre qui remet la médaille du travail à un de ses subordonnés qui prend sa retraite. Ou encore un PDG qui transmet à l'un de ses subordonnés une information utile qu'il a obtenue lors d'une réunion de conseil d'administration.

Lesquelles de ces activités peut-on ranger dans la catégorie «planification», dans les catégories «organisation», «coordination», «contrôle» ? De fait, quelles relations existent entre ces quatre mots et les activités du cadre ? Ces quatre mots, en fait, ne décrivent pas le travail que fait le cadre. Ils qualifient certains objectifs vagues de son travail: ces mots... «ne sont que des moyens pour indiquer ce qu'il nous faut expliquer» (Braybrooke, 1963, p. 537).

De fait, les critiques les plus lucides que nous possédons sur POPDCORB nous viennent des auteurs qui ont étudié de façon systématique le travail des cadres.

Dans ces notes, Sunne Carlson écrit :

> «Si on demande à un directeur général à quel moment il coordonne, ou quelle quantité de coordination il a réalisée au cours d'une journée, il ne saura pas répondre et le plus doué des observateurs ne le saura pas non plus. On eut faire le même constat pour les concepts de planification, de commandement, d'organisation et de contrôle, ainsi que pour la plupart des concepts utilisés par Barnard dans son analyse des fonctions de direction (6). (1951, p. 24).»

R.T. Davis, qui a étudié le travail de vendeurs, fait le commentaire suivant à propos du concept de planification :

> «Certains responsables des ventes considéraient la *planification* comme une activité de direction. Mais la planification est-elle une activité ou une aptitude à l'analyse, à la technique ou aux relations humaines ? Est-ce qu'un cadre, dans la réalité, s'assoit périodiquement et annonce: "Maintenant, je vais planifier", sans faire référence à des problèmes précis tels que le développement professionnel et la supervision des vendeurs, la prévision et l'administration des ventes, etc. (1957, p. 47).»

Ainsi, les écrits de l'école classique sont de peu d'utilité. Ils ont servi à mettre des noms sur des zones d'ignorance, et à indiquer à chaque cadre ce qu'il devrait faire (mais pas ce qu'il fait en réalité). Et l'école classique a, pendant trop longtemps, bloqué la recherche d'une compréhension plus profonde du travail du cadre.

---

(6) Dans son ouvrage sur *Les fonctions du cadre dirigeant,* Barnard traite de trois fonctions : «d'abord établir un système de communication, ensuite faire en sorte que l'organisation dispose des ressources essentielles, enfin définir et formuler la raison d'être de l'organisation (1938, p. 217).

L'ECOLE DU « GRAND HOMME »

Le lecteur fatigué des généralités du POPDCORB, peut se tourner vers les réalités tangibles des biographies et autobiographies de cadres. Il y trouvera une richesse de détails et d'anecdotes, mais peu de théorie générale sur le travail du cadre. On peut suivre chaque mois cette école du «grand homme» dans des périodiques et journaux d'affaires (7). Le lecteur qui cherche à approfondir cette voie peut étudier les livres consacrés aux grands leaders de l'histoire industrielle, militaire et politique. Il y apprendra des choses sur «l'élite gouvernante : celle qui dirige et contrôle les réseaux de relations établies des activités organisées les plus importantes de notre société» (Collins, Moore et Unwalla, 1964, p. 3).

Ce volumineux corps de littérature peut être divisé en deux parties. La première analyse les cadres au sein de groupes : leurs familles, leur éducation, leurs affiliations sociales, leur carrière, leur personnalité. Comme exemples particulièrement intéressants on peut citer *«Le cadre dirigeant de la grande entreprise»* de Michael Newcomer (1955) et *«Le patron»* de Roy Lewis et Rosemary Stewart (1958). Ces livres nous donnent de nombreuses vues très utiles, le premier sur les cadres dirigeants américains, le second sur leurs collègues britanniques. Quel que soit l'intérêt de cette littérature, elle nous servira peu ici car elle n'est pas centrée sur le travail de ces cadres.

Plus proche de ce qui nous concerne ici, on trouve les études individuelles, par exemple **«Mes années à la General Motors»** d'Alfred P. Sloan (1963). De telles études sont souvent centrées sur les époques de crise, sur ce que les protagonistes ont fait alors que le monde avait les yeux fixés sur eux. Ils parlent aussi des habitudes et des comportements de ces hommes, littéralement toutes les habitudes et tous les comportements: dans quoi ils ont investi les énormes ressources qu'ils contrôlaient aussi bien que pourquoi ils ne prenaient pas de petit déjeuner. C'est un corps de littérature vaste et fascinant, mais il dit peu de chose sur le travail que faisaient réellement ces hommes. Ces livres sont plutôt centrés sur les styles et les stratégies de ces hommes, ils construisent leurs descriptions sur des anecdotes. Souvent ils ne permettent pas la généralisation. On parle parfois au lecteur des heures de travail du cadre, des méthodes qu'il utilise pour obtenir ses informations et pour prendre ses décisions; parfois aussi on donne quelques détails sur une de ses journées de travail. Mais ces rapports sont généralement lacunaires, et ne permettent pas d'aboutir à un schéma général du travail du cadre.

Ainsi, cette littérature sur les «grands hommes», bien qu'elle soit intéressante de façon générale, qu'elle soit utile à l'historien et peut-être au psychologue,

---

(7) Dans son numéro du 15 Mars 1971, la revue *Forbes* annonce une des publications suivantes dans ces termes: «Les rédacteurs de *Forbes* ont été frappés de constater que peu de gens savent clairement ce que le patron *fait*, bien que des dizaines et des dizaines de livres aient été écrits sur les sciences de gestion et la psychologie de la gestion» (p. 9). Parut ensuite un numéro spécial sur «Le rôle du directeur général». Il contenait en fait 25 articles brefs et intéressants sur les directeurs généraux d'autant de grandes entreprises (comme General Electric, Coca Cola, Bank of America). Les articles traitaient de leurs problèmes, de leurs stratégies, de leurs philosophies et de leurs préoccupations, mais pas de leur travail.

ne révèle presque rien du travail du cadre. Elle est riche d'anecdotes, mais pauvre en théorie générale.

L'ECOLE DE L'ENTREPRENEUR

Dans cette partie, en nous tournant vers les écrits des économistes, nous traiterons de la première des deux écoles de pensée pour lesquelles le cadre est exclusivement considéré comme un décideur. En microéconomie tradition-nelle, la cadre n'a pas de latitude de décision. Lorsqu'il doit en prendre, il agit «rationnellement» : il faut tout simplement qu'il maximise le profit.

> «Bien que les théoriciens de l'économie aient laissé à l'entrepreneur un rôle de décideur et d'acteur intervenant dans les événements économiques, ils l'ont typiquement enfermé dans le rôle de «l'homme rationnel» qui choisit de façon optimale dans un environnement aux dimensions peu nombreuses et très bien définies. Dans cette mesure, sa fonction le confine à être un calculateur qui assure le lien entre des forces impersonnelles et des conclusions toutes faites (Collins et Moore, 1970, pp. 7-8).»

La prise de décision commence avec un problème, des buts explicites, l'ensemble des solutions possibles et toutes leurs conséquences. Le cadre dispose de toutes ces données ; il évalue les conséquences, range les solutions par ordre de mérite, selon qu'elles permettent d'approcher les objectifs de plus ou moins près, puis choisit la meilleure solution. Il n'y a pas de problème ambigu, de projet mal défini, d'objectifs incompatibles, ni de conséquences imprévisibles. Ainsi, le cadre a peu d'importance pour l'économiste. C'est l'entrepreneur fondateur de son entreprise qui retenu son attention, car c'est lui qui a une latitude de décision : il peut mettre en route une organisation.

Joseph Schumpeter, l'économiste le plus connu pour ses considérations sur l'entrepreneur et son rôle crucial dans l'innovation, écrivait : Chacun est entrepreneur lorsqu'il "met en œuvre de nouvelles combinaisons", et unique-ment à ce moment ; il perd ce caractère dès que l'entreprise est construite» (cité par Collins et Moore, 1970, p. 10). D'autres économistes ont traité du com-portement face au risque, et cette question a suscité divers débats dans la littérature (8). L'entrepreneur est-il simplement l'innovateur ? Est-il celui qui apporte le capital ? Ou est-il un intermédiaire qui sait marier l'argent et les idées ? Il ne paraît y avoir dans ce domaine aucune conclusion définitive, non seulement parce que les théoriciens ne parviennent pas à se mettre d'accord sur la terminologie, mais aussi parce qu'aucun de ces auteurs ne paraît se soucier de la signification opérationnelle de la fonction d'entrepreneur. L'un d'entre eux nous dit que l'entrepreneur innove, mais il ne nous dit pas

---

(8) Trois références citées en bibliographie — Harbison et Myers (1959), Collins et Moore (1970) et Papandreou (1962) — discutent de ces débats. Le lecteur intéressé par les références originales peut consulter Schumpeter (1947 et 1961) et Knight (1934).

comment (9). L'entrepreneur en est ainsi venu à être entouré d'une sorte d'aura mystique :

> «D'une certaine façon, l'entrepreneur est un personnage héroïque du folklore américain semblable, peut-être, à Davy Crockett et aux autres figures épiques: les indépendants irréductibles qui défrichaient les forêts, escaladaient les montagnes, fondaient de nouvelles communautés, arrivaient à quelque chose en partant de rien et faisaient tout ce que les héros américains ont dû faire pour construire une grande nation (Collins, Moore et Unwalla, 1964, pp. 4-5).

On peut en conclure que l'école de l'entrepreneur contribue à notre compréhension en montrant que l'innovation est une des composantes importantes du travail du cadre (sans pour autant décrire le comportement innovateur).

L'ECOLE DE LA THEORIE DE LA DECISION

Nombre de théoriciens de la gestion ont consacré leur attention aux décisions *non programmées*, réputées être les plus fréquemment rencontrées par les cadres supérieurs. Qualifier une décision de «non programmée», c'est affirmer qu'elle est complexe, qu'on en comprend peu de chose et que le cadre ne peut utiliser aucune méthode prédéterminée pour parvenir à une solution. N.H. Martin, après avoir étudié des cadres de quatre niveaux hiérarchiques différents, conclut que les décisions des cadres de niveau le plus élevé sont caractérisées par une durée plus longue, un horizon temporel plus éloigné, une discontinuité plus importante, des limites temporelles plus élastiques, des données plus abstraites, des relations plus superficielles et une incertitude plus importante.

> «C'est au cadre dirigeant lui-même de déterminer si la situation exige un changement. Il doit rechercher et élaborer des solutions différentes: il doit créer les procédures administratives nécessaires à la mise en œuvre de la décision. De telles situations peuvent être qualifiées de «non structurées» (1956, p. 254).»

C'est à Herbert Simon que cette école de pensée doit son origine et beaucoup de son développement. En s'appuyant sur les premiers travaux de Chester Barnard (1938), Simon a publié *«Administrative Behavior»* en 1947. Puis il rassembla un groupe de chercheurs autour de lui, au Carnegie Institute of Technology (qui s'appelle actuellement l'Université Carnegie Mellon). Les plus importants de ces chercheurs furent James G. March, avec qui il publia *«Organizations»* en 1958, et Richard M. Cyert qui publia avec March en 1963 l'ou-

---

(9) Une étude récente faite par un sociologue et un doyen en relations industrielles comble cette lacune. Dans un ouvrage fascinant intitulé *L'homme qui entreprend: une étude du comportement d'entrepreneurs indépendants*, fondé sur 150 entrevues approfondies avec des entrepreneurs, Collins et Moore (1970) décrivent les personnalités de ces hommes, leur formation, leur origine, et les moyens par lesquels ils ont créé leur entreprise.

vrage intitulé *«A behavioral theory of the firm»*, l'ouvrage peut-être le plus important jamais publié sur le thème de la prise de décision.

A la base, ces chercheurs ont considéré la prise de décision, non pas comme un choix rationnel entre alternatives connues à la manière des économistes, mais dans des termes qui, d'après eux, rendaient compte de façon plus exacte des limites réelles des cadres. Ils soutiennent que les cadres n'ont ni systèmes d'objectifs explicites, ni fonction préférée; qu'une des étapes les plus importantes et les plus négligées de la prise de décision est la définition du problème; que les alternatives et leurs conséquences sont rarement connues avec clarté; et finalement que les choix sont faits de façon à satisfaire les contraintes, et non pas de façon à maximiser des objectifs (dans leur langage les cadres décident en utilisant non pas le «principe de maximisation» mais le «principe de satisfaction»). Comme leur monde est complexe, les cadres ont généralement un comportement réactif, cherchant avant tout à éviter l'incertitude. De plus, l'organisation est soumise à une variété de pressions qu'exerce sur elle une coalition de groupes qui ont des objectifs différents. Maximiser est tout simplement impossible; le cadre ne peut pas faire mieux qu'éviter le conflit. Il y parvient par «l'attention séquentielle aux objectifs».

> «Tout comme l'organisation politique résoudra probablement le conflit entre les pressions qui l'incitent à «aller à gauche» et à «aller à droite» en faisant d'abord l'un puis l'autre, l'entreprise sera probablement amenée à résoudre les conflits entre «réguler la production» et «satisfaire les consommateurs» en faisant d'abord l'un puis l'autre. Entre ces buts, est ainsi établie une période-tampon qui permet à l'organisation de résoudre un problème à la fois, d'accorder son attention à un but à la fois. (Cyert et March, 1963, p. 118).»

En étendant leur théorie, ces chercheurs ont décrit l'organisation comme un ensemble de programmes (de procédures établies) faiblement couplés entre eux et disposés de façon hiérarchique de telle sorte que les programmes d'ordre plus élevé modifient les programmes d'ordre plus faible qui, eux, font le travail de base. Cette approche suggère que l'essentiel du travail du cadre consiste à «programmer» c'est-à-dire à concevoir et à modifier les procédures que les subordonnés doivent utiliser. Pour reprendre les termes de deux avocats de l'approche de Carnegie :

> «Cette conception des choses (des tâches peu définies au sommet, et bien définies à la base) paraît être en accord avec la façon selon laquelle les tâches circulent dans les organisations et les traversent. Elles y entrent souvent au sommet sous des formes nouvelles et mal définies. Le sommet y travaille, les définit, les opérationnalise; puis, si elles doivent devenir des tâches permanentes, *il les passe vers le bas de la hiérarchie,* où elles sont à leur tour converties d'un état partiellement opérationnel à un état de définition plus avancé, puis encore plus bas à des sous-structures spécialement créées ou adaptées pour l'occasion. Sans doute le sommet, dans l'intervalle, a-t-il tourné son attention vers de nouveaux problèmes mal définis (Klahr et Leavitt, 1967, p. 112).»

Ce qui précède, comme la recherche de Martin citée plus haut, suggère que le travail du cadre est pour l'essentiel non programmé. Aux niveaux les plus bas de l'organisation, le travail est à la fois routinier et programmé: à un stimulus familier (une commande client par exemple) correspond une réponse organisée et prévisible. Le travail d'encadrement est plus complexe: le stimulus est souvent ambigü et la réponse consiste essentiellement à tâtonner à la recherche d'une solution. «Il n'y a pas de méthode claire et nette pour traiter le problème parce qu'on ne l'a jamais rencontré auparavant, ou parce que sa nature et sa structure précises sont floues et complexes, ou encore parce qu'il a une importance telle qu'il justifie un «traitement à façon». (Simon, 1965, p. 59; voir aussi March et Simon, 1958, pp. 139-142).

Mais ce que l'observateur croit être organisé et non programmé, peut tout simplement ne pas être compris. En d'autres termes, les cadres pourraient bien utiliser dans leur travail des programmes d'ordre supérieur: un programme pour définir les problèmes, un programme de recherche d'alternatives, un programme de choix (10). Cette possibilité excitante a conduit quelques chercheurs en gestion à considérer la possibilité de programmer le travail du cadre, c'est-à-dire de le décrire de façon systématique comme un ensemble de programmes.

A ce jour, les recherches les plus intéressantes sur la planification des processus complexes de décision ont été consacrées à des situations artificielles ou simplifiées: comme, par exemple, jouer aux échecs ou prouver des théorèmes de géométrie (Simon, 1965; Newell et Simon, 1972). Cependant, quelques tentatives ont été faites pour décrire le travail d'encadrement lui-même sous la forme de programmes. Ces tentatives sont présentées au chapitre 6.

Pour conclure, les chercheurs de Carnegie ont décrit le cadre comme un décideur non programmé qui programme le travail des autres. Ils ont aussi émis l'idée intéressante selon laquelle le travail du cadre, qui peut au premier coup d'œil apparaître comme totalement non structuré, est peut-être en fait susceptible d'être décrit avec précision; c'est-à-dire, qu'il peut être programmé.

Une autre contribution, très intéressante, de cette école de pensée est celle de Charles Lindblom, économiste de Yale. Sa vision du cadre comme décideur se combine à celle du groupe de Carnegie. Dans une série de publications (1959, 1965, 1968 et Braybrooke et Lindblom, 1963), Lindblom présente «l'incrémentalisme disjoint» (nommé plus simplement «système D» dans son premier article) comme le système d'élaboration de la politique générale utilisé par les administrateurs du secteur public. Avec une argumentation proche de celle utilisée par le groupe de Carnegie, Lindblom commence par attaquer l'approche de l'économiste, rationnelle et «synoptique». Selon lui, cette approche ne marche pas parce qu'elle ne reconnaît pas l'incapacité de l'homme à traiter les problèmes complexes, le manque habituel d'information, le coût de l'analyse,

---

(10) Ces programmes correspondent aux trois phases de la décision selon Simon :
- activité de saisie, «recherche, dans l'environnement, des circonstances qui exigent une décision»,
- activité de conception, «invention, développement et analyse des actions envisageables»,
- activité de choix, «sélection d'une des alternatives possibles» (Simon, 1965, p. 54).

le problème de la programmation dans le temps, et les difficultés qu'il y a à formuler des objectifs réalistes.

Le cadre de Lindblom agit de façon réactive, en s'éloignant des problèmes plutôt qu'en s'approchant des objectifs. Seules sont considérées des alternatives à la marge — celles qui n'auront pas de conséquences imprévues — et peu de leurs conséquences sont explorées. Les buts sont flexibles, et révisés en permanence pour être adaptés aux moyens disponibles. De façon plus significative, le cadre agit de façon sérielle, par étapes: il fait un changement mineur, en interprète les résultats, fait un autre changement, etc. Dans l'optique de Lindblom, «l'élaboration de la politique générale est un processus sans fin, composé de microétapes qui se succèdent les unes aux autres; c'est un grignotage continuel plutôt qu'une franche bouchée» (1968, p. 25). La vision de Lindblom sur le cadre diffère beaucoup de celle des économistes :

> «L'homme a été contraint d'être diablement inventif pour faire face aux énormes difficultés qu'il a rencontrées. Ses méthodes analytiques ne peuvent être restreintes à des procédures simplistes et scolaires. Celui qui travaille pas à pas, en repérant ses erreurs et en s'appuyant sur sa conviction intuitive peut très bien ne pas avoir l'air d'un héros. Il n'en est pas moins plein de ressources, résolvant des problèmes de façon habile en se battant bravement, et reste assez sage pour savoir que l'univers est trop grand pour lui. (Lindblom, 1968, p. 27).»

La pensée de Lindblom, bien qu'elle ne soit pas corroborée par des résultats de recherches systématiques, n'en est pas moins importante comme source de réflexion. C'est particulièrement vrai quand on considère la popularité toujours forte de «l'homme rationnel» développée par les économistes. Cette conception du cadre rationnel qui maximise le profit est ancrée dans l'esprit de nombreux technocrates (spécialistes de recherche opérationnelle ou de planification à long terme par exemple). Il est clair que ceci doit changer, et qu'il faut marier la conception du cadre entrepreneur à celle du cadre spécialiste du «système D» pour que puisse émerger une image réaliste du décideur.

L'ECOLE DU COMMANDEMENT EFFICACE

Les deux écoles de pensées que nous venons de décrire se focalisent sur le cadre considéré comme décideur à l'exclusion de toute autre activité d'encadrement; les trois écoles de pensée que nous abordons maintenant se focalisent, elles, sur le commandement à l'exclusion des autres activités.

L'étude du commandement c'est l'étude du comportement interpersonnel, et plus précisément celle des relations entre les leaders et les «suiveurs». «Le leadership est un concept relationnel qui comporte deux termes : celui qui influence et les personnes influencées. Sans «suiveur», il ne peut y avoir de «leader» (Katz et Kahn, 1966, p. 301). Les chercheurs de l'école du commandement efficace (beaucoup d'entre eux sont des psychologues sociaux) centrent moins leur approche sur le travail d'encadrement que sur l'homme qui fait le travail. Ils cherchent à découvrir quels traits de personnalité ou quel style de direction amènent un cadre à être efficace.

Les premiers chercheurs qui ont adopté cette approche ont examiné quels traits de personnalité ou quelles constellations de traits pouvaient se retrouver chez tous les leaders efficaces. Dans l'ensemble, ils ont obtenu peu de résultats : peu de traits de personnalité se sont avérés être corrélés et ceux qui l'étaient étaient si généraux (l'empathie, la confiance en soi) qu'ils étaient peu utiles pour prévoir la performance dans des postes d'encadrement.

Au début des années soixante, un autre groupe de chercheurs (que nous appellerons «les humanistes») a focalisé son attention sur les styles de direction, critiquant le style autocratique, centré sur la tâche, se faisant l'avocat du style participatif, centré sur les relations. Plus récemment, des psychologues sociaux d'approche empirique ont avancé des théories «situationnistes, ou contingentes» : pour expliquer et prévoir ce qu'est le commandement efficace, ils partent de l'idée selon laquelle il n'y a pas de style meilleur que les autres dans l'absolu ; pour eux, la réalité est plus complexe : l'efficacité d'un style de commandement donné dépend d'un certain nombre de caractéristiques de la situation, y compris la structure des récompenses offertes par l'organisation, le pouvoir formel attaché à la position du cadre, la nature du travail qu'il supervise, le climat de son organisation, ainsi que des caractéristiques du cadre lui-même : ses aptitudes, ses attentes, sa personnalité (11).

Pour conclure, l'école du commandement efficace n'en est qu'à ses débuts. Elle ne fait que commencer à nous apporter des éléments sur les facteurs d'efficacité ; mais l'attention excessive qu'elle a accordée à deux styles de direction (l'autocrate et le participatif) ainsi qu'un certain manque de compréhension des comportements interpersonnels des leaders, ont ralenti les progrès de cette approche.

L'ECOLE DU POUVOIR DU LEADER

Différente de celle que nous venons de voir, l'école du pouvoir du leader se focalise sur le pouvoir et l'influence, sur les prérogatives manipulatrices du leader. Les chercheurs de cette école posent la question suivante : à quel point le leader contrôle-t-il son environnement ? Pour répondre, ils étudient la capacité du leader à utiliser son pouvoir pour obtenir les réponses désirées de la part de ses subordonnés et de ses pairs. Quelques-unes de ces recherches se focalisent sur la position et sur la latitude d'action qu'elle permet à celui qui la détient ; d'autres sont centrées sur des individus particuliers et sur la façon dont ils utilisent cette latitude d'action.

Melville Dalton, dans sa célèbre étude sur les cadres moyens, utilise la première de ces approches. Comme sociologue, il a recueilli ses données alors

---

(11) Cecil Gibb (1969) présente une revue approfondie de la littérature sur le leadership, avec mention spéciale pour les théories de l'efficacité du leader, dans sa contribution au *Manuel de Psychologie Sociale*. Mc Gregor (1960) et Likert (1961) sont des exemples typiques de l'école humaniste, ainsi que Fiedler (1966) et Campbell et al (1970) pour l'école de la contingence.

qu'il était dans l'organisation en tant qu'observateur-participant. Sa conclusion-clé est la suivante : les forces sociales informelles de la bureaucratie ont tendance à dominer l'action individuelle.

> «Dans la grande organisation ou la société en mutation fluide l'individu, tout comme l'animal mené par l'instinct est une créature sans défense qui pratique la dissimulation calculatrice pour survivre au milieu des menaces invisibles qui l'entourent (Dalton, 1959, p. 270).»

Dans une autre étude très connue, le spécialiste de sciences politiques Richard Neustadt (1960) analyse le fonctionnement de la Présidence aux Etats-Unis, et de trois de ses titulaires; ses conclusions sont un peu différente. son livre, qu'il intitule avec justesse *«Le pouvoir présidentiel : la politique du leadership»*, présente une vue des intrigues informelles et des ruses qui sont une composante nécessaire de l'exercice du pouvoir; mais Neustadt dit aussi clairement que l'efficacité du pouvoir du Président dépend pour une large part de son style et de la façon dont il considère son travail.

Il existe aussi une théorie générale intéressante sur le pouvoir du leader: la plus grande partie en est exposée dans un article intitulé «Influence, leadership et contrôle» écrit par Darwin Cartwright en 1965 dans le *«Traité des Organisations»* de James G. March. L'article expose les moyens par lesquels une personne (O) influence une autre personne (P). Cet article est long et difficile, utilisant tout au long de l'exposé les termes *d'autorité, persuasion, pouvoir, influence, contrôle* et *leadership*. Le thème récurrent est celui de la classification des différents types de pouvoir. Celle de French et Raven, citée par Cartwright, apparaît comme la plus complète :

> *«Le pouvoir de récompense* est fondé sur la croyance, par (P), que (O) peut lui accorder ou lui faire accorder des récompenses.
>
> *Le pouvoir de coercition* est fondé sur la croyance, par (P) , que (O) peut lui infliger ou lui faire infliger des punitions.
>
> *Le pouvoir de référence* est fondé sur l'identification de (P) à (O). Par idendification, French et Raven entendent «un sentiment d'identité de P avec O; ou le désir d'une telle identité».
>
> *Le pouvoir légitime* vient des valeurs, adoptées par P, qui lui disent que O a le droit de l'influencer et qu'il a lui-même l'obligation d'accepter cette influence. Dans les organisations formelles, le pouvoir légitime est généralement attaché à la fonction : le titulaire de la fonction a le droit d'exercer une influence sur un certain groupe défini de personnes dans des domaines d'activités également définis.
>
> *Le pouvoir de l'expert* est fondé sur la croyance, par (P), que (O) dispose d'un savoir ou d'une expertise particulière. (Cartwright, 1965, pp. 28-30).»

Il est clair que pour comprendre le travail du leader, il est nécessaire d'étudier les sources de son pouvoir et le degré du contrôle qu'il exerce sur son propre travail. Dans une partie de la littérature sur le commandement, une distinction est faite entre le leadership informel (où le leader est choisi par les «suiveurs» comme dans les bandes de jeunes) et le leadership formel (où le leader est nommé par une autorité supérieure, comme dans la plupart des entreprises).

Alors que le leader informel peut s'appuyer sur le pouvoir de référence, les cadres doivent pour l'essentiel utiliser le pouvoir légitime ainsi que les pouvoirs de récompense et de coercition qui en découlent (comme par exemple le droit d'accorder une promotion, une augmentation de salaire, ou le droit de licencier).

L'ECOLE DU COMPORTEMENT DU LEADER

Nombre de chercheurs se sont penchés sur le contenu du travail du cadre en étudiant le comportement des cadres. Bien qu'on les rassemble ici sous l'étiquette unique «école du comportement du leader», leurs écrits n'ont en commun que l'identité d'objectifs. Les méthodes utilisées sont très variables: ces chercheurs n'ont pas construit un corps de connaissances en s'appuyant les uns sur les autres et, fait très important, aucun thème central n'émerge de leurs recherches, aucun fil directeur ne vient relier leurs conclusions. Il faut donc les étudier une à une et en extraire ce qui paraît utile. C'est ce que nous faisons dans la suite, brièvement, de façon à donner au lecteur une idée de ce qu'apporte cette école de pensée.

Dans son analyse sur le comportement des leaders, Georges Homans (1950) tire un certain nombre de conclusions intéressantes de l'étude sur les bandes de jeunes réalisée par Wiliam F. Whyte. Il trouve, par exemple, que le leader est le membre du groupe le mieux informé, et qu'une hiérarchie d'autorité apparaît même dans les bandes de jeunes. L'analyse du travail du cadre faite dans les chapitre 3 et 4 s'appuie sur la similarité remarquable de beaucoup des conclusions de Homans (tirées de l'étude d'une des situations de commandement parmi les plus informelles) avec les conclusions tirées d'études portant sur des leaders placés en position formelle de responsabilité.

Hodgson, Levinson et Zaleznik (1965) analysent l'équipe de direction d'un hôpital (équipe composée de trois membres) et en tirent des leçons intéressantes sur la façon dont les membres se partagent le travail tant en fonction des caractéristiques des tâches que de dimensions émotionnelles. Leur travail sert de base à la théorie des variations entre postes d'encadrement présentée au chapitre 5. Stieglitz (1969) a interrogé 280 PDG d'entreprises, américaines ou non, et en a tiré une description de poste en huit parties qui rappelle fortement POPDCORB: il parle, par exemple, de la formulation de la stratégie, de la détermination des plans et des objectifs d'ensemble. Dans deux études sur le comportement des agents de maîtrise, Wikstrom (1967) décrit l'érosion de leur autorité et les moyens utilisables pour renverser cette tendance, et Walker, Guest et Turner (1956) s'attachent à certains aspects du travail des agents de maîtrise (traitement des cas urgents, gestion du personnel, etc.).

Il nous reste à présenter deux recherches. Les études sur le commandement faites par l'Université d'Etat de l'Ohio représentent l'effort le plus ambitieux jamais accompli pour examiner le comportement des cadres. Ces études, réparties sur trente ans, ont consisté à soumettre à des questionnaires très détaillés de très nombreux cadres d'entreprises, de l'armée, de syndicats, et de nombreuses autres organisations. Des techniques statistiques permettaient ensuite de regrouper les réponses en catégories qui puissent décrire différents aspects du comportement des leaders. L'utilité des résultats obtenus pour la description du travail des cadres est très faible en comparaison des ressources employées: les catégories auxquelles ils sont parvenus vont peu au-delà de POPDCORB; peut-être est-ce là une conséquence des questions posées; peut-être faut-il y voir la conséquence du fait que ces études ont considéré les *perceptions* que les cadres avaient de leur travail plutôt que ce travail lui-même.

La dernière étude que nous présenterons est celle de Sayles (1964). Sayles a vécu un certain temps dans une organisation, notant tout ce qui lui paraissait intéressant «sans avoir la prétention de conduire une expérience scientifique» (p. VII). Sa description du comportement des cadres subalternes et des cadres moyens est certainement la plus significative qui soit parmi celles que nous avons présentées. Sayles parle du cadre comme moniteur, comme leader et comme participant à des flux externes de travail. Le thème le plus intéressant de son analyse est peut-être celui «d'équilibre mobile» : Sayles soutient que les cadres doivent réagir aux pressions par des ajustements à court terme ou des changements structurels de long terme, maintenant un équilibre entre le changement et la stabilité pour aboutir à «une stabilité de type dynamique» (1964, p. 163). Nous ferons de fréquentes références à Sayles dans notre discussion des rôles du cadre au chapitre 4.

Chacune de ces études (si l'on compte ensemble toutes les études Ohio) est distincte des autres dans ses orientations et dans ses conclusions. Cependant, lorsqu'on les replace dans une théorie des rôles du cadre, les conclusions de certaines d'entre elles fournissent l'indication d'un certain nombre d'éléments de base du contenu du travail du cadre.

L'ECOLE DE L'ACTIVITE DU LEADER

Cette dernière école de pensée sur le travail du cadre est située à l'opposé des recherches de l'école classique; il s'agit ici de recherches inductives dans lesquelles les activités professionnelles des cadres sont analysées de façon systématique; des conclusions ne sont tirées que lorsqu'elles sont corroborées par des données. De plus, à la différence des recherches de «l'école du comportement du cadre», ces études sont très liées les unes aux autres. Les méthodes utilisées sont très similaires et dans la plupart des cas, des efforts explicites sont faits pour tenter d'incorporer les découvertes des recherches précédentes dans le développement des conclusions nouvelles.

La méthode de recherche la plus utilisée dans le cadre de cette école de pensée a été «la méthode de l'agenda» : les cadres notaient eux-mêmes divers aspects de leurs activités sur une grille préétablie (durée, localisation, participants). Les deux études les plus remarquables de ce type ont été celle de Sunne Carlson (portant sur 9 directeurs généraux suédois) et celle de Rosemary Stewart (concernant 160 cadres moyens britanniques) : cette dernière est certainement la plus importante et la plus utile; un exemplaire de la grille de Carlson est présenté dans la figure 1.

Date : 9/11 49   Appel téléphonique : Reçu ☐   Donné ☐

Heure : 10 : 45-11 : 15

Endroit (autre que le bureau) _____

Personne : _____

Dir. Product	☐	Contrôl.	☐	Dir. Pub.	☐
Resp. Atelier A	☐	Compt.	☐	Dir. Pers.	☐
Resp. Atelier B	☐	Dir. Ventes Suède	☐	Assist.	☐
Dir. Organ.	☐	Dir. Ventes Export	☐	Secr.	☐

A. Questions traitées		Type d'Actions	
Finance, quest. jurid.	☐	Obtenir de l'information	☐
Comptabilité	☐	Systématiser l'information	☐
Achats	☐	Décider	☐
Production	☐	Confirmer ou corriger des décisions prises par d'autres	☐
Recherche	☐	Donner des ordres	☐
Ventes	☐	Conseiller, expliquer	☐
Relations publiques	☐	Inspecter, passer en revue	☐
Organis. Planif.	☐	Exécuter	☐
_____	☐	_____	☐
_____	☐	_____	☐
_____	☐	_____	☐
Questions privées	☐	Développement personnel	☐

B. Questions traitées		C. Questions traitées	
Développement	☐	Politique générale	☐
Opérations courantes	☐	Application	☐

Figure 1. Formulaire élaboré par Carlson et utilisé par les cadres pour noter leurs activités.
Source : Carlson, 1951, p. 46

Un autre groupe de recherches a utilisé deux techniques d'observation : l'observation d'un échantillon d'activités, dans laquelle le chercheur note quelle est la nature de l'activité du cadre à des moments aléatoires ; et l'observation structurée, dans laquelle les données de l'agenda (ainsi parfois que d'autres données) sont notées par le chercheur et non par le cadre. Ces autres méthodes aboutissent aux mêmes conclusions que celles des recherches utilisant la méthode de l'agenda.

Le tableau 1 fournit une liste de recherches effectuées dans le cadre de cette école de pensée : dix d'entre elles sont fondées sur la méthode de l'agenda, quatre

Tableau 1 : Etudes empiriques des activités des cadres

Chercheur	Année	Méthode utilisée	Sujets	Durée d'observation (jours)	Intérêt particulier
Carlson	1951	Agenda	9 directeurs généraux	216	Trouver des structures communes au comportement (particulièrement dans le domaine de la communication)
Burns	1954	Agenda	4 cadres moyens	103	Relation des cadres dans un département
Burns	1957	Agenda	76 cadres moyens et cadres dirigeants	1520*	Comment les cadres emploient leur temps
Copeman	1963	Agenda	58 cadres moyens et cadres dirigeants	290 (?)	Comparaison du travail des directeurs généraux et chefs de département
Dubin, Spray	1964	Agenda	8 cadres moyens et cadres dirigeants	80	Comment les cadres emploient leur temps
Brewer, Tomlinson	1964	Agenda	6 cadres dirigeants	105	Comportement en situation de décision
Horne, Lupton	1965	Agenda	66 cadres moyens	330**	Comment les cadres emploient leur temps
Thomason	1966-67	Agenda	Divers ensembles de cadres	N.C.	Centres de communication
Lawler, Porter, Tannenbaum	1968	Agenda	105 cadres de niveaux moyens et bas	525	Réaction du cadre à des épisodes d'interaction
Stewart	1967	Agenda	160 cadres moyens et dirigeants	3200**	Variations entre postes de cadre
Kelly	1964	Echantillon d'activité	4 chefs de section	60**	Comment les chefs de section emploient leur temps
Ponder	1957	Observation	24 chefs d'ateliers	48	L'efficacité des chefs d'ateliers
Landsberger	1962	Observation	3 cadres moyens	6	Relations horizontales
Guest, Jasinski	1956	Observation	56 chefs d'atelier	56	Comment les chefs d'atelier emploient leur temps

* Estimation : Burns indique seulement que chacun a été étudié pendant trois, quatre ou cinq jours
** Sur la base d'une semaine de travail de cinq jours en moyenne

sur l'observation (12). Dans l'ensemble de ces recherches, 579 cadres, appartenant essentiellement à des entreprises, mais situés à tous les niveaux de la hiérarchie, ont été observés durant des périodes allant de un jour à un mois.

En discutant des résultats de ces recherches, nous devons, à la base, opérer une distinction entre le *contenu* du travail du cadre (il en était fait mention dans les sections précédentes) et les *caractéristiques* de ce travail. Un chercheur étudiant le travail du cadre peut désirer savoir où les cadres travaillent, avec qui, en utilisant quels moyens de communication (le téléphone par exemple). Les réponses à ces questions donnent les *caractéristiques* du travail du cadre. Le chercheur peut aussi étudier ce que font les cadres dans leur travail : dans quelles activités ils sont engagés et pourquoi. Les réponses à ces questions décrivent le *contenu* du travail du cadre. Si on range les différents contenus et les différents objectifs en catégories, on aboutit à des descriptions de *fonctions* ou de *rôles*. Le premier type d'analyse nous dirait, par exemple, qu'un cadre a travaillé de longues heures pendant une semaine donnée ; le second type d'analyse nous dirait que, s'il a travaillé de longues heures, c'est parce qu'il était profondément impliqué dans des négociations avec les syndicats.

Si on opère cette distinction, il devient clair dès le départ que les études réalisées par l'école de pensée dite «de l'activité du cadre» nous apportent des conclusions significatives sur les caractéristiques du travail du cadre, mais presque rien sur le contenu de ce travail.

Nombre de chercheurs, et parmi eux Sune Carlson, ont tenté de recueillir des données sur le contenu du travail. Leurs grilles de recueil d'informations comportaient des sections où les cadres notaient leurs activités en suivant une grille préétablie comportant des catégories comme «obtenir une information» et «réguler». Les conclusions obtenues par ces moyens sont en fait si maigres que Rosemary Stewart négligea volontairement de noter le contenu du travail lorsqu'elle conduisit sa grande étude fondée sur la méthode de l'agenda au milieu des années soixante. Elle s'explique :

> «Il n'y a aucun problème à poser des questions dépourvues d'ambiguité comme : "Où travaille-t-il ?" "Est-il seul ou avec quelqu'un d'autre ?" et "Avec qui est-il ?"… De telles recherches nous renseignent sur l'emploi que le cadre fait de son temps, mais nous disent peu de choses sur le contenu de son travail, qui est l'aspect le plus intéressant de son activité. Ceux qui ont cherché à le décrire ont généralement pensé dans les termes des fonctions classiques de la gestion, comme planifier et organiser, ou des activités comme donner des informations ou prendre des décisions. Le problème est que de telles activités ne peuvent pas être définies de façon unique, telle que différents cadres notant les mêmes tâches les répartiront nécessairement dans les mêmes catégories. Cette remarque s'applique même à des classifications moins ambigues comme celle qui répartit les activités entre production et vente. Il existe des activités qui sont un mélange des deux, ou qui apparaissent d'un certain point de vue comme de la production et d'un autre point de vue comme des ventes (1968 a, p. 81).»

---

(12) Wirdenius (1958) passe aussi en revue un certain nombre d'études scandinaves (fondées sur l'observation, la méthode de l'agenda, et l'échantillonnage des activités) qui n'ont pas été publiés en anglais.

La difficulté paraît résider dans la méthode elle-même : elle exige que le chercheur définisse, avant même de mener sa recherche, un nombre limité de catégories d'activités que les cadres pourront cocher (voir figure 1). Comme Burns le note :

> «Si on utilise des fiches précodées de cette nature, l'information recueillie est extrêmement limitée; cette méthode revient à décrire le comportement d'une personne à l'aide d'un vocabulaire de moins de cinquante mots... (1957, p. 46).»

Ainsi, pour concevoir la fiche précodée, le chercheur doit avoir une idée de ce que font les cadres. Pour un facteur comme «lieu de travail», il suffit de faire une liste : bureau personnel, bureau des collègues, usine entreprise extérieure, etc. Mais quels mots faut-il utiliser pour décrire le contenu des activités de gestion? Les mots — vagues — de POPDCORB mis à part, nous n'avons rien à notre disposition. L'école de l'activité du cadre a, en fait, pour mission de développer les catégories utilisables dans les fiches précodées à l'aide desquelles on décrit les activités du cadre. Dans les termes de Hodgson, Levinson et Zaleznik, qui ont utilisé le même argument pour discuter de la méthode du questionnaire :

> «Pour construire des questionnaires, il nous fallait connaître les dimensions principales de la situation que nous étudions. Cette étape nous prit environ une année d'études sur le terrain; au bout de cette durée, nous avions déjà tellement de données que les questionnaires ne nous auraient rien apporté de plus (1965, p. 481).»

L'observation de cinq directeurs généraux que j'ai moi-même réalisée (Mintzberg, 1968), entre aussi dans cette catégorie de l'école de l'activité du cadre. J'ai cependant utilisé une méthode différente : mon objectif était en effet de décrire le contenu du travail, ce que les études par agenda n'avaient pu faire. J'ai donc eu recours à l'observation structurée en développant mes catégories non *a priori,* mais pendant et après l'observation : après chaque événement que j'ai pu observer, j'ai essayé d'en décrire «la raison», «l'objectif» (en plus d'autres données comme le lieu, la durée, l'identité des participants) dans les termes qui semblaient être les plus appropriés au moment même de l'observation. L'élaboration des catégories formelles a été faite bien plus tard, quand j'ai disposé à la fois de toutes les données et du temps nécessaire pour la faire avec soin. Il m'a paru utile de décrire cette approche avec quelque précision : elle conserve l'avantage essentiel de la méthode de l'agenda (l'enregistrement systématique de données sur le terrain) tout en donnant la flexibilité qui permet de développer les catégories de façon inductive.

Il en résulte une nouvelle description du contenu du travail du cadre, et un certain nombre de conclusions sur les caractéristiques de ce travail qui viennent renforcer celles obtenues dans d'autres études de la même école de pensée. Le chapitre 3 en fait une présentation détaillée. Nous pouvons dès maintenant noter les similitudes remarquables établies entre les activités de tous les cadres, du PDG à l'agent de maîtrise.

Pratiquement toutes les études, par exemple, montrent l'importance de la communication de face à face, et le volume des transferts d'informations latéraux et horizontaux. Le fait que le travail soit fragmenté et souvent interrompu est remarqué par Carlson (1951) dans le cas des PDG et par Guest (1955-1956) dans le cas des agents de maîtrise. Guest et Stewart, qui ont étudié différents niveaux d'encadrement, ont tous deux mis en évidence la variété et l'absence de répétition dans le travail du cadre; Guest et Carlson, dans des contextes différents, ont noté le caractère soutenu du rythme de travail.

Il est évident qu'il existe des cadres dont l'activité n'a pas ces caractéristiques; mais il resterait peu de théorie dans les sciences sociales si on se limitait à des conclusions qui ne souffrent aucune exception.

Il existe des preuves de similarités, mais aussi des preuves de différences. Thomason (1966, 1967) note l'existence de centres d'informations spécialisés. Les observations de Carlson sur les longues heures de travail des PDG contrastent avec celles faite par Horne et Lupton (1965) sur les cadres moyens. Et Burns (1967) nous rapporte que les cadres ont tendance à être d'autant moins spécialisés qu'ils sont de niveau plus élevé.

On a vu, dans la littérature, un débat s'instaurer sur la question de savoir si le travail des cadres est plus caractérisé par les similarités ou par les différences entre situations (13). La réponse définitive est sans doute qu'il y a des caractéristiques communes à tous les postes de cadres, et que chaque poste a des aspects qui le distinguent de tous les autres. Ce que nous devons faire, c'est d'abord identifier les éléments communs et décrire ce qu'est l'essence du travail d'encadrement; ensuite seulement on peut comprendre les différences. Heureusement, les études sur «l'activité du cadre» nous fournissent une base de données riches et solides qui nous aide à isoler les similarités et les différences importantes dans les caractéristiques du travail d'encadrement.

QUATRE ASPECTS DU TRAVAIL D'ENCADREMENT

Nous avons passé en revue huit écoles de pensée sur le travail du cadre. Elles sont fondées sur une variété d'approches et de méthodes de recherche et parviennent à une variété de conclusions. La plupart d'entre elles nous disent peu de choses du travail d'encadrement, mais en les considérant dans leur ensemble, on peut parvenir à une description raisonnable. Les quatre chapitres qui suivent constituent le cœur de ce livre ; combinant les résultats de recherches déjà publiées avec ceux de mes propres investigations, ils décrivent le travail du cadre en adoptant tour à tour quatre points de vue différents :

Les chapitres 3 et 4 mettent l'accent sur les similarités : les six ensembles de caractéristiques communes à tous les postes d'encadrement, et les dix rôles de base. Ces derniers proviennent de mes propres travaux, mais leur existence est corroborée par de nombreuses autres études empiriques portant sur le compor-

---

(13) Campbell et al (1970) et Nealey et Fiedler (1968) discutent de cette question. On trouvera des commentaires sur leurs conclusions dans la première partie du chapitre 5.

tement de différents types de cadres. On note dans ce domaine l'apport de cinq courants de recherches sur le travail du cadre (deux consacrés aux aspects décisionnels, trois à la fonction de leader).

Dans le chapitre 5, par contre, nous porterons notre attention vers les variations dans le travail du cadre, en nous servant des caractéristiques et rôles communs pour apprécier les différences. Nous y suggérerons une théorie de la contingence, dans laquelle les variations dépendent de l'environnement du poste, du poste lui-même (son niveau, sa fonction dans l'organisation), de la personne qui tient le poste et de la situation du moment. Nous donnerons dans ce chapitre des propositions sur les différences entre postes, qui trouvent leur origine dans pratiquement l'ensemble des recherches empiriques publiées sur le travail des cadres.

Le chapitre 6 revient, lui, sur la programmation du travail du cadre telle qu'elle est suggérée par l'école de la théorie de la décision. Il commence par traiter en détail du concept de programmation, puis présente une description préliminaire de quelques-uns des programmes que les cadres utilisent apparemment. Nous y discuterons aussi du rôle du spécialiste des sciences de gestion et des zones dans lesquelles il peut avoir une influence sur l'efficacité du travail du cadre.

Le dernier chapitre passe en revue et intègre ces quatre regards sur le travail des cadres : les caractéristiques, les rôles, les variations, et les programmes. Il se termine par une évaluation des conséquences de ce que nous avons mis en lumière pour les cadre, les enseignants, les spécialistes des sciences de gestion, et les chercheurs.

3
Quelques caractéristiques du travail des cadres

Je ne veux pas que ce soit parfait -
je veux que ce soit fait Mardi !

Adage contemporain

Dans ce chapitre, en prélude à une description globale, nous allons centrer notre attention sur diverses caractéristiques du travail, en fait six ensembles de caractéristiques ayant trait respectivement à :

- 1. la quantité et le rythme du travail du cadre,
- 2. la structure de ses activités,
- 3. les relations, dans son travail, entre l'action et la réflexion,
- 4. l'utilisation qu'il fait des différents moyens de communication,
- 5. ses relations de travail avec d'autres personnes,
- 6. l'interaction entre les droits et les devoirs.

Les conclusions de ce chapitre sont essentiellement fondées sur les résultats d'études empiriques relatives à l'activité du cadre, nous en avons discuté à la fin du chapitre précédent, et relevé la remarquable similitude des résultats obtenus par diverses méthodes, essentiellement l'observation directe et l'autodescription des activités (le cadre note lui-même ses activités sur des fiches précodées). Ces recherches ont été faites sur des agents de maîtrise, des cadres moyens, des cadres supérieurs et des directeurs généraux. Une partie des matériaux utilisés ici provient de mon étude sur cinq organisations de taille moyenne ou grande.

Dans ce chapitre et dans le suivant, nous appellerons *organisation* l'unité dont le cadre est responsable : pour le chef d'atelier, il s'agit de l'atelier, pour le PDG, il s'agit de l'entreprise ; l'organisation en question peut donc être une sous-unité d'une organisation plus grande, par exemple une division d'une entreprise, et ceux que nous appellerons les personnes extérieures peuvent en fait être des membres de la même entreprise qui n'appartiennent pas à l'unité en question.

BEAUCOUP DE TRAVAIL, UN RYTHME SOUTENU

Avec quelle intensité les cadres travaillent-ils ? Les études faites sur les PDG montrent qu'ils n'arrêtent pratiquement jamais de penser à leur activité professionnelle. Dans son article sur le sujet, Whyte nous indique que les PDG qu'il a interviewés lui ont dit qu'ils travaillaient quatre soirées sur cinq : une soirée au bureau, une soirée de réception, et deux soirées au domicile qui est «moins un sanctuaire qu'une annexe du bureau» (1954, 109). Carlson discute des effets de ce rythme :

> «Pour les PDG eux-mêmes, cette charge de travail excessive a de nombreux effets déplaisants : elle réduit la vie familiale et la vie personnelle, elle entraîne des voyages de nuit, des soirées et des week-ends passés hors de la maison. Dans certains cas, elle est aussi la cause d'un certain isolement intellectuel... Ces PDG ont rarement le temps de lire autre chose que la littérature technique et économique, le temps d'aller au théâtre ou au concert (1951, p. 75).»

Les études portant sur les cadres moyens et les cadres subalternes n'ont pas, elles, prouvé qu'ils passent un temps important au travail (voir par exemple Horne et Lupton, 1965). Mais elles démontrent qu'ils travaillent sans arrêt avec une grande intensité. Guest a trouvé que les agents de maîtrise ont entre 237 et 1073 activités par jour, sans une pause :

> «Ces agents de maîtrise avaient, évidemment, peu de temps pour souffler. Ils avaient à résoudre «en rafale» de nombreux problèmes pressants. Il leur fallait accepter d'être fréquemment interrompus, de garder simultanément à l'esprit de nombreux problèmes, et de redéfinir sans cesse les priorités d'action (1956, p. 480).»

Dans leur étude sur des cadres moyens et des cadres confirmés, Dubin et Spray nous rapportent que «... le niveau d'activité était pratiquement constant au cours de la journée» (1964, p. 102). Et Davis cite l'un de ses étudiants à propos du travail de responsable des ventes «Son travail s'enchaîne, une damnée chose après l'autre!», (1957, p. 21).

Ma propre étude portant sur des directeurs généraux a montré qu'il n'y avait aucune interruption du rythme d'activité pendant les heures de bureau. Le courrier (en moyenne 36 éléments par jour), le téléphone (en moyenne 5 appels par jour) et les réunions (en moyenne 8 par jour) remplissaient pratiquement chaque minute de leur temps, entre leur arrivée au bureau le matin et leur départ le soir. Il y avait rarement des pauses. Ils prenaient le café pendant les réunions, et le déjeuner était presque toujours l'occasion d'une réunion formelle ou informelle. Dès qu'il y avait du temps libre, il était rapidement subtilisé par des subordonnés omniprésents. Lorsque ces cadres voulaient un changement de rythme, ils avaient deux moyens à leur disposition: la tournée des installations, et la discussion détendue qui précède les réunions programmées. Mais ces «pauses» n'étaient pas programmées, et elles étaient rarement sans relation avec le sujet principal: la gestion de l'organisation.

Gérer une organisation est donc une activité prenante. La quantité de travail de travail qu'il faut faire, ou que le cadre choisit de faire, au cours de la journée, est importante, et le rythme est soutenu sans discontinuer. Après plusieurs heures d'observation, le directeur général (comme beaucoup d'autres cadres) apparaît comme une personne incapable d'échapper à un environnement qui reconnaît le pouvoir et le statut de sa fonction, et à son propre esprit, qui a été très bien entraîné à rechercher sans discontinuer de nouvelles informations.

Pourquoi les cadres adoptent-ils ce rythme et cette charge de travail? Une raison essentielle est l'absence de définition précise du travail. Le cadre est responsable du succès de son organisation et il n'y a pas réellement de point tangible auquel il puisse s'arrêter et dire «maintenant mon travail est terminé». L'ingénieur termine la conception d'une pièce un certain jour, l'avocat perd ou gagne dans une affaire à un certain moment. Le cadre, lui, doit toujours continuer sans s'arrêter; il n'est jamais sûr d'avoir réussi, jamais certain que son organisation ne s'effondrera pas à cause d'une erreur de calcul. En conséquence, il est perpétuellement préoccupé. Il n'est jamais complètement libre d'oublier son travail, il n'a jamais le plaisir de savoir, même un instant, qu'il n'y a rien d'autre qu'il puisse faire. Quelle que soit la nature du travail d'encadrement qui est le sien, il peut toujours penser que ça irait mieux s'il en faisait un petit peu plus. Et son rythme de travail est donc soutenu.

UNE ACTIVITE CARACTERISEE PAR LA BRIEVETE, LA VARIETE ET LA FRAGMENTATION

La plus grande part du travail, dans la société, implique spécialisation et concentration. Les opérateurs sur machine peuvent apprendre à fabriquer une pièce et passer des semaines à toujours fabriquer cette même pièce; les ingénieurs et les programmeurs passent souvent des mois à la conception d'un pont ou d'un programme; les vendeurs passent souvent toute leur vie active à vendre la même gamme de produits. Le cadre ne peut espérer aucune concentration d'activité de cette nature. Ses activités sont plutôt caractérisées par la brièveté, la variété et la fragmentation (1). Guest, dont les agents de maîtrise avaient en moyenne 583 activités par jour, commente:

---

(1) Guest (1955-1956), Ponder (1957), Carlson (1951) et Stewart (1967) attirent tous l'attention sur ces caractéristiques dans leurs études empiriques.

«Il est intéressant de remarquer que les caractéristiques du travail de l'agent de maîtrise — interruption, variété, discontinuité — sont diamétralement opposées à celles du travail des opérateurs: ce dernier est hautement rationalisé, répétitif, ininterrompu, et soumis au rythme continu et constant de la chaîne (1955-1956, p. 481).»

Dans ma propre étude, les directeurs généraux avaient en moyenne 36 contacts écrits et 16 contacts verbaux par jour, pratiquement chacun ayant trait à un problème différent. La figure 2 nous donne une idée de la grande variété de contenu de ces contacts.

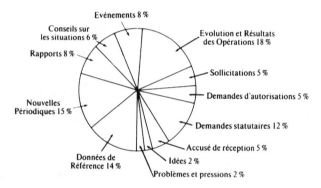

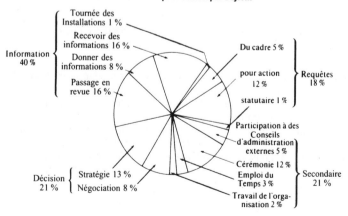

Figure 2 - Les objectifs des activités du cadre*
* Basé sur cinq semaines d'observation du travail des directeurs généraux

Un subordonné appelle pour signaler un incendie dans une des installations; puis il passe en revue le courrier, dont la plus grande partie est sans importance; un autre subordonné l'interrompt pour avertir qu'une crise est imminente avec un groupe extérieur à l'entreprise; puis, c'est une cérémonie en l'honneur d'un salarié qui va prendre sa retraite, suivie de la discussion de l'appel d'offre sur un contrat de plusieurs millions de francs; après cela, le cadre se plaint de ce qu'il y a un gâchis d'espace de bureau dans un département. Chaque journée de travail apporte la même variété d'activités. Le plus surprenant est de constater que les activités courantes et les activités très importante se succèdent sans que l'ensemble ait une structure particulière. Le cadre doit donc être prêt à changer de registre fréquemment et avec rapidité.

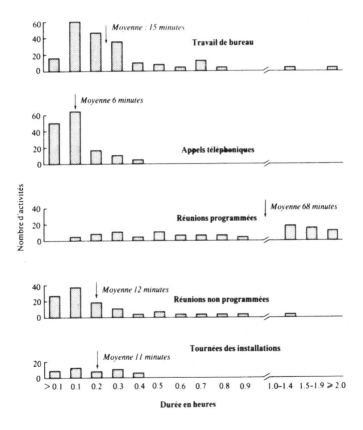

Figure 3 - Distribution des activités des cadres par durée (en heures*)
* Basé sur cinq semaines d'observation du travail de directeurs généraux

Les données recueillies lors de cette recherche ont été analysées pour essayer de dégager des structures d'activité, mais à quelques expressions mineures près (2), aucune n'est apparue évidente. En d'autres termes, il n'est pas possible de dire que les matins sont différents des après-midis, que certaines activités ont lieu à tel moment de la journée plutôt qu'à tel autre, ou que certains jours sont différents des autres (3). Des structures mensuelles et saisonnières existent dans certains cas, mais notre étude, comme d'autres, montre qu'il existe peu de structures de court terme.

La briéveté de beaucoup des activités du cadre est aussi très surprenante. La figure 3 montre à cet égard la distribution des activités des directeurs généraux par nature et par durée. La moitié d'entre elles avaient une durée inférieure à neuf minutes, et seulement dix pour cent excédaient une heure. En fait, les cadres étaient rarement désireux ou capables de passer beaucoup de temps en une seule fois sur un problème. Les conversations téléphoniques étaient brèves et précises (en moyenne 6 minutes); les périodes de travail au bureau et les réunions non programmées duraient rarement plus d'une demi-heure (leur moyenne était respectivement 15 et 12 minutes). Seules les réunions programmées, généralement consacrées à une multitude de problèmes ou à une seule question complexe, prenaient souvent plus d'une heure. Mais une moyenne de 68 minutes paraît maigre si on considère la nature des questions discutées. On retrouve la même caractéristique de briéveté dans le traitement du courrier. Une majorité de ceux que nous avons interrogés, nous ont dit qu'ils n'aimaient pas les longs mémorandums; la plupart des longs rapports et des rapports périodiques étaient rapidement survolés.

La caractéristique de briéveté, qui est déjà remarquable au niveau des PDG, devient plus accentuée encore quand on descend dans la hiérarchie. Au niveau des agents de maîtrise, Guest (1955-1956) et Ponder (1957) ont trouvé une extrême briéveté : la durée moyenne d'une activité était de 48 secondes dans le premier cas, et environ 2 minutes dans le second.

---

(2) Généralement, par exemple, les journées de travail commençaient et finissaient par une période de travail de bureau, et les activités de longue durée étaient pratiquement toujours suivies de travail au bureau.

(3) On pouvait, par contre, identifier cinq types de journées de travail : (1) Les journées de «rattrapage», généralement à la suite de voyages ou de périodes extrêmement chargées : le cadre passe beaucoup de temps au bureau pour traiter le courrier, contacter par téléphone des personnes qui ont cherché à le joindre, pour prendre des rendez-vous et rester de façon informelle à la disposition des subordonnés qui voulaient le voir. (2) Les jours «de crise» voient le cadre différer tout ce qui peut l'être pour se concentrer sur un problème important qui vient de surgir. (3) Pendant les jours «libres», le cadre a peu de rendez-vous : il traite des courriers plus anciens, il peut faire le tour des installations, et recevoir des subordonnés (qui mettent à profit le moindre trou dans son emploi du temps). L'une de ces journées s'est avérées être la plus chargée des 25 journées observées; le directeur général n'avait pas trois rendez-vous programmés, mais sa journée a comporté 14 périodes de travail au bureau, 17 réunions informelles et 5 tournées des installations. (4) Au cours des journées «très chargées», la presque totalité du temps du cadre est prise par les rendez-vous et les réunions programmées; seuls les coups de téléphone importants et les courriers urgents donnent lieu à des interruptions. (5) Les journées «normales» apportent leur lot habituel de courrier, de coups de téléphone et de réunions (programmées et non programmées).

Carlson (1951) et Stewart (1967) insistent sur ces caractéristiques de fragmentation et d'interruption. Rosemary Stewart, qui a étudié 160 cadres pendant quatre semaines en utilisant la méthode de l'agenda, a trouvé qu'en moyenne ils ne disposaient que de neuf périodes d'une demi-heure ou plus sans interruption. Et 12 de leurs 25 contacts par jour étaient enregistrés dans la catégorie «contacts informels». Carlson analyse en détail le travail d'un directeur général et note qu'au cours des 35 journées d'observation, il a travaillé douze fois seulement 23 minutes ou plus sans être dérangé. «Tout ce qu'il savait, c'est qu'il avait à peine le temps de commencer une nouvelle activité ou de s'asseoir pour allumer une cigarette avant d'être interrompu par un visiteur ou par un coup de téléphone» (1951, pp. 73-74).

Carlson en conclut que les cadres peuvent facilement allonger la durée moyenne de leurs activités. Il n'auraient qu'à se libérer des interruptions en utilisant mieux leur secrétaire et en acceptant plus facilement de déléguer le travail. Mais il est une question que Carlson ne pose pas: est-ce que les cadres *choisissent* d'avoir un travail marqué par la brièveté, la variété et la fragmentation ?

Les cinq directeurs généraux de mon étude semblaient être adéquatement protégés par leurs secrétaires, et il n'y a aucune raison de croire qu'ils savaient moins déléguer que d'autres. En fait, il existe des preuves qui nous montrent qu'ils *choisissaient* de ne pas se libérer des interruptions ou de ne pas se donner beaucoup de temps libre. Dans une large mesure, les directeurs généraux eux-mêmes choisissaient la durée de leurs activités. Par exemple, la tournée des installations est une activité qui ne peut pas être interrompue par le téléphone ; et pourtant, elle durait en moyenne 11 minutes. De plus, c'étaient les directeurs généraux, et pas leurs interlocuteurs, qui mettaient fin à la majorité des réunions et des coups de téléphone ; et il leur arrivait fréquemment de quitter une réunion avant qu'elle ne soit terminée. Ils interrompaient souvent leur travail de bureau pour placer des coups de téléphone ou demander à des subordonnés de ·venir. L'un des directeurs généraux avait disposé son bureau de façon telle qu'il pouvait voir toute l'enfilade d'un long couloir. Sa porte était généralement ouverte et ses subordonnés venaient continuellement dans son bureau. Il savait bien qu'il pouvait facilement éliminer beaucoup de ces interruptions en déplaçant son bureau, en fermant sa porte ou en changeant la règle que sa secrétaire utilisait pour filtrer les appels.

Pourquoi donc observons-nous que les cadres préfèrent la brièveté et l'interruption ? Il est certain que, dans une certaine mesure, le cadre tolère les interruptions parce qu'il ne veut pas décourager le flux d'informations les plus actuelles. De plus, le cadre peut s'habituer à la variété dans son travail, et s'ennuyer facilement s'il n'a pas cette variété. Mais il apparaît que ces facteurs ne donnent qu'une explication partielle du comportement du cadre.

Plus significative est l'explication selon laquelle le cadre est progressivement conditionné par sa charge de travail. Il se met à être très sensible au *coût d'opportunité* de son temps — au bénéfice qu'il perd parce qu'il fait une chose et pas une autre. Ainsi, il accepte beaucoup de travail parce qu'il est conscient de la valeur qu'il représente pour l'organisation. De plus, il connaît toutes les contraintes omniprésentes associées au travail — il faut lire le courrier, il faut répondre aux appels, il y a des réunions auxquelles sa présence est requise. En d'autres termes, quoi qu'il *fasse,* le cadre est submergé par ce qu'il *pourrait faire* et par ce qu'il *doit faire.*

En fait, le cadre est encouragé par la nature même de son travail à développer une personnalité particulière : à se surcharger de travail, à faire toute chose de façon abrupte à éviter de perdre du temps, à ne participer à une activité que si cette participation a une valeur tangible, et à éviter de trop s'impliquer dans aucune question. Etre superficiel est, sans aucun doute, un des risques du métier de cadre. S'il veut réussir, le cadre doit, probablement, devenir expert dans l'usage de cette superficialité (4).

LA PREFERENCE POUR L'ACTION

Tout donne à penser que le cadre gravite autour des éléments les plus actifs de son travail : les activités qui sont courantes, spécifiques et bien définies, et celles qui sont non routinières.

On trouve dans ma recherche de nombreuses indications qui vont dans ce sens : le traitement du courrier par exemple. Bien que les cinq directeurs généraux ne passent que 22 pour cent de leur temps à leur table de travail, de nombreux commentaires suggèrent qu'ils considèrent le traitement du courrier comme une corvée. Trois raisons expliquent, au moins en partie, cette réaction : l'information trouvée dans le courrier date déjà, le courrier lui-même est un moyen de communication ennuyeux parce que non interactif, et enfin, comme nous le verrons plus loin, seule une faible partie du courrier, dans cette étude, était utilisable de façon spécifique et immédiate par les cadres. L'étude montre aussi qu'ils faisaient peu usage de l'information routinière : sur les quarante rapports routiniers d'opérations reçus pendant les cinq semaines, seuls deux ont donné lieu à une réaction écrite. Et les 104 périodiques reçus n'ont été à la source que de quatre courriers. Par contraste les réponses aux demandes écrites représentaient environs la moitié du courrier envoyé par les cadres. Enfin, on peut noter que le courrier que nous avons rangé dans la catégorie «conseil sur la situation» — celui qui était relié à des problèmes en cours et des opportunités à saisir de suite — était généralement traité de la façon la plus active. Pour résumer, les directeurs généraux paraissaient réagir au courrier actif et *ad hoc* concernant des situations concrètes et vivantes, et se sentir moins concernés par des rapports routiniers et des périodiques réguliers.

Le désir qu'ont les cadres de disposer de l'information la plus actuelle a été démontré fréquemment et avec force : c'est, par exemple, le cas d'un directeur général qui reçoit les indices d'écoute et de satisfaction d'une émission télévisée moins de vingt quatre heures après sa diffusion. Dans la même veine, la «com-

---

(4) Le cadre qui a quitté un travail de spécialiste peut avoir un problème d'adaptation. Par exemple, le directeur d'un ensemble d'institutions de formation regrettait de ne pouvoir s'impliquer plus à fond dans le développement des programmes. Ceux qui demeurent à un poste donné développent sans aucun doute des traits de personnalité particuliers. Cette question mérite une étude attentive.

munication instantanée» est un phénomène très intéressant : il s'agit des informations très actuelles, «chaudes», qui circulent de façon fréquente et informelle par téléphone ou lors de réunions non programmées. Ce type d'information avait la priorité, venait souvent interrompre les réunions, et passait facilement le barrage de la secrétaire du directeur général. Souvent ces derniers réaménageaient leur journée de travail ou réorientaient une réunion à cause d'une «communication instantanée» qu'ils avaient reçue.

De nombreux éléments, dans cette étude, démontrent donc que le cadre a soif d'information actuelle et que, par contraste, il a tendance à peu utiliser les nombreux rapports de routine que son organisation lui fournit. Parce qu'il veut son information rapidement, il paraît accepter un degré élevé d'incertitude. En d'autres termes les bruits, les rumeurs, les on-dit constituent une partie importante de «menu informationnel» du cadre.

La façon dont les directeurs généraux gèrent leur temps suggère aussi l'absence de routine et l'importance de ce qui est spécifique. Une statistique surprenante se dégage de l'étude sur les contacts verbaux des directeurs généraux : 1 sur 14 est prévu à l'avance, 13 sur 14 ne sont pas planifiés. Dans leur étude empirique sur les directeurs généraux, Carlson et Neustadt notent que ces hommes réagissent d'abord à ce qui, dans leur emploi du temps est précis et concret. Pour Neustadt «leur carnet est dominé par les délais» (1960, p. 155) et pour Carlson :

> «Les cadres dirigeants ont tendance à être esclaves de leur carnet de rendez-vous : ils ont une sorte de "complexe du carnet". On peut rarement voir deux cadres dirigeants discuter sans leur carnet à la main et ils se sentent perdus quand ils ne l'ont pas à portée de main. Quand ils commencent leur journée de travail ils regardent ce qu'ils ont à faire et ils accompliront ponctuellement et efficacement tout ce qui est dans le carnet. Si on veut être sûr d'obtenir de ce groupe de personnes qu'ils fassent une chose, il faut vérifier qu'elle soit inscrite dans leur carnet. On ne devrait jamais demander à un directeur général débordé de travail de faire quelque chose par exemple "la semaine prochaine" ou même "vendredi prochain". Des demandes comme celles-là, trop vagues, n'entrent pas dans son carnet de rendez-vous. Il faut être plus précis et dire, par exemple, vendredi à 16 h 15 ; alors ce sera inscrit et réalisé. Plus la date est précise et plus on a de chance que l'action sera accomplie (1951, p. 71).»

Enfin, à quelques exceptions près, les activités des directeurs généraux que j'ai observées traitaient de questions spécifiques plutôt que de questions générales. Il était rare de voir un directeur général participer à une discussion abstraite ou faire de la planification générale pendant ses heures de travail (5). Seul 1 % du temps des directeurs généraux était consacré aux «tournées d'observation», la seule activité totalement non structurée a priori.

---

(5) Je n'ai rencontré qu'un seul cas de cette nature en cinq semaines. Le proviseur avait régulièrement une réunion avec un groupe de professeur pour discuter d'idées et problèmes généraux dans le domaine de l'éducation.

Il est clair que l'image classique du cadre planificateur ne colle pas à la réalité. Si le cadre planifie, ce n'est pas en fermant sa porte et en se plongeant dans des pensées grandioses tout en fumant la pipe. Plutôt, pour reprendre les termes de Léonard Sayles :

> «Nous préférons donc ne pas considérer la planification et la prise de décision comme des activités séparées dans lesquelles le cadre s'engage. Elles sont inextricablement mêlées dans la trame des contacts et des interactions : c'est une abstraction et une erreur de les séparer.
>
> Un bon exemple est la description que donne Dean Acheson de ce qu'il pensait être le caractère naïf des attentes du Secrétaire d'Etat Dulles vis-à-vis de son travail.
>
> "Il me dit qu'il n'allait pas travailler comme je l'avais fait, mais qu'il allait se libérer de ce qu'il appelait les problèmes administratifs et de personnel, pour avoir plus de temps pour penser".
>
> "Je ne fis pas de commentaire, mais j'étais très frappé par la conjonction des idées. Je me demandais comment les choses allaient tourner car mon expérience m'avait montré que la pensée est peu utile si elle n'est pas accompagnée d'un savoir et d'une orientation, et que l'identité et la compétence de ceux qui doivent me donner ce savoir et cette orientation dépendent des personnes qui les choisissent, les voient, décident de leur affectation, de leur promotion et des formes d'organisation dans lesquelles ils travailleront. (1964, pp. 208-209).»

Pour conclure, nous avons d'autres éléments qui nous montrent que le cadre adopte ce type de comportement à cause de la nature même de son travail. La pression inhérente à l'environnement de travail des cadres n'encourage pas le développement de planificateurs et de penseurs, quoi qu'en dise la littérature. Le travail crée des manipulateurs d'information, des adaptateurs qui préfèrent les situations vivantes et concrètes. Le cadre travaille dans un environnement de type stimulus-réponse et il développe une préférence marquée pour l'action.

L'IMPORTANCE DE LA COMMUNICATION VERBALE

Le cadre utilise cinq moyens de communication principaux : le courrier (communication documentaire), le téléphone (purement verbal), la réunion non programmée (informelle, de face à face), la réunion programmée (formelle, de face à face) et la tournée (visuelle). Il y a entre ces moyens des différences fondamentales. La communication documentaire utilise un langage formel et compte des délais de réaction importants. Tous les moyens de communication verbaux peuvent transmettre, en plus du message contenu dans les mots utilisés, les messages sous-tendus par les inflexions de la voix et la durée de réaction. De plus, les moyens de face à face transmettent les informations qui viennent de l'expression gestuelle (6).

---

(6) Un cadre racontait une histoire qui illustre bien la différence entre communication de face à face et communication à base documentaire. Au siège social, un certain nombre de personnes avaient développé une antipathie pour une employée de nationalité suisse. Dans ses mémos, elle utilisait le verbe anglais «to demand» (exiger) au lieu du verbe «to ask» (demander). Le problème fut résolu lors d'une de ses visites au siège; le contact direct permit de voir clairement qu'elle ne faisait qu'utiliser le terme qui lui semblait le plus approprié: étant d'expression française, elle traduisait demander par «to demand»!

La préférence très nette des cadres pour les moyens de communication verbaux est la découverte la plus significative. Pratiquement toutes les études empiriques sur la répartition du temps de travail des cadres entre différentes activités attirent l'attention sur la proportion importante consacrée à la communication verbale, avec des estimations qui vont de 57% du temps consacré à la communication de face à face (Guest, 1956) à 89% des épisodes consacrés à l'interaction verbale par les cadres moyens d'une entreprise industrielle (Lawler, Porter et Tannenbaum, 1968). Rosemary Stewart (1967), qui a recueilli le volume de données le plus important, a trouvé que les cadres moyens et supérieurs ne passaient en moyenne que 34% de leur temps seuls, et la plupart du reste en communication informelle ; et Burns (1954) a trouvé que les conversations consommaient 80% du temps des cadres moyens. Mes propres observations confirment ces conclusions. La figure 4 indique que l'interaction verbale représente 78% du temps des cinq directeurs généraux et 67% de leurs activités.

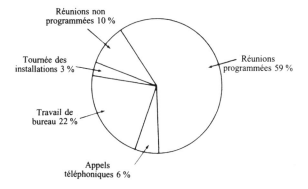

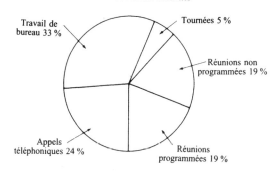

Figure 4 - Distribution du temps et des activités par moyen de communication*
* Basé sur cinq semaines d'observation du travail de directeurs généraux

Nous passons maintenant à un examen détaillé de chaque moyen de communication. Les chiffres cités sont ceux qui proviennent de mon étude sur les cinq directeurs généraux.

Le courrier. La caractéristique la plus remarquable, en ce qui concerne le courrier reçu par les cadres, est le peu d'attention qui lui est accordé. Le traitement du courrier paraît être une corvée, un travail qu'il faut faire mais qui n'est pas plaisant. Fréquemment, le courrier était traité si rapidement qu'on pouvait se demander s'il ne s'agissait pas d'une sorte de rituel. La vitesse de traitement excédait souvent trente pièces à l'heure et l'un des directeurs généraux observé vint au travail un samedi pour lire 47 pièces de courrier et réagir à 45 d'entre elles en un peu plus de trois heures. Une moyenne de vingt périodiques par semaine étaient reçus, la plupart survolés (souvent à la vitesse de deux à la minute); en moyenne, un sur vingt-cinq suscitait une réaction. Le traitement des rapports de routine était souvent similaire. Un cadre, regardant le premier élément «solide» de courrier qu'il recevait chaque semaine — un rapport sur les coûts standards — le mettait rapidement de côté en disant «je ne regarde jamais ça».

Au long d'une semaine d'observation, l'un des directeurs généraux parcourait rapidement son courrier, hésitant à le traiter, mais cherchant néanmoins les lettres qu'il ne pouvait laisser sans réponse. Du lundi au vendredi, il trouva 32 lettres exigeant une attention immédiate. Puis il vint trois heures le samedi pour traiter le reste, pour «se débarrasser de tout ce fatras». Cette activité reflète un souci: quelque peu important que soit son contenu, le courrier doit être traité en continu si le cadre veut éviter d'être noyé sous le papier.

Le courrier reçu, dans cette étude, pouvait être réparti en douze catégories. Quatre d'entre elles représentent 36% du courrier) traitaient de questions relativement secondaires: *des remerciements, des demandes statutaires* (demandes sans beaucoup d'importance faites à cause du statut du cadre), *des sollicitations* et *des données et références.* Six autres catégories constituaient un second bloc (représentant 51% du courrier): les *rapports,* les *périodiques,* les *événements,* les *opérations internes* et les *idées:* il s'agit ici d'informations adressées au cadre sur son organisation et son environnement. La plus grande partie de cet ensemble était parcourue rapidement et ne suscitait aucune réaction. Le troisième bloc (ne représentant que 13% du courrier) concernait le cadre de façon immédiate et spécifique: *les demandes d'autorisation, les conseils portant sur les affaires courantes,* et *les pressions et problèmes* sur lesquels le courrier attirait son attention. Ainsi, la façon dont les cadres traitaient le courrier peut être expliquée par le fait que 87% du courrier reçu ne concerne pas l'action immédiate.

Le courrier envoyé par les cadres avait les mêmes caractéristiques; voyons par exemple ce qu'en dit Carlson :

> «Une des caractéristiques (commune aux cadres dirigeants) les plus remarquables était le recours limité à la lettre comme moyen de communication. Certains directeurs généraux ne signaient pas plus de une à deux lettres par semaine, et le maximum était de deux à trois lettres par jour. L'image du directeur général occupé à dicter et à signer des lettres n'est corroborée par aucune de nos études. (1951, p. 83).»

Les directeurs généraux que j'ai observés envoyaient considérablement plus de courrier que ceux de Carlson, mais presque la totalité du courrier envoyé répondait au courrier reçu. De leur propre initiative, ils n'envoyaient en moyenne qu'une lettre par jour. Des neuf lettres envoyées en moyenne par jour, presque la moitié accusait réception de courrier ou répondait à des demandes écrites, la plupart de peu d'importance, mais auxquelles les directeurs généraux se sentaient obligés de répondre. 30% supplémentaires consistaient en courriers reçus de l'extérieur et répercutés à des subordonnés.

Les commentaires faits par ces cadres dirigeants viennent renforcer notre analyse sur le traitement du courrier. L'un disait «je n'aime pas écrire des mémos, comme vous voyez. Je préfère de beaucoup les contacts de face à face». Un autre exprimait les mêmes sentiments : «J'essaie d'écrire aussi peu que possible. Il se trouve que je suis bien plus efficace oralement que par écrit». Leurs raisons sont claires. Par contraste avec la communication verbale, le courrier prend du temps, essentiellement parce que les mots doivent être choisis avec soin. De plus, l'information va lentement jusqu'à son objectif, et beaucoup de temps s'écoule avant qu'il y ait retour d'information. Ceci ne présente aucune difficulté pour des documents formels, des rapports routiniers ou volumineux ou des informations générales. Mais le cadre doit utiliser d'autres moyens d'information pour presque tout ce qui est important. Le courrier n'est pas un moyen de communication adapté pour le cadre qui préfère l'action.

Le téléphone et les réunions non programmées. Au cours de l'étude, les coups de téléphone et les réunions non programmées ont généralement été brefs: six et douze minutes en moyenne, respectivement. A eux deux, ils représentaient deux tiers des contacts verbaux des directeurs généraux. Ils étaient utilisés quand les interlocuteurs se connaissaient bien, pouvaient se dispenser de formalités et devaient transmettre ou obtenir des informations rapidement. Les cadres et leurs subordonnés utilisaient aussi le téléphone et les réunions non programmées pour formuler des demandes importantes ou transmettre des «informations instantanées». Parfois, lorsqu'un problème surgissait soudainement, une stratégie était développée au cours d'une conversation téléphonique ou d'une réunion non programmée.

Les subordonnés dont le bureau était situé à faible distance du bureau du directeur général, avaient tendance à préférer la réunion informelle à la conversation téléphonique. Ils n'avaient recours au téléphone que si le directeur général se rendait inaccessible. Ceux qui n'étaient pas basés à proximité de ce dernier mais avaient avec lui des contacts assez fréquents pour pouvoir accéder à lui assez aisément et de façon informelle utilisaient le téléphone pour les contacts informels.

Les réunions programmées. Les réunions programmées consommaient 59% du temps des directeurs généraux. Elles étaient relativement longues et leur donnaient l'occasion de rencontrer des groupes nombreux et des personnes extérieures à l'organisation.

Ces contacts programmés étaient parfois utilisés pour les mêmes causes que les contacts informels : pour des raisons statutaires, pour transmettre des demandes et des informations. Cependant ces contacts en général n'étaient pas de même nature. Les réunions programmées rassemblaient souvent des personnes avec lesquelles le directeur général n'avait pas de relation de travail étroite: un journaliste, un vendeur, un étudiant. De plus, la question discutée était souvent de nature formelle. Des réunions formelles étaient utilisées au lieu de réunions informelles lorsqu'il fallait transférer de grandes quantités d'information. Ainsi, pour transmettre une faible quantité d'information, un proche collaborateur contactait son directeur général par téléphone. Quand les deux voulaient discuter d'un ensemble d'événements affectant la vie des affaires, ils prévoyaient une réunion, par exemple un dîner.

Trois types d'activités étaient accomplies essentiellement lors de réunions programmées: *la cérémonie, l'élaboration de la stratégie,* et *la négociation.* Les raisons sont claires. Toutes ces activités prennent du temps, exigent la présence de nombreux participants venant souvent d'endroits divers. Prévoir la réunion est le seul moyen d'amener ces personnes à se rencontrer (7).

La réunion programmée paraît suivre une structure qui, indépendamment de son objectif déclaré, en fait — au moins en partie — un véhicule pour échanger l'information. On peut distinguer trois étapes dans une réunion programmée: le début (plaisanteries, discussions en aparté), la discussion du thème principal, et, pour finir, la discussion de points annexes. Dans «Le Singe Nu» (8), Desmond Morris nous en donne une description intéressante :

> «C'est un jeu amusant que de suivre le cours des propos de "toilettage" lors d'une rencontre mondaine. Il joue son rôle le plus important dès la fin du rituel initial d'accueil. Il perd alors lentement du terrain, mais il retrouve un regain de faveur lorsque le groupe se disperse. Si le groupe s'est rassemblé pour des raisons purement mondaines, le discours "de toilettage" peut évidemment persister pendant toute la durée de la rencontre, à l'exclusion de toute autre forme de discours informatif, d'humeur ou exploratoire. Un cocktail en est un bon exemple...
>
> Si nous nous attachons maintenant à regarder le cérémonial plus rigide de la rencontre d'affaires où la première fonction du contact est le discours informatif, nous assistons alors à un nouveau déclin de la domination du discours de toilettage, mais pas nécessairement à son éclipse totale. Son rôle est ici presque entièrement confiné aux premiers et derniers moments de la rencontre. Au lieu de décliner lentement, comme lors d'un dîner, il disparaît rapidement après quelques premiers échanges polis. Il reparaît, là encore, vers la fin de la réunion, dès que le moment prévu pour la séparation a été signalé d'une façon ou d'une autre. En raison du besoin pressant de pratiquer le discours de toilettage, les groupes d'affaires sont généralement contraints de renforcer le formalisme de leurs réunions, afin de le supprimer. D'où l'existence des commissions, où le formalisme arrive à un degré rarement atteint dans les rencontres mondaines privées».

---

(7) En allant un degré plus loin, en décidant pour chaque réunion l'heure du début et celle de la fin, les cadres peuvent gagner un temps précieux en consacrant moins de temps à gérer leur emploi du temps. Tel est le cas pour deux des directeurs généraux de notre étude. Le prix à payer est, bien sûr, le risque de perte de temps. Il est possible qu'il n'y ait rien d'essentiel à discuter, et que certains participants aient des choses plus importantes à faire ailleurs.
(8) D. Morris. Le singe nu. Grasset, 1968.

Nos propres observations corroborent cette description, à ceci près que le début — rituel — de la discussion conduit souvent à l'échange d'informations qui peuvent s'avérer importantes pour le cadre, même si elles ne sont pas reliées au thème de la réunion. On y échange les dernières anecdotes sur les collègues et concurrents; on y commente les dernières rencontres qu'on a faites et les dernières publications qu'on a lues; on y discute des événements politiques marquants et on y échange des informations générales. Le cadre collecte beaucoup de renseignements essentiels lors de ces discussions, à tel point qu'ils suffisent à eux seuls à faire de la réunion programmée, un moyen de communication à très puissant. Parallèlement, à la fin des réunions, des questions importantes sont soulevées :

— Le directeur :	«Tiens, je me souviens : un ami m'a appelé pour me dire qu'il cherche du travail; est-ce que vous avez besoin d'un ingénieur dans votre département ?
— Le directeur général :	A propos, je viens d'acheter une entreprise.
— Le subordonné :	Il y a eu de grosses réactions dans l'usine quand on a appris votre décision d'arrêter le programme.
— Le collègue :	A propos, un haut fonctionnaire passera la semaine prochaine; vous pourriez vouloir le rencontrer.»

Ces sujets sont annexes et peuvent être sur le moment secondaires; et pourtant ils peuvent être importants pour le cadre. En particulier, il était intéressant de noter l'habileté avec laquelle les cadres utilisaient cette troisième étape des réunions pour obtenir des informations, souvent de la part de personnes qui ne paraissaient pas être *a priori* des sources d'information.

Les caractéristiques de la communication verbale, et en particulier celles des réunions, amènent à poser des questions sur les différences de traitement entre subordonnés. Ceux qui travaillent au voisinage du directeur général ont l'occasion d'assister à de nombreuses réunions auxquelles il participe. Les cadres dirigeants de villes voisines peuvent avoir des contacts tléphoniques fréquents. Mais ceux qui sont loin, à l'étranger par exemple, doivent essentiellement communiquer par courrier. Par conséquent, on s'attend à ce que les cadres dirigeants qui travaillent dans l'entourage immédiat du directeur général soient les mieux informés des questions et des problèmes importants pour l'organisation. Les autres, ceux qui sont hors d'atteinte des coups de téléphone fréquents, sont moins bien informés; ils doivent avoir recours au courrier, qui est un moyen de communication pour lequel le directeur général a peu de considération, et ils ne participent pas à l'échange général d'information qui a lieu lors des réunions programmées (9)

Les tournées. La tournée donne au cadre une occasion unique : il peut

(9) Ceci amène à se demander si l'entreprise «multinationale» peut, en fait, atteindre le point où les filiales sont les unes vis-à-vis des autres des partenaires placés sur un pied d'égalité. A moins qu'elles ne soient entièrement indépendantes, il apparaît que l'essentiel du pouvoir devrait rester là où est l'information, c'est-à-dire au siège.

observer l'activité en cours sans qu'elle soit embellie pour sa venue. Les contacts qu'il a sont totalement informels: comparez le fait d'arrêter une personne dans le couloir pour lui donner une information avec le fait de lui téléphoner ou de le convoquer pour le voir.

Chose surprenante, ce moyen de communication puissant était peu utilisé: 3% du temps des directeurs généraux (10). Carlson trouve une proportion de 10% pour les directeurs généraux suédois, et Rosemary Stewart 6% pour les cadres moyens et supérieurs. Cependant, les directeurs généraux de mon étude reconnaissaient la valeur de la tournée, et citaient des cas de découvertes importantes faites lors de déplacements; mais ils ne consacraient que peu de temps à cette activité relativement peu structurée. Ils paraissaient hésiter à quitter leur bureau sans raison spécifique pour ce faire.

En résumé, le cadre fait preuve d'une préférence marquée pour la communication verbale. Il paraît ne pas aimer le courrier et l'utiliser par conséquent essentiellement pour la correspondance formelle et les documents volumineux. Les moyens informels de communication — le téléphone et la réunion informelle — sont utilisés pour transmettre les informations pressantes et satisfaire les demandes informelles. Les réunions programmées sont utilisées pour la transmission formelle d'informations et de demandes, et pour des événements qui exigent du temps et qui impliquent un nombre important de personnes, en particulier les événements de type cérémonie, élaboration de la stratégie et négociation.

Un autre point mérite qu'on s'y arrête. A la différence d'autres salariés, le cadre ne quitte pas le téléphone ou la réunion pour retourner au travail. Plutôt, *ces contacts sont l'essence même de son travail.* Le travail habituel de l'organisation (fabriquer un produit, réaliser des recherches, et même faire une étude ou écrire un rapport) est rarement réalisé par ses cadres. La production du cadre peut être mesurée essentiellement en terme d'information transmise verbalement.

LE CADRE, A LA CHARNIERE ENTRE SON ORGANISATION ET UN RESEAU DE CONTACTS

Le cadre maintient des relations avec trois groupes de personnes: les supérieurs (les membres du Conseil d'Administration jouent ce rôle pour le directeur général), les personnes extérieures à l'unité qu'il dirige, et les subordonnés. En fait, il est situé entre ses subordonnés et les autres, et il les relie de multiples façons. Les résultats de notre étude et d'autres recherches suggèrent que les contacts entre les cadres et l'extérieur ont été sous-estimés dans la littérature traditionnelle. En fait, le cadre maintient un réseau complexe de relations avec une grande variété de personnes à l'extérieur de sa propre organisation.

De nombreuses études mentionnent ce phénomène. Le cadre passe une partie substantielle de son temps avec ses subordonnés — entre un tiers et la moitié du

---

(10) Un seul des cinq directeurs généraux de notre étude avait pour habitude de faire une tournée des intallations. Il consacrait 10% de son temps à cette activité.

temps total qu'il consacre aux contacts verbaux — alors qu'il passe rarement plus du cinquième de son temps avec ses supérieurs. Les autres contacts: horizontaux (avec les pairs), latéraux (avec les supérieurs et subordonnés des pairs), et externes à l'organisation avaient toujours une importance significative. Rosemary Stewart, par exemple, a trouvé que les cadres moyens et supérieurs avaient en moyenne 41% de leurs contacts avec leurs subordonnés, 12% avec leurs supérieurs, et 47% avec les autres (19% avec des collègues, 13% avec des spécialistes, 8% avec d'autres personnes à l'intérieur de l'organisation et 8% avec des personnes extérieures). Dans son étude sur les agents de maîtrise, Jasinski a trouvé des proportions respectivement égales à 46%, 10% et 44% pour les trois grandes catégories, et Kelly donne des fractions comparables: un demi, un cinquième et un tiers.

Ma propre étude donne, dans ces domaines, des proportions de 48%, 7% et 44% du temps de contact verbal passé avec les subordonnés, les membres du conseil et les personnes extérieures. Et les proportions obtenues pour le courrier donnent les mêmes tendances: 39% du courrier reçu des subordonnés, 1% des membres du conseil, 60% de l'extérieur; 55% du courrier envoyé aux subordonnés, 2% aux membres du conseil et 43% à l'extérieur (voir figure 5).

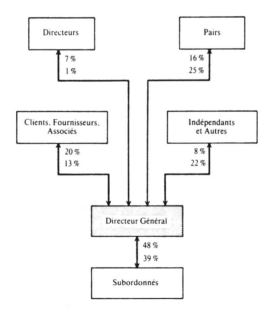

Figure 5 - Les contacts du Directeur Général*
* Les nombres indiquent, respectivement, les proportions de temps de contact total passé avec chaque groupe et les proportions de courrier échangé avec chaque groupe (nombres fondés sur cinq semaines d'observation).
** Incluent les codirecteurs et les membres d'organisations professionnelles.

L'étude de la nature et de la variété des contacts, en particulier avec l'extérieur, est peut-être plus intéressante que ces proportions. Les contacts des cinq directeurs généraux de mon étude comprenaient des clients, des personnes avec lesquelles l'entreprise était en relation d'affaires, des fournisseurs, des pairs (directeurs généraux d'autres organisations), des hauts fonctionnaires, des responsables d'organisations professionnelles, des codirecteurs et des personnes indépendantes (n'appartenant à aucune organisation affiliée). Beaucoup d'entre eux avaient des relations relativement formelles avec le directeur général. Ils faisaient de temps à autre une demande statutaire et s'engageaient avec lui dans une activité de nature cérémoniale. Les pairs demandaient à s'exprimer, les consultants voulaient des contrats, les politiciens recherchaient des conseils, des consommateurs écrivaient pour obtenir des échantillons gratuits.

Pour avoir accès à l'information extérieure, ces directeurs généraux développaient un réseau d'informateurs : un système d'information externe créé par eux-mêmes. Les contacts personnels — des amis, des pairs, des codirecteurs — envoyaient des rapports, amenaient les dernières informations et attiraient l'attention sur des opportunités. De plus, les directeurs généraux utilisaient des experts — consultants, juristes, assureurs — pour obtenir des conseils spécialisés. Les associations professionnelles les maintenaient informés des derniers événements — la syndicalisation d'un concurrent, l'état des projets législatifs, la promotion d'un pair. Enfin, la réputation de leur organisation et leur propre réputation conduisaient ces directeurs généraux à recevoir des informations et des idées sans avoir à les demander : une suggestion pour un contrat, un commentaire sur un produit, une réaction à une campagne publicitaire.

Les agents de maîtrise ont aussi affaire à un réseau complexe de relations avec l'extérieur. «L'agent de maîtrise moyen parlait à de nombreux individus, rarement moins de vingt-cinq, souvent plus de cinquante. Il avait des contacts avec une grande variété de personnes à différents niveaux dans le département de production et les départements de service». (Guest, 1955-1956, p. 483). Jasinski, discutant de la même étude que Guest, remarque que les agents de maîtrise doivent s'entendre l'un avec l'autre plutôt qu'exercer de l'autorité l'un sur l'autre ; il remarque aussi que dans les relations diagonales «les agents de maîtrise donnaient des suggestions et des conseils, plutôt que des directives, aux opérateurs qui n'étaient pas leurs subordonnés» (1956, p. 132). Dans son étude des cadres subalternes et des cadres moyens, Sayles décrit sept types différents de relations externes : certaines sont liées au flux du travail dans l'organisation, d'autres à l'échange de conseils, de services, à la vente, à l'achat, etc. Dans tous les cas, les auteurs insistent sur l'importance et la complexité des relations non hiérarchique comme caractéristique majeure du travail du cadre.

Il existe, cependant, des données montrant que malgré une grande variété de contacts extérieurs, une grande partie des relations externes du cadre est consacrée à la communication avec des «cliques» de pairs. Burns (1954) comme Thomason (1966, 1967) notent l'existence de ces groupes informels de cadres aux niveaux intermédiaires de l'encadrement, et Thomason suggère qu'elles constituent des centres d'information spécialisés.

Les relations entre supérieur et subordonnés sont, bien sûr, importantes tant par leur contenu que par leur volume. Dans ma propre étude, les subordonnés représentaient 39% du courrier reçu par les cadres, 55% du courrier envoyé, 65% des contacts verbaux et 48% de la durée de contacts verbaux (12). Les subordonnés émettaient en direction des cadres une variété de demandes, essentiellement d'autorisation, de renseignement et de conseil; ils envoyaient des informations nombreuses et variées : rapports sur des opérations, «communication instantanée», mémos sur des problèmes et des opportunités, idées, information sur l'industrie, etc. D'une certaine façon, ils jouaient le rôle de filtre en répercutant de manière sélective vers leur supérieur des lettres, des mémos et des articles de presse venant de leur propre courrier. Dans l'autre sens, les cadres faisaient passer à leurs subordonnés une bonne partie des informations leur arrivant de l'extérieur, et ils leur déléguaient un certain nombre de tâches. Ils avaient avec leurs subordonnés de nombreuses réunions d'échange d'informations et d'élaboration de stratégie.

Mon étude (comme celles de Carlson et de Burns) montre clairement que les cadres interagissent, très librement, avec une grande variété de subordonnés et paraissent ne pas hésiter à court circuiter (vers le bas) les circuits hiérarchiques normaux :

> «L'image classiquement acceptée de l'organisation qui fonctionne comme une hiérarchie où les communications se font en respectant l'organigramme, peut conduire à des erreurs dangereuses. L'encadrement ne fonctionne pas comme un flux d'informations qui remonte à travers une succession de filtres, et un flux de décisions et de directives qui descend à travers une suite d'amplificateurs. (Burns, 1957, p. 60).»

Il paraît plus important au cadre d'obtenir ses informations de façon rapide et efficace plutôt qu'en respectant le formalisme des circuits hiérarchiques.

Enfin, les cadres paraissent passer étonnamment peu de temps avec leurs supérieurs. Dans notre étude, peu d'informations écrites circulaient entre les directeurs généraux et les membres du conseil, et la plupart étaient de nature formelle : demandes statutaires et rapports. Les contacts verbaux étaient à peine plus fréquents et les réunions du conseil en constituaient l'essentiel. Comme l'écrit Carlson :

> «Bien que les directeurs généraux consacrent un temps considérable à préparer l'ordre du jour des conseils d'administration, aucun ne considérait comme une tâche particulièrement difficile et prenante la communication avec le conseil et avec les personnes qui le composaient (1951, p. 85).»

----

(12) Le lecteur peut ici se demander s'il n'y a pas une incohérence. Comme certains cadres sont eux-mêmes des subordonnés, il faut rendre compatible la durée faible de contact avec les supérieurs et la durée importante des contacts avec les subordonnés. Un exemple permet d'apporter la lumière sur ce problème : si un cadre a six subordonnés et leur consacre 48% de son temps, alors chacun de ces subordonnés consacre 8% de son temps en contact avec son supérieur (si on suppose que la durée totale du travail est la même pour tous et que le supérieur ne voit jamais deux subordonnés à la fois). Il est probablement raisonnable de supposer que le supérieur voit le plus souvent ses subordonnés un à la fois en réunions informelles.

De même Brewer et Tomlinson (1964), qui ont utilisé la méthode de l'agenda pour étudier le travail de cadres dirigeants, ont été frappés par «l'absence des contacts avec le supérieur». Même à un niveau moins élevé, où on s'attendrait à ce qu'il y ait plus de contact, la proportion du temps passé avec les supérieurs est faible : 10% pour les agents de maîtrise dans l'étude de Jasinski, 12% dans l'étude de Stewart sur les cadres moyens et supérieurs. Aguilar note avec surprise que «le supérieurs sont plutôt rarement mentionnés comme une source importante d'information externe», (1967, p. 70) (13).

On peut résumer en caractérisant la position du cadre comme la partie centrale d'un sablier. Les informations et les demandes lui arrivent d'une variété de contacts externes. Il est situé entre ce réseau de contacts et son organisation, filtrant ce qu'il reçoit de l'extérieur et en répercutant la majeure partie à son organisation. D'autres informations et d'autres demandes remontent vers lui, venant de son organisation : il en utilise une partie lui-même, et répercute le reste à différentes parties de son organisation et à des contacts extérieurs.

UN MELANGE DE DROITS ET DE DEVOIRS

Dans quelle mesure le cadre a-t-il le contrôle de ses propres affaires ? Peter Drucker n'a aucun doute à ce propos :

> «Le cadre a pour responsabilité de créer un tout qui est supérieur à la somme de ses parties, une entité productive dont il sort plus que la somme des resssources qu'on y a mises. C'est l'analogie avec le chef d'orchestre qui vient à l'esprit : par ses efforts, sa vision, et son leadership, des parties instrumentales individuelles qui ne sont en elles-mêmes que des bruits deviennent une totalité vivante : la musique. Mais le chef d'orchestre dispose de la partition écrite par le compositeur : il n'est qu'un interprète. Le cadre, lui, est à la fois compositeur et chef d'orchestre (1954, pp. 341-342).»

Mais Sune Carlson, qui a procédé à une observation systématique des cadres, n'est pas si affirmatif :

> «Avant cette étude, j'ai toujours pensé qu'un directeur général était une sorte de chef d'orchestre debout, seul, sur son estrade. Maintenant, je pense dans une certaine mesure plutôt à lui comme à une marionnette dont des centaines de personnes tirent les fils, le forçant à agir d'une façon ou une autre (1951, p. 52).»

Malheureusement, les données empiriques ne permettent pas de répondre à la question de façon définitive. Les données de Guest indiquent que les agents de maîtrise ont l'initiative dans 60% de leurs contacts, la proportion étant plus proche de 50% pour les cadres moyens et subalternes dans l'étude de Lawler Porter et Tannenbaum (1968). Burns (1954) nous présente des données plus

---

(13) Il est intéressant de noter que cette étude, comme celle de Sayles, montre que les contacts avec les subordonnés sont en moyenne de durée particulièrement faible.

spécifiques sur quatre cadres moyens : elles suggèrent que ces derniers initient environ la moitié des contacts avec leurs pairs, une proportion moindre avec leurs supérieurs et plus avec leurs subordonnés. D'après nos propres données (voir la figure 6) les cinq directeurs généraux n'avaient l'initiative que dans 32% de leurs contacts verbaux. Et, sur les 890 courriers analysés, seuls 231 (c'est-à-dire 26%) étaient envoyés, presque toujours en réponse à l'un des 659 courriers reçus.

Notre recherche fournit une autre mesure du degré de contrôle exercé par le cadre sur son propre travail. On peut classer les contacts verbaux en deux catégories, selon que le cadre y est impliqué de façon active ou passive. Dans 42% des contacts verbaux observés (activités de nature sociales, demandes faites au directeur général), son engagement était nettement passif. Dans 31% des cas (élaboration de stratégie, négociation, transmission d'information, tournée des installations, demandes faites par le directeur général) son engagement était plus actif. Et dans 27% des cas (analyse de situations, programmation, travail lié à l'activité du conseil d'administration), on peut considérer son engagement comme n'étant ni actif ni passif. Une fois encore, le cadre paraît avoir un contrôle actif que dans une proportion relativement faible de ses activités.

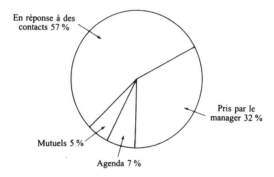

Figure 6 - Les contacts verbaux pris à l'initiative du cadre*
* A partir de 5 semaines d'observation du travail de cadres supérieurs.

Des travaux les plus importants concernant les directeurs généraux — ceux de Carlson et ceux de Neustadt — il ressort que les cadres passent le plus clair de leur temps à *ré*-agir. Carlson fait référence au «complexe de l'agenda» (p. 71) et Neustadt exprime sa conclusion ainsi :

> «La façon dont un Président utilise son propre temps, et la répartition de son attention, sont gouvernées par ce qu'il *doit* faire jour après jour : le discours qu'il a accepté de faire, le rendez-vous qu'il ne peut déplacer, la lettre que personne d'autre ne peut signer, le repos et l'exercice physique que lui prescrit son médecin. Ces activités peuvent être très éloignées de l'image qu'on a de la concentration de la Maison-Blanche sur la haute politique et la grande stratégie. On ne peut rien y changer. Les priorités d'un Président ne

sont pas dictées par l'importance relative de la tâche, mais par la nécessité relative qu'il a de l'accomplir. Il traite d'abord ce qui est exigé de *lui*. Les délais régissent son emploi du temps. (1960, p. 155).»

Ainsi, il existe des données qui nous conduisent à penser que le cadre est incapable de décider de la majorité de ses propres activités. Le téléphone sonne, l'agenda est rempli d'une batterie de réunions, des subordonnés viennent interrompre le travail en cours, des problèmes surgissent à l'improviste, et, en permanence, il y a la peur d'être débordé par le flux du courrier. Il est certain que ce type de travail est conçu pour éliminer ceux qui sont faibles et mettre en cage ceux qui sont forts.

Mais les chiffres racontent-ils la véritable histoire ? Est-ce que le fait que beaucoup des réunions auxquels assiste le cadre sont organisées par d'autres, qu'il reçoit plus de courrier qu'il n'en émet, qu'on lui adresse plus de demandes qu'il n'en formule, et qu'il est esclave de son agenda, indique que le cadre ne peut pas contrôler ses affaires? Les demandes statutaires sont toujours faites par d'autres, mais elles sont une bonne indication du statut que le cadre a su développer. Le nombre de demandes d'autorisation peut indiquer le degré du contrôle exercé sur les décisions de l'organisation. L'importance relative des réunions provoquées par d'autres personnes et de réunions déterminées par le calendrier peut être une mesure de la capacité du cadre à organiser les activités; et la quantité d'informations qu'il reçoit sans les avoir demandées peut mesurer son aptitude à construire des réseaux de communication efficaces.

Ainsi, on peut décrire le cadre comme un chef d'orchestre ou comme une marionnette, selon qu'il a plus ou moins le contrôle de ses propres affaires. En particulier, il a dans deux domaines une marge de manœuvre importante :

1. Il est dans une position où il peut prendre un ensemble de décisions initiales qui définissent une bonne partie de ses engagements à long terme. Par exemple, il peut accepter ou refuser de faire partie d'un conseil d'administration ou d'un comité; bien que, s'il accepte, il en découlera des activités planifiées pour lui par d'autres dans une large mesure. Il peut prendre l'initiative d'un projet qui, une fois lancé, lui demandera du temps, ici et là, pendant des années. Il peut développer ses propres canaux d'information, mais une fois qu'il l'a fait, il ne contrôle pas sur le moment le flot des informations qui lui parviennent. Il est clair que le contrôle s'exerce par un nombre faible de décisions cruciales, dont une grande partie est émise dans la période qui suit immédiatement la prise de poste.

Le cadre imprime sa volonté en contrôlant, ou en utilisant pour ses objectifs propres, les activités dans lesquelles il *doit* s'engager. Une activité de caractère cérémonial donne à un cadre habile l'occasion d'obtenir des informations. Une demande d'autorisation lui permet d'injecter ses valeurs dans l'organisation. L'obligation de prononcer un discours se transforme en occasion de défendre une cause. Il est possible de faire plus que la résolution des problèmes et l'éloignement des pressions : le cadre peut prendre des mesures pour transformer les problèmes en opportunités, en introduisant de nouvelles idées dans la solution de ces problèmes.

On a peut-être ici les deux facteurs permettant la meilleure distinction entre le cadre efficace et celui qui ne l'est pas. Tous les cadres sont des marionnettes, mais certains décident qui tirera les ficelles et comment: ils savent mettre à profit chacune des actions qu'ils doivent accomplir. D'autres, par contre, incapables d'exploiter cet environnement à haute tension, sont dévorés par leur travail, un des plus exigeants qui soit.

PROPOSITIONS SUR LES CARACTERISTIQUES DU TRAVAIL DU CADRE

1. Parce que son travail est par nature peu structuré, le cadre se sent obligé d'en fournir une grande quantité à un rythme soutenu. Il dispose de peu de temps libre et les pauses sont rares. Les cadres de haut niveau, en particulier, n'échappent pas à leur vie professionnelle quand ils quittent l'entreprise, à cause du travail qu'ils emmènent chez eux, et parce qu'ils continuent à penser à leur travail pendant le plus clair de leur temps «libre».

2. A la différence des activités de la plupart des non-cadres, celles des cadres sont caractérisées par la brièveté, la variété et la fragmentation. La plupart d'entre elles durent très peu de temps, de l'ordre de la seconde pour les cadres subalternes, de la minute pour les directeurs généraux. La variété des activités est grande et l'absence de structure entre les activités consécutives — le trivial et l'important se succédant sans ordre — exige du cadre qu'il change d'approche et d'état d'esprit rapidement et souvent. En général, le travail du cadre est fragmenté et les interruptions sont fréquentes.

3. Le cadre, en vérité, paraît préférer la brièveté et l'interruption dans son travail. Il en vient à être conditionné par sa charge de travail et à développer une attitude qui consiste à toujours apprécier le coût d'opportunité de son propre temps; il vit en pensant sans cesse à ce qu'il pourrait et à ce qu'il devrait faire d'autre. La superficialité est un risque majeur pour le cadre.

4. Le cadre est attiré vers les éléments les plus actifs de son travail: ce qui est courant, actuel, spécifique, bien défini, non routinier. Le traitement du courrier est perçu comme une corvée; les courriers orientés vers l'action, et ils sont peu nombreux, ont sa préférence. L'information qu'il préfère est celle qui est la plus actuelle: les rumeurs, les bruits, les on-dit. Les rapports de routine n'en font pas partie. La programmation des activités reflète une recherche du concret et du défini, des questions spécifiques plutôt que des thèmes généraux. La pression du travail ne l'encourage pas à devenir un planificateur, mais plutôt un adaptateur spécialiste du traitement de l'information, qui travaille dans un environnement de style stimulus-réponse et qui préfère l'action.

5. Les contacts verbaux et écrits sont l'instrument de travail du cadre, qui dispose de cinq moyens de communication principaux: le courrier (documentaire), le téléphone (purement verbal), la réunion non programmée (informelle, de face à face), la réunion programmée (formelle, de face à face) et la tournée (visuelle). Le cadre préfère clairement les trois moyens oraux de communication et passe le plus clair de son temps en contact verbal.

6. Le courrier est traité rapidement, mais il doit aussi l'être régulièrement. Il a tendance à contenir peu d'éléments «actifs»; le traitement prend du temps; la transmission est lente et les délais de réaction sont importants. Le

courrier contient beaucoup de données de caractère général et de documents volumineux (rapports, périodiques, etc.) et un bon nombre de communications formelles et de demandes sans grande portée auxquelles il faut néanmoins répondre. Le cadre est à la source de beaucoup moins de courrier qu'il n'en reçoit, et la plus grande partie de ce qu'il envoie est constituée de réponses au courrier qu'il a reçu. Le traitement du courrier implique que ceux de ses subordonnés trop éloignés pour avoir des contacts verbaux sont désavantagés par rapport à ceux qui sont plus près.

7. Les moyens de communication informels (téléphone et réunion non programmée) sont généralement utilisés par le cadre pour des contacts brefs avec des personnes qu'il connaît bien, et lorsque l'information ou les demandes doivent être transmises rapidement.

8. Le cadre consacre un temps de travail plus important aux réunions programmées qu'à chacun des autres moyens de communication. Les réunions programmées permettent des contacts de longue durée, de nature formelle, avec des groupes comportant un nombre important de personnes, éventuellement situées hors de l'organisation. Les activités de caractère cérémonial, l'élaboration de la stratégie et la négociation se déroulent généralement lors de réunions programmées. L'intérêt de ces dernières ne se limite pas à leur objet : au début et à la fin de chacune d'entre elles ont lieu des discussions générales qui donnent fréquemment lieu à des transferts importants d'information.

9. Les tournées donnent au cadre l'occasion d'observer l'activité de l'organisation de façon informelle telle qu'elle fonctionne sans apprêt. Mais le cadre n'y consacre qu'une faible partie de son temps.

10. On peut comparer la position du cadre à celle de la partie resserrée d'un sablier : il est situé entre son organisation et un réseau de contacts extérieurs, qu'il relie de multiples façons. Les contacts externes prennent en général entre un tiers et un quart du temps de contact du cadre. Ils sont de nature très variées : clients, fournisseurs, associés, pairs, etc. Ces personnes constituent, de fait, un réseau d'informateurs. Les relations non hiérarchiques sont une composante importante et complexe du travail du cadre.

11. Les subordonnés prennent en général entre un tiers et la moitié du temps que le cadre consacre aux contacts, le plus souvent pour formuler des demandes, pour recevoir ou transmettre des informations ou pour élaborer la stratégie. Le cadre a des contacts avec une grande variété de subordonnés, et se sent libre de passer outre les circuits hiérarchiques formels.

12. Le cadre passe une partie relativement faible de son temps avec ses supérieurs (ou avec les membres du conseil dans le cas d'un directeur général), généralement de l'ordre de 10%.

13. Le travail du cadre est un mélange de droits et de devoirs. Bien qu'une étude superficielle de l'activité des cadres suggère qu'ils ne contrôlent souvent qu'une faible partie de leurs propres activités, une analyse plus poussée suggère que le cadre peut exercer un tel contrôle dans deux domaines importants. Il est responsable de beaucoup des engagements initiaux qui lui imposeront par la suite un flux continu d'obligations. Il peut, par ailleurs, tirer parti de ses obligations en les transformant en autant d'occasions d'obtenir des informations, d'exercer son pouvoir, etc.

4
Les rôles professionnels du cadre

Une bonne théorie, c'est une théorie qui tient assez longtemps pour vous permettre de parvenir à une meilleure théorie.

D.O. Hebb (1)

Nous parvenons maintenant au cœur de notre étude : à la théorie qui rend compte de *ce que* font les cadres. Nous utilisons ici le concept de rôle, un terme qui fait son chemin du vocabulaire théâtral à la gestion, en passant par les sciences du comportement. Le rôle se définit ainsi : c'est un ensemble organisé de comportements appartenant à un poste de travail ou à une position identifiable (Sarbin et Allen, 1968). La personnalité individuelle peut avoir une influence sur la façon dont le rôle est tenu, mais ne peut empêcher que le rôle soit tenu. Ainsi, les acteurs, les cadres, et d'autres personnes, sont les interprètes de rôles prédéterminés, mais individuellement ils les incarnent de diverses façons (2).

LES DIX ROLES DU CADRE

Il faut dire clairement dès le départ que la conception des rôles du cadre, présentée dans ce chapitre, est l'une des nombreuses possibles. Identifier des

---

(1) La citation en exergue est tirée de *Psychology Today* (Novembre , 1969).
(2) Nous renvoyons le lecteur qui désirerait plus de détails sur le concept de rôle à Sarbin et Allen (1968) et à Thomas et Biddle (1966).

rôles est essentiellement un processus de rangement en catégories distinctes, une répartition dans une certaine mesure arbitraire des activités du cadre en groupes d'affinités. Le résultat final doit être jugé en fonction de son utilité.

Ces rôles proviennent, à l'origine, de l'observation que j'ai faite du travail de cinq directeurs généraux. A propos de chaque contact et de chaque courrier observés lors de cette étude, je me suis posé la question : pourquoi le cadre agit-il ainsi ? J'ai ensuite procédé à un regroupement logique des réponses à cette question et il en est résulté une classification en dix rôles.

La base empirique sur laquelle la construction de ces derniers repose est, certes, mince ; mais il existe un argument logique et une masse considérable de données d'observation qui confirment le fait que ces dix rôles sont tenus par tous les cadres. Comme l'indique la figure 7, chaque cadre est situé entre l'organisation et son environnement. Le PDG guide son entreprise au sein d'un environnement composé des concurrents, des fournisseurs, des administrations, etc. Le chef d'atelier anime aussi le fonctionnement de son organisation — l'atelier — au sein d'un environnement composé d'autres chefs d'ateliers, de fonctionnels, de fournisseurs, etc. Chacun d'entre eux gère une organisation dans un environnement complexe. Pour ce faire, le cadre doit remplir un ensemble de rôles dont les exigences contribuent à l'apparition de caractéristiques communes au travail de tous les cadres.

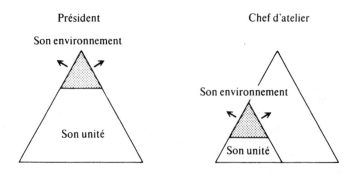

Figure 7 - Le cadre entre son unité et l'environnement

Diverses études, portant sur des chefs d'ateliers de production, des responsables des ventes aussi bien que d'autres cadres, viennent appuyer cet argument. Chacune fait référence à un ou plusieurs des rôles présentés dans ce chapitre. Et si on les considère toutes, on y trouve les dix rôles mentionnés sous une forme ou sous autre, pour des postes d'encadrement qui sont à l'évidence très différents de ceux des directeurs généraux. Par ailleurs, trois études utilisant cet ensemble de rôle suggèrent que les dirigeants de petites et moyennes entreprises et les cadres moyens des entreprises et des administrations assument ces dix rôles (3). Une bonne partie des données de ce chapitre provient de mon étude portant sur les directeurs généraux, mais on y trouvera aussi les résultats d'autres recherches, à la fois pour enrichir la théorie et pour appuyer la thèse selon laquelle chaque cadre joue ces dix rôles. Ici encore, comme au chapitre 3, le terme *organisation* désigne l'unité placée directement sous l'autorité formelle du cadre : l'atelier pour le chef d'atelier, l'entreprise dans son ensemble pour le directeur général.

On peut ranger les activités du cadre en trois catégories: celles qui ont principalement trait respectivement aux relations interpersonnelles, au transfert d'information, et à la prise de décision. Les dix rôles sont donc répartis en trois sous-ensembles: trois rôles *interpersonnels,* trois rôles liés à *l'information,* et quatre rôles *décisionnels.*

La position du cadre nous fournit le point de départ de cette analyse. Nous l'avons déjà défini comme la personne qui a la responsabilité d'une unité de l'organisation. Cette autorité formelle lui confère une position statutaire d'où découlent les trois rôles interpersonnels. Le premier rôle, et le plus simple, est celui de *symbole.* Le cadre a le devoir de représenter son organisation dans toutes les occasions formelles. Son statut lui permet aussi de jouer le rôle *d'agent de liaison,* interagissant avec des pairs et des personnes extérieures à l'organisation pour obtenir des faveurs et des informations. Le troisième rôle interpersonnel, celui de *leader,* définit les relations du cadre avec ses subordonnés: motivation, gestion du personnel, etc.

Grâce à ces rôles interpersonnels, le cadre est dans une position privilégiée pour obtenir des informations aussi bien de l'extérieur, grâce à ses contacts avec des personnes situées hors de l'organisation, que de l'intérieur, grâce à ses activités de leader. Il en résulte qu'il émerge comme le centre nerveux et le point-clef d'un certain type d'informations organisationnelles. De là proviennent les trois rôles liés à l'information : dans le rôle *d'observateur actif,* le cadre reçoit et recherche des informations qui lui permettent de comprendre son organisation, dans le rôle de *diffuseur,* il transmet certaines informations à son organisation, et dans le rôle de *porte-parole* il communique à l'extérieur des informations sur son organisation.

---

(3) Choran (1969) a étudié le travail des présidents de trois petites entreprises en utilisant l'observation structurée. Il conclut que chacun d'entre eux assume les dix rôles dont nous traitons dans ce chapitre, plus deux rôles supplémentaires d'importance particulière dans leur travail, mais qu'ils ne prêtent pas la même attention aux différents rôles que les directeurs généraux d'organisations plus importantes. Costin (1970) a réuni les réponses de 200 cadres (moitié d'entreprises, moitié d'administration) à un questionnaire portant sur la fréquence avec laquelle ils remplissent les dix rôles. Non seulement les deux groupes se perçoivent eux-mêmes comme assumant les dix rôles, mais il n'y a aucune différence significative entre eux pour ce qui concerne la fréquence avec laquelle ils remplissent neuf des dix rôles (ces deux études font l'objet d'une discussion au chapitre 5). De plus, John Bex de Phillips Industries en Grande-Bretagne a entamé une recherche utilisant l'ensemble des dix rôles et portant sur le travail des cadres moyens. Ses premières conclusions suggèrent que la structure en dix rôles est applicable à ce niveau (on peut trouver ses conclusions dans le papier intitulé «Quelques observations sur le rôle de l'encadrement dans un environnement changeant» présenté à la conférence de la «UK Operational Research Society», en Septembre 1971).

La position remarquable du cadre dans le circuit des informations, son statut et son autorité le placent à un point central du système par lequel sont élaborées les décisions importantes (stratégiques). Dans ce domaine, on peut identifier quatre rôles: dans le rôle d'*entrepreneur* la fonction du cadre est de prendre l'initiative de changements; dans le rôle de *régulateur,* le cadre «monte en première ligne» quand son organisation est menacée; et dans le rôle de *négociateur* il traite des situations dans lesquelles il se sent obligé d'entamer des négociations au nom de son organisation.

Avant de faire une présentation détaillée de chacun de ces rôles, nous voulons attirer l'attention du lecteur sur trois points importants.

D'abord, chaque rôle est observable. Par exemple on peut voir un cadre s'occuper d'une perturbation ou agir comme *symbole* de son organisation. Chaque rôle sera décrit en fonction des activités observables dont il dérive. On remarque, cependant, que certaines activités sont reliées à plus d'un rôle.

En second lieu, dans l'étude des cinq directeurs généraux, tous les contacts entre personnes et toutes les communications écrites peuvent être décrits à l'aide des dix rôles. Il y a eu, dans la littérature, une tendance qui a consisté à exclure certaines des activités des cadres parce que, par leur nature même, il ne s'agirait pas d'activités d'encadrement. Drucker écrit par exemple:

> «Chaque cadre a beaucoup d'activités qui ne sont pas des activités d'encadrement. Il se peut qu'il y consacre le plus clair de son temps. Un responsable des vente fait une analyse statistique ou calme un client important. Un agent de maîtrise répare un outil ou remplit une fiche de production. Un responsable de production s'occupe de la disposition des machines dans l'usine ou de l'essai de nouveaux équipements. Le PDG d'une entreprise travaille aux derniers détails d'un prêt bancaire ou négocie un contrat important — ou passe des heures interminables à présider le dîner donné en l'honneur d'employés travaillant depuis particulièrement longtemps dans l'entreprise. Chacune de ces activités correspond à une certaine fonction. Toutes sont utiles et doivent être bien remplies. Mais elles ne font pas partie du travail que réalise chaque cadre quelque soit sa fonction, son activité, son rang ou sa position, du travail qui est commun à tous les cadres, et qui leur est particulier (1954, p. 343).»

Si le PDG *doit* négocier le contrat ou présider le dîner, comment peut-on prétendre que ce n'est pas une partie de sa fonction? Des omissions telles que celles-ci sont arbitraires; elles suggèrent une idée *a priori* sur le travail du cadre, une idée qui peut ne pas être en rapport avec la réalité. Si un cadre s'engage dans une activité, nous devons supposer d'abord qu'il s'agit d'une partie intégrante de son travail, et chercher à comprendre pourquoi il s'y engage dans le cadre de ses responsabilités, prises au sens le plus large du terme. Cette approche conduit à une conclusion diamétralement opposée à celle de Drucker.

En troisième lieu, bien que les rôles soient décrits indépendamment les uns des autres il faut se garder de les isoler. Comme l'indique la figure 8, ces dix rôles forment un *gestalt,* un ensemble dont les parties sont indissociables les unes des autres. Par essence le cadre est un système entrée-sortie dans lequel autorité et statut donnent naissance à des entrées (des informations) qui elles-mêmes engendrent des sorties (des informations et des décisions). On ne peut pas supprimer arbitrairement l'un des rôles en espérant que les autres demeurent sans changement. Un cadre qui, par exemple, cesserait de jouer son rôle *d'agent de liaison* perdrait tout accès aux informations externes, et ne pourrait plus diffuser de bonnes informations ni prendre des décisions stratégiques efficaces.

LES ROLES INTERPERSONNELS

Parmi les activités des directeurs généraux, considérons les suivantes: les cérémonies (un dîner officiel par exemple), l'ordre donné à des subordonnés d'assurer le suivi d'un travail, les lettres accusant réception d'autres lettres, les réponses à des demandes de peu d'importance adressées au cadre à raison de son statut (par exemple des demandes d'échantillons gratuits). Toutes ces activités ont deux éléments en commun: chacune est directement liée au statut et à l'autorité du cadre, la conséquence essentielle de chacune est le développement de relations interpersonnelles. Le cadre reçoit des demandes statutaires et participe à des cérémonies parce qu'il est la personne de rang le plus élevé dans son organisation; il a accès à certains contacts grâce à son statut de cadre; il accuse réception de courriers pour entretenir son réseau de contacts; et lorsqu'il demande que soit assuré le suivi d'un travail, c'est dans le contexte de l'autorité dont il est légalement investi dans l'organisation. Dans chaque cas, le contact interpersonnel a une importance essentielle. C'est pourquoi les activités décrites plus haut entrent dans ce qu'on peut appeler les rôles interpersonnels, qui sont au nombre de trois.

Le cadre comme symbole

Le plus simple et le plus fondamental des rôles du cadre est celui de *symbole*. A cause de l'autorité formelle dont il est investi, le cadre est un symbole, ce qui lui impose des obligations. Certaines d'entre elles sont de nature banale, d'autres demandent plus d'inspiration; toutes entraînent une activité de nature interpersonnelle, mais aucune n'implique une activité appréciable de décision ou de traitement de l'information. Comme le note Carlson :

> «Le rapport du Comité Présidentiel sur la Gestion Administrative mentionne que le Président des Etats-Unis, outre son rôle de leader d'un parti politique au pouvoir, est "chef de la Nation au sens cérémonial du terme et le symbole de la solidarité nationale américaine". (1951, p. 24).»

Dans chacune des circonstances suivantes, on retrouve le rôle de *symbole*. :

> «Dans son courrier, un cadre trouve une lettre adressée à "Monsieur le Président" qui est une demande visant à obtenir des marchandises gratuitement. Dans le courrier-départ mis à la signature, différents cadres trouvent des diplômes d'infirmières qu'il faut parapher, une lettre d'éloge et de compliment à un salarié qui part en retraite, et un projet de lettre à un client potentiel dicté par un subordonné.

Un vendeur de produits détergents obtient un rendez-vous avec le Directeur Général en assurant à sa secrétaire qu'il est un viel ami, et un ami (véritable celui-là) du Directeur d'un hôpital lui écrit une lettre pour s'assurer qu'un de ses parents recevra des soins particulièrement attentifs . Un cadre déjeune avec des clients, un autre prononce une allocution de bienvenue à un groupe qui visite l'entreprise.»

Figure 8 - Les rôles du cadre

Ces activités ne paraissent pas se situer au cœur du travail du cadre. Pourtant, dans aucun des cas, le cadre ne peut s'en dispenser. Parfois, en particulier pour la signature de certains documents, sa participation est juridiquement requise. Parfois, elle est considérée comme une nécessité sociale: il doit présider certaines réunions pour y ajouter dignité et statut. Parfois encore, pour reprendre les termes utilisés par l'un de nos interviewés, il doit être disponible «envers ceux qui ont le sentiment que la seule façon d'obtenir satisfaction est de s'adresser au sommet» :

«Un parent d'élève téléphone au censeur d'un lycée pour se plaindre d'un enseignant. Après la fin de ce coup de téléphone, le censeur commente : "Comme vous voyez, je ne m'en occupe pas, je me contente de transmettre le message au proviseur."

Un directeur général se voit demander de prononcer un discours à un groupe de volontaires, avec ce commentaire : "Je veux qu'ils sachent que cette politique bénéficie de votre soutien total".»

Les directeurs généraux ne sont pas les seuls à avoir des activités de cette nature. Dans sa discussion du travail des responsables de vente, Davis nous indique que :

«Certains clients... refusent d'avoir affaire à une autre personne que le responsable des ventes. Le directeur d'une petite brasserie de l'Etat de New York exigeait de passer par le responsable de branche pour l'achat des boîtes destinées à contenir la bière, alors que le vendeur local avait toute qualification pour conclure cette opération. Selon le brasseur, le montant de la commande valait bien une attention particulière de la direction de l'entreprise. Que cette attitude soit justifiée ou pas, il reste que le prestige et le titre du responsable des ventes étaient nécessaires au maintient des relations avec les clients. (1957, p. 43-44.»

D'autres personnes étudiant le travail des cadres ont quelquefois mentionné le rôle de *symbole;* mais en général celui-ci a été négligé, probablement parce que sa faible importance apparente ne s'accorde pas avec les conceptions traditionnellement exprimées sur le travail du cadre.

Le cadre comme leader

L'organisation se tourne vers celui qui est à sa tête pour y trouver direction à suivre, conseil et motivation. Dans son rôle de *leader,* le cadre définit l'atmosphère dans laquelle l'organisation travaillera.

«C'est généralement le PDG qui "donne le la" à l'organisation : il peut assurer le succès de l'entreprise s'il infuse énergie et vision à toute la hiérarchie. Au contraire, son incapacité ou sa négligence peuvent faire stagner l'organisation. (Harbison et Myers, 1959, pp. 15-16).»

L'exercice du leadership entraîne des relations interpersonnelles entre le leader et ceux qu'il dirige. Dans le groupe informel, le leader est généralement suivi à cause de son pouvoir physique ou charismatique. Dans l'organisation formelle, où il est la plupart du temps nommé par une autorité supérieure, le cadre doit fréquemment s'appuyer sur les pouvoirs attachés à sa fonction.

«Dans les groupes primitifs, il peut y avoir une structure de pouvoir assise sur la force supérieure de la personnalité du leader, qu'elle tienne à la prouesse physique, la vivacité mentale ou la capacité de persuasion. Il ne s'agit pas là, cependant, de la même chose qu'une structure d'autorité formelle dans laquelle l'ordre est suivi parce qu'il vient d'une position d'autorité légitime plutôt que de la personnalité de celui qui le donne. Le soldat salue l'uniforme de l'officier supérieur, pas l'homme qui le porte. (Katz et Kahn, 1966, p. 46).»

Le rôle de *leader* est clairement celui qui est le plus important, et on y a plus accordé d'attention qu'à aucun autre. La littérature sur le leadership traite de nombreux thèmes, par exemple la nécessité pour le cadre de donner une direction et un but à son organisation, ou bien les différents styles que peut avoir le leader et leur impact sur les subordonnés, ou encore le pouvoir des leaders. Mais, comme nous l'avons noté au chapitre 2, peu de choses ont été écrites sur les activités permettant aux cadres d'assumer leur leadersphip. Nous centrerons notre propos sur ces activités.

Quand on examine les composantes du rôle de *leader,* on remarque d'abord que le leadership est d'une façon ou d'une autre présent dans toutes les activités du cadre; on sous-estimerait l'importance de ce rôle en la mesurant par la proportion des activités qui sont liées au ledarship seul, à l'exclusion des autres rôles. Chaque fois qu'un cadre encourage ou critique un subordonné il agit comme *leader.* Le plus souvent ceci est fait à un moment où le cadre est engagé dans une activité qui a d'autres objectifs, par exemple la transmission d'informations ou l'élaboration de décisions stratégiques. Mais, en pratique, presque toutes les actions du cadre sont examinées avec attention par ses subordonnés, qui y cherchent des indices leur montrant la voie à suivre. Lorsqu'il répond à une demande d'autorisation, le cadre peut encourager ou inhiber un subordonné. Des subordonnés anxieux peuvent même voir un message implicite (peut-être inexistant) dans la façon qu'il a de les saluer.

Le leadership est la composante essentielle de quelques-unes des activités du cadre. Une catégorie particulière d'activités de ce type est celle liée à la gestion du personnel: recrutement, formation, évaluation, rémunération, promotion et licenciement des subordonnés. Une autre catégorie est celle des activités liées à la motivation, par exemple celles qui suivent :

> Un subordonné se tourne vers le cadre pour obtenir un conseil sur un problème personnel et pour être rassuré sur le caractère adéquat de son travail.
> Le cadre écrit un mémorandum à un de ses subordonnés: "En pensant à cette affaire, je me demande si nous ne devrions pas la conduire de façon plus agressive".
> Au cours d'une tournée des installations, le cadre discute quelques instants avec un subordonné qui a été malade; il rencontre un autre de ses subordonnés, lui demande des nouvelles de son travail et le félicite de ses résultats.

Il existe encore d'autres activités liées au leadership, celles qui voient le cadre s'intéresser au travail de ses subordonnés (on pourrait dire «se mêler» du travail de ses subordonnés). Bien que la chose ne soit pas reconnue dans la littérature sur le leadership, l'étude du travail de cinq cadres dirigeants nous révèle de façon indiscutable l'existence de ces activités. Le cadre est en permanence à l'affût d'informations sur sa propre organisation, et lorsque quelque chose ne lui plaît pas, il n'hésite pas à agir.

> Le cadre, voyant une publicité de son entreprise au dos d'un magazine, la transmet à l'un de ses vice-présidents avec ce commentaire : "Je remarque que nous utilisons encore cette publicité au lieu de... quand corrigerons-nous le tir ?".

Recevant une demande pour des bureaux supplémentaires, le cadre fait une visite matinale au département concerné. Puis, il contacte le chef du département et lui dit que si ses gens arrivaient à l'heure au bureau ils pourraient faire leur travail dans l'espace qui leur est alloué.

Le cadre est à l'affût des opérations qui ne marchent pas bien, des problèmes en mal d'attention, des subordonnés qui ont besoin d'encouragements ou de critiques. En effet, c'est à lui qu'il revient de maintenir l'organisation en éveil. Il peut conduire ses investigations comme il l'entend car il est le seul qui puisse dépasser les bornes imposées aux membres de son organisation par la structure d'autorité. Il est le seul à avoir une mission très large (en d'autres termes on pourrait dire qu'il est le seul à pouvoir se mêler de tout), et ses activités reflètent clairement cet état de choses.

Pour conclure la discussion sur le rôle de *leader* deux points méritent d'être notés. D'abord l'objectif essentiel du rôle de leader est d'effectuer l'intégration entre les besoins des individus et les buts de l'organisation. Le cadre doit concentrer ses efforts sur la mise en phase des besoins de ses subordonnés et de ceux de l'organisation, afin que les opérations de l'entreprise soient plus efficientes. En second lieu, c'est dans le rôle de *leader* que le pouvoir du cadre se manifeste le plus clairement. L'autorité formelle dont il est investi lui donne un pouvoir potentiel important, mais c'est le leadership qui détermine quelle fraction de ce potentiel deviendra réalité. William F. White dans son étude d'un gang nous donne une illustration de l'étendue de ce pouvoir.

«Le leader est le point focal de l'organisation du groupe. En son absence, les membres du gang se répartissent en nombreux petits groupes. Il n'y a aucune activité commune, aucune conversation générale. Quand le leader apparaît, la situation change de façon surprenante. L'ensemble des petites unités se fond en un groupe unique. La conversation devient générale et une action unitaire s'ensuit fréquemment. Le leader est le pivot de la discussion. L'un des membres commence à parler, s'arrête lorsqu'il remarque que le leader n'est pas en train d'écouter, puis reprend lorsqu'il a de nouveau l'attention du leader. Quand le leader s'en va, l'unité laisse la place aux divisions qui existaient avant son arrivée. (1955, p. 258).»

Ainsi, par son rôle de *leader,* le cadre assure la fusion d'éléments divers en une entreprise, une entité coopérative.

Le cadre comme agent de liaison

L'importance des relations horizontales est l'une des découvertes les plus importantes permises par les études empiriques portant sur le travail du cadre. Ces relations ont été largement négligées par la littérature, qui s'est focalisée sur les relations verticales, tout particulièrement lorsqu'il s'agissait de traiter de l'encadrement.

Le rôle *d'agent de liaison* intervient quand on considère l'important réseau des relations qu'entretient le cadre avec de nombreux individus et de nombreux groupes situés en dehors de l'organisation qu'il dirige. Ce sont ces relations qu'Homans (1958) qualifie de «relations d'échange» : le cadre donne une chose pour en obtenir une autre en retour. Les PDG siègent dans divers conseils d'administration pour les contacts qui leur apporteront faveurs et informations; en retour, ils apportent leur temps et leur expertise.

A propos de ces relations, Homans fait l'hypothèse suivante: «... plus le rang social d'une personne est élevé, plus grande est la fréquence de ses interactions avec des personnes situées en dehors de son propre groupe... ceux qui sont socialement sur un pied d'égalité ont tendance à interagir les uns avec les autres avec une fréquence élevée» (1950, pp. 185-186). Pour le cadre, qui a le statut le plus élevé dans sa propre organisation, ceci entraîne le développement de contacts extérieurs.

> «D'abord le cadre a un statut. Il est placé en dehors du groupe des salariés non cadres, il fait partie d'une classe à part: l'encadrement. Il cesse de déjeuner avec les personnes qui ne sont pas cadres, et se met à déjeuner avc d'autres cadres, souvent en privé. Beaucoup des amitiés qu'il avait avec des non cadres s'estompent et sont remplacées par des amitiés qui se développent avec d'autres cadres. On lui ouvre les portes de clubs auxquels il n'avait pas accès de droit ou de fait. On l'invite à participer aux activités d'organisations charitables et professionnelles (Starbuck, 1965, p. 512).»

Ainsi, l'observation des activités des chefs d'atelier et l'étude de leurs agendas a montré qu'ils passent beaucoup de temps avec d'autres chefs d'atelier, et on a fait un constat similaire pour les cadres moyens et pour les PDG.

Les directeurs généraux construisent et entretiennent leur réseau de contacts «statutaires» de façons diverses, formelles et informelles: en siégeant dans d'autres conseils d'administration, en consacrant du temps à des causes d'intérêt public, en assistant à des conférences et des réunions de caractère social, en «restant en contact», en répondant à des demandes simplement (pour utiliser les termes employés par l'un de nos interviewés) «pour maintenir les canaux de communication ouverts». Les anecdotes qui suivent sont une illustration de ce type d'activité :

> Le directeur d'une grande organisation de transport appelle le PDG d'une entreprise de conseil pour lui demander copie d'un rapport qui a été publié. Le contact a une importance, pas la demande en elle-même.
>
> Un cadre, après avoir lu dans un magazine l'annonce de la promotion d'un pair, lui écrit pour le féliciter.
>
> Un directeur général appelle un diplomate pour le remercier de ce qu'il a fait pour faciliter son voyage dans un pays étranger. Au cours de la conversation, le diplomate suggère au directeur général de rencontrer un responsable des services de planification de son pays, qui viendra prochainement aux Etats-Unis. Un contact pourrait s'ensuivre

Et, bien sûr, le directeur général renforce son rôle d'agent de liaison en développant sa réputation. Ceci est apparu clairement lors de l'étude d'un directeur général d'une entreprise de conseil qui employait l'expression «Je me suis exposé à un risque» pour parler de son apparition à une audition parlementaire télévisée. Au cours de la semaine d'observation, les résultats de ce passage à la télévision se firent fréquemment sentir de façon concrète par l'accès plus facile à des hauts fonctionnaires tant à Washington qu'à l'étranger. L'entreprise en question avait des contrats de conseil considérables avec des organisations gouvernementales.

Le rôle *d'agent de liaison* représente l'amorce d'une des parties-clefs du travail du cadre : relier l'environnement et son organisation. Les rôles de *porte-parole,* de *diffuseur* et de *négociateur,* dont nous traiterons plus tard, constituent les autres facettes de cette fonction. Dans son rôle *d'agent de liaison* le cadre établit son réseau de contacts externes; dans les autres rôles, il s'en sert pour obtenir faveurs et informations.

Le rôle d'*agent de liaison* n'a pas été traité avec l'attention qu'il mérite dans la littérature portant sur la gestion, à trois exceptions notables près. Lorsqu'il analyse le pouvoir des Présidents des Etats-Unis, Neustadt parle de l'habileté de Roosevelt dans ce domaine :

> «Ses sources personnelles étaient le produit d'une sociabilité et d'une curiosité qui avaient marqué son comportement avant même qu'il n'accède à la Présidence. Il avait un nombre énorme de relations à tous les niveaux de la vie nationale et de la structure du gouvernement; il avait aussi une femme dont le réseau de contacts était important. Ses contacts s'étendaient jusqu'à l'étranger; pendant les années de guerre, Winston Churchill, parmi d'autres, était devenu une de ses "sources personnelles". Roosevelt exploitait ces contacts de façon délibérée en les combinant pour accroître l'étendue de son information. Il changeait ses sources quand ses intérêts variaient mais aucune des personnes qui l'avaient intéressé à un moment donné n'était tout à fait oubliée ni à l'abri d'un soudain appel de sa part. (1960, pp. 156-157).»

A l'autre extrême, on a la vision de William F. Whyte sur le rôle d'*agent de liaison* à l'intérieur d'un gang :

> «Le leader est mieux connu et plus respecté à l'extérieur du groupe qu'aucun autre membre du gang. Il a une plus grande capacité de relations avec d'autres groupes. Une de ses plus importantes fonctions est de relier son gang à d'autres groupes du district. Qu'il s'agisse de conflit, de concurrence ou de coopération, on s'attend à ce qu'il représente les intérêts des membres de son groupe. Le politicien et le racketeur doivent traiter avec lui pour obtenir le soutien des autres. La réputation qu'il a en dehors de son groupe tend à renforcer sa position à l'intérieur du groupe, et, vice-versa, plus sa position dans le groupe est solide, plus sa réputation à l'extérieur est grande. (1955, pp. 259-260).»

Léonard Sayles, qui a étudié des cadres moyens et des cadres subalternes, discute de façon plus approfondie du rôle d'*agent de liaison.* Pour lui, «l'objectif constant du cadre est de construire et d'entretenir un système de relations prévisibles et réciproques...» (1964, p. 258). Alors qu'au niveau des directeurs généraux nous insistions sur l'importance que revêt l'entretien de telles relations pour l'obtention de faveurs et d'informations, Sayles quant à lui, insiste sur l'importance qu'elles ont à un moindre niveau pour assurer la bonne marche des flux externes liés à l'activité de l'unité dont le cadre est responsable : la gestion de tout ce qui entre dans l'unité et de tout ce qui en sort entraîne des relations qui peuvent avoir le caractère d'achat, de vente, de service, de conseil, d'évaluation, de contrôle et d'innovation.

En résumé, dans son rôle *d'agent de liaison,* le cadre s'appuie sur son autorité et son statut pour développer un système de relations externes. Il connecte son organisation à l'environnement en se servant de ses contacts pour améliorer la position et le niveau d'information de son unité. Pour développer ce système, le cadre contracte un ensemble d'obligations. L'étude de Sayles indique aussi ce rôle chez les cadres de niveau moins élevé bien que leurs activités soient essentiellement tournées vers le flux du travail routinier.

LES ROLES LIES A L'INFORMATION

La réception et la transmission d'informations constituent un second ensemble d'activités mises en évidence lors de notre étude des cadres dirigeants. Le plus clair de leur courrier était composé d'informations au sens strict du terme : données, références, rapports, idées, comptes-rendus d'événements, etc. Il en est de même pour une partie des contacts verbaux, par exemple ceux qui consistent à formuler une requête, à passer une information «encore chaude», à écouter le résumé d'une discussion, à faire une tournée des installations. L'aspect contact entre personnes était accessoires dans la plupart de ces activités; l'information était simplement transférée ou transformée, mais pas utilisée sur le moment dans l'élaboration de décisions importantes. C'est pourquoi nous utiliserons ici l'expression «rôles liés à l'information» pour désigner ce second ensemble de rôles des cadres.

Considérez par exemple les trois épisodes suivants (deux sont tirés de l'étude que j'ai réalisée, le troisième provient des travaux de Neustadt) :

> «Le vice-président d'une entreprise doit quitter, avant qu'elle ne se termine, une réunion qui a lieu en un point de la côte ouest des Etats-Unis. Il était en train, avec quelques collègues, de négocier une acquisition. Impatient de connaître le résultat, il téléphone au PDG de l'entreprise, qui est à Boston, à l'autre bout du pays. Le PDG, qui vient d'en discuter avec les autres négociateurs, lui décrit le résultat. Peu après, en réponse au commentaire de l'observateur : "Ainsi, vous êtes à Boston, ils sont tous les deux sur la côte ouest, et pourtant c'est vous qui êtes en position de dire au vice-président ce qui s'est passé", le PDG répond "c'est en général le cas !".
>
> Si quelqu'un a besoin d'une information sur l'organisation et ne sait pas à qui s'adresser, il appellera généralement le cadre ou sa secrétaire. Une personne qui téléphone de l'extérieur et qu'on a renvoyé d'un poste téléphonique à un autre, finit par demander la secrétaire du PDG. Celle-ci parle ainsi de son rôle : "s'il y a une question à laquelle ils n'arrivent à avoir une réponse d'aucune partie de l'organisation, alors "appelez Jane, elle y répondra !" Dans un cas similaire, un cadre fait le commentaire suivant à propos d'une femme avec laquelle il vient d'avoir une réunion : "elle ne savait pas où aller, donc elle est venue me trouver".
>
> La concurrence était le fondement de la technique utilisée par Roosevelt pour obtenir de l'information. Un de ses aides m'a dit un jour : "Il vous appelait pour vous demander d'éclaircir une histoire compliquée et, lorsque

vous reveniez le voir après un ou deux jours de dur travail pour lui présenter le morceau juteux que vous aviez découvert caché sous une pierre quelque part, vous constatiez qu'il connaissait tout de ce que vous aviez trouvé et, en plus, d'autres choses que vous ne connaissiez pas. Il ne vous disait jamais d'où il tenait ses informations, mais quand il vous avait placé deux ou trois fois dans ce type de situation vous deveniez diablement attentif à la qualité de vos informations. (Neustadt, 1960, p. 157).»

Qu'est-ce que tout ceci nous apprend sur le travail du cadre ? D'abord que pour ses subordonnés, pour l'observateur et pour lui-même, le cadre occupe clairement la position centrale dans la circulation de certains types d'informations dans l'organisation. En fait, le cadre est le «centre nerveux» de son organisation. Le flux des informations non routinières passe par lui.

Deux aspects du travail du cadre interviennent ici: son accès privilégié à l'information externe et son accès total à l'information interne. Considérons d'abord ce dernier point. Dans toutes les organisations, à l'exception de celles qui sont les moins structurées, chacun des subordonnés du cadre est un spécialiste, et le lui-même est, relativement parlant, un généraliste. Au sommet de la hiérarchie de l'entreprise, le président supervise des vice-présidents respectivement responsables de fonctions spécialisées comme le marketing, la production ou les finances. A son niveau, le chef d'atelier supervise les tourneurs, les fraiseurs, etc. Par les liaisons hiérarchiques, et donc de communication, qu'il entretient avec chacun de ces spécialistes, le cadre dispose d'une base d'information couvrant de nombreux domaines et devient le centre nerveux de l'information interne. Il se peut qu'il n'en sache pas autant sur une fonction que la personne qui est spécialiste de celle-ci, mais il est le seul qui ait une connaissance substantielles de toutes les fonctions. Il en résulte que de nombreuses personnes extérieures à l'organisation se tournent vers lui lorsqu'elles ont besoin d'une information qui touche à plusieurs fonctions, ou lorsqu'elles ne savent pas quel spécialiste peut répondre à leurs questions.

Par ailleurs, par son statut et par le rôle d'*agent de liaison* qui est le sien, le cadre dispose d'un accès privilégié à des personnes bien informées extérieures à l'organisation, parmi lesquelles d'autres cadres qui sont eux-mêmes les centres nerveux de leur propre organisation. Le cadre a ainsi accès privilégié à nombre de centres nerveux, et il en résulte qu'il devient dans sa propre organisation le point focal des informations externes spécialisées, la personne la mieux informée sur l'environnement.

Pour illustrer ce phénomène dans un autre contexte, tournons-nous à nouveau vers l'étude que Whyte a faite des gangs. Homans, en analysant cette étude, insiste sur les deux aspects — externe et interne — du rôle du leader dans le domaine de l'information :

«Etant au centre des interactions, (les leaders) étaient mieux informés qu'aucun autre des problèmes et des désirs des membres du goupe ; ils étaient par conséquent en meilleure posture pour prendre les décisions appropriées. Etant en contact étroit avec les autres chefs de gangs, ils étaient aussi mieux informés qu'aucun autre de ce qui se passait à Cornerville. De plus, grâce à la position centrale qu'ils occupaient dans le réseau des interactions, ils étaient mieux que les autres à même de transmettre au groupe les décisions qui avaient été prises. (Homans, 1950, p. 187).»

Trois rôles caractérisent le cadre comme centre nerveux. Dans son rôle d'*observateur actif,* il acquiert des informations sur l'environnement et sur sa propre organisation, et dans ses rôles de *diffuseur* et de *porte-parole,* il assure la diffusion de ces informations à d'autres personnes.

Le cadre comme observateur actif

Dans son rôle *d'observateur actif* (4) (5), le cadre est en permanence en train de chercher et recevoir des informations qui lui permettent de mieux comprendre ce qui se passe dans son organisation et dans l'environnement. Il est en quête d'informations afin de détecter les changements, d'identifier les problèmes et les opportunités, d'accumuler des données sur le milieu, de savoir quand il y a des informations à diffuser et des décisions à prendre. L'observation indique clairement que le cadre reçoit une variété d'informations provenant de sources diverses situées tant à l'intérieur qu'à l'extérieur de son organisation. Un de nos interviewés disait : «il y a chaque jour environ quarante rumeurs qui me parviennent et dont il me faut faire le tri!» L'information reçue par les directeurs généraux de mon étude peut être répartie en cinq catégories :

Les opérations internes. L'information sur l'évolution des opérations de l'organisation et sur les événements liés à ces opérations peut revêtir de nombreuses formes : rapports écrits, informations *ad hoc* données par des subordonnés, observations effectuées lors de tournées des installations.

---

(4) NdT. Nous traduisons ici par «observateur actif» le terme «monitor» employé par l'auteur, qui indique qu'il reprend là un terme utilisé par Sayles, et qui précise l'emploi qu'en fait Sayle dans la note suivante.

(5) Sayles (1964) utilise le terme de façon plus large, pour traiter non seulement de la collecte de l'information, mais aussi de la définition et de la résolution des problèmes. Il distingue six étapes dans l'activité de «monitoring» :

1. Méthodes de détection des perturbations affectant l'organisation dans laquelle travaille le cadre.

2. Développement de critères permettant d'évaluer l'importance des perturbations qui ont été détectées.

3. Forme des actions correctives à entreprendre et évaluation de leurs effets.

4. Détection de sources continuelles de résistance et de perturbation, et leur analyse.

5. Formulation de stratégies pour le changement d'organisation ou de structure destiné à traiter ces perturbations.

6. Mise en œuvre et validation de ces modifications de structure.

Les points n°s 2, 3, 5 et 6 sont liés aux rôles décisionnels (en particulier au rôle *d'entrepreneur*) décrits plus loin dans ce chapitre.

(6) Dans son ouvrage «Scanning the business environment», Aguilar (1967) présente une analyse très approfondie du système d'information externe du cadre. Son étude fondée sur des interviews et sur l'analyse d'incidents critiques, établit une classification de l'information par type, par source, par méthode d'obtention (information reçue parce qu'elle est demandée, information reçue sans qu'elle ait été demandée, etc.). Aguilar, de plus, analyse trois types de cadres (direction générale; marketing; technique et autres spécialités fonctionnelles), trois types d'entreprises (petites, moyennes, grandes) et deux niveaux d'ancienneté (cadres expérimentés, avec plus de trois ans d'ancienneté : cadres inexpérimentés, avec moins d'un an d'ancienneté).

Les événements extérieurs. Le directeur général recherche et reçoit des informations sur les clients, les concurrents, les associés, les fournisseurs, les contacts personnels ainsi que sur l'évolution des marchés, de la situation politique et de la technologie. Ses contacts personnels le maintiennent renseigné sur les derniers événements et rumeurs de la profession; les subordonnés jouent dans ce domaine le rôle de filtre pour les informations qu'ils lui apportent sur des événements extérieurs; les organisations professionnelles l'abreuvent régulièrement de rapports et de lettres d'information; et il est abonné à une variété de périodiques qui le tiennent au courant des événements touchant la profession, la technologie, les affaires en général et le monde dans son ensemble.

Les analyses. Des analyses et des rapports sur de nombreuses questions parviennent au directeur général, de sources diverses, certains sur demande, d'autres sans qu'il les ait sollicités. De temps à autre, le directeur général exprime son intérêt pour un sujet donné; ses subordonnés lui adressent alors des rapports et coupures de presse sur le sujet en question. Des organisations professionnelles et d'autres groupes lui transmettent des rapports sur des sujets auxquels ils pensent qu'il s'intéresse. Il est aussi fréquent qu'il demande un rapport sur les facteurs intervenant dans une décision en cours; des subordonnés et des personnes extérieures, recrutées pour leur expertise, fournissent ces analyses

Les idées et les tendances. Le directeur général utilise un certain nombre de moyens pour acquérir une meilleure compréhension des tendances de son environnement et pour s'informer des idées nouvelles. Il assiste à des conférences, examine avec attention les lettres qu'envoient spontanément des clients, parcourt les revues professionnelles, reçoit des idées de ses contacts et de ses subordonnés : une suggestion pour une promotion, un élément pouvant faire penser à une possibilité de contrat, une information indiquant que telle personne cherche un emploi.

. *Les pressions.* Le directeur général reçoit aussi des informations sous la forme de pressions diverses. Des subordonnés, désirant plus de pouvoir ou cherchant à obtenir des changements, essayent d'influencer les décisions du directeur général: pour obtenir la nomination d'un responsable local ou pour créer un nouveau comité. Des personnes extérieures formulent des demandes variées : un client désire un arrangement spécial, une organisation charitable demande pourquoi l'entreprise ne lui a pas fait de don. Les directeurs expriment des opinions et le public au sens large peut en venir à s'impliquer. Dans une lettre adressée à «Monsieur le Président, Entreprise ABC», on peut lire «Un groupe de Détroit a décidé de ne plus acheter les produits de l'entreprise ABC parce que dans votre émission télévisée de jeudi soir vous avez fait appel à Johny Lindell qui n'est qu'un triste individu antinationaliste et antiaméricain».

Dans l'analyse que nous venons de faire, il apparaît clairement que l'avantage du cadre ne réside pas dans l'information écrite publiquement disponible, dont l'acquisition et le traitement prend beaucoup de temps, mais dans l'information actuelle, non écrite, qui est pour une bonne part transmise de bouche à oreille. Comme nous l'avons vu au chapitre 3, les cadres paraissent avoir une préférence marquée pour ce type d'information. Le commentaire suivant, contenu dans un memo adressé à un directeur général, est dans ce domaine assez typique (bien qu'il soit écrit, alors qu'il s'agit le plus souvent d'informations transmises verbalement) :

> «J'ai entendu dire que Georges sera muté à Atlanta dans quelques mois. Je suppose qu'il prendra la responsabilité des intérêts de Wojeck dans la région, et j'essaierai d'en savoir plus à ce sujet. Dans tous les cas, cette relation avec les projets spéciaux paraît indiquer qu'il pourrait avoir besoin de nos services de temps à autre. Nous avons toujours eu des relations amicales et il devrait être un bon contact dans l'organisation Wojeck.»

Ce type d'information, qu'on ne trouve pas dans les rapports, constitue le cœur du système d'information du cadre. Ce dernier développe sa compréhension du milieu en assemblant toutes les pièces éparses qu'il peut trouver. Neustadt établit clairement ce point :

> «Ce n'est pas l'information générale qui permet au Président de se faire une opinion : ce ne sont ni les rapports ni les études ni les *amalgames insipides...* c'est l'accumulation des *détails tangibles* et disparates, puis la structuration qu'il en fait dans son esprit, qui illuminent la face cachée des questions soumises à son jugement. Pour réussir dans ce domaine, il doit ratisser aussi largement qu'il le peut tous les élements de faits, d'opinions et de rumeurs qui sont liés aux intérêts et aux relations qu'il a en tant que Président. Il doit se faire directeur de son propre système d'information. (1960, pp. 153-154, nos italiques).»

Il en résulte que le cadre peut attendre peu de choses, pour l'aider sans son rôle *d'observateur actif,* du système d'information traditionnel formalisé. Les informations qui lui parviennent par ce canal sont essentiellement historiques et agrégées, alors qu'il cherche des informations actuelles et de type stimulus. Le cadre doit donc créer son propre système de renseignements en développant ses propres contacts et en établissant des circuits d'information spéciaux dans son organisation. Comme le note Aguilar dans son analyse des lieux où le cadre trouve ses informations externes :

> «Les observations montrent que les sources d'information personnalisées excèdent de beaucoup en importance les sources impersonnelles (71 pour cent contre 29 pour cent) et indiquent donc l'appui relativement fort que les cadres cherchent dans leur réseau personnel de communication (à la fois privé et organisationnel). (1967, p. 94).»

La découverte faite par Aguilar du fait que 62 pour cent des informations qu'un cadre obtient de l'extérieur sont reçues sans avoir été demandées, est révélatrice du niveau de développement de ce réseau personnel.

L'étude que j'ai effectuée et celles que j'ai passées en revue montrent que les circuits d'information internes du cadre ne coïncident pas avec les canaux hiérarchiques formels. Quand il a besoin d'une certaine information, le cadre n'hésite pas à court-circuiter des subordonnés (ou à entraîner leurs subordonnés à court-circuiter leurs supérieurs) pour l'obtenir. Wrapp nous explique pourquoi les cadres créent ces circuits internes et pourquoi ils recherchent certains types d'information.

«Les cadres dirigeants sont fréquemment critiqués dans la littérature, mais aussi par des consultants et des cadres de moindre niveau. Ceux-ci leur reprochent de continuer à s'impliquer directement dans les problèmes opératoires, après avoir été promus au sommet, au lieu de prendre du recul pour apprécier la situation d'ensemble. Il existe sans aucun doute des cadres qui se perdent dans les détails et qui veulent prendre trop de décisions. Apparemment, le cadre efficace agit de même, mais son objectif est différent. Il sait que ce n'est qu'en restant bien informé des décisions qui sont prises qu'il peut éviter la stérilité qu'on trouve si souvent chez ceux qui s'isolent des opérations. S'il suit l'avis de ceux qui lui conseillent de se libérer des opérations, il pourrait rapidement en être réduit à se nourrir d'abstractions, laissant son menu à la discrétion de ses subordonnés. (1967, p. 92).»

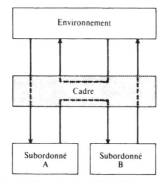

Figure 9 - Le cadre dans le flux d'information

Que fait le cadre avec son information ? D'abord il se contente d'en transmettre une bonne partie telle quelle. Comme le montre la figure 9, il existe quatre façons de transmettre l'information entre les subordonnés et l'environnement. Nous parlerons du rôle de *porte-parole* lorsqu'il s'agit de transmettre des informations à l'environnement, et du rôle de *diffuseur* lorsqu'il s'agit de transmettre des informations aux subordonnés. Par ailleurs, le cadre utilise aussi l'information de façon plus complexe. Il intègre l'ensemble des renseignements qui lui parviennent sous forme de pressions et de préférences déclarées pour développer des prises de position pour son organisation ; et il utilise l'information pour détecter les problèmes et les opportunités. Enfin, elle lui sert aussi à développer des images mentales, des «modèles» rendant compte du fonctionnement de l'organisation et de l'environnement, et des «plans» indiquant dans quelle direction il faut aller.

La figure 10 montre les rôles du cadre dans le traitement de l'information. Elle fait clairement apparaître que ce sont les rôles liés à l'information qui forment le lien entre les différentes facettes du travail du cadre, reliant le statut et les rôles interpersonnels aux rôles décisionnels. Les rôles intepersonnels assurent l'approvisionnement en information; les rôles décisionnels sont les plus gros utilisateurs d'information. Tournons-nous maintenant vers les rôles dans lesquels le cadre transmet l'information.

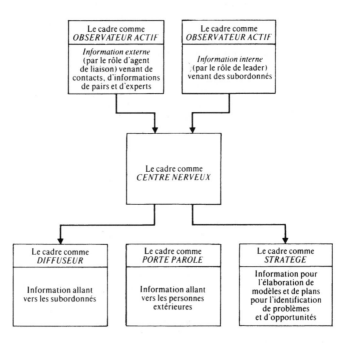

Figure 10 - Le cadre comme système de traitement de l'information

Le cadre comme diffuseur

La qualité de son accès à l'information permet au cadre de jouer le rôle important de *diffuseur,* en transmettant des informations de l'extérieur vers son organisation d'une part, et d'autre part d'un subordoné à un autre à l'intérieur de son organisation. Dans ce domaine, il y a deux types d'information : celle liée au fait et celle liée aux valeurs (7).

L'information liée aux *faits* est vérifiable : il existe une échelle de mesure sur laquelle elle est correcte ou incorrecte. Le cadre reçoit une masse de telles informations tout simplement grâce à son autorité formelle, et il en transmet une bonne part rapidement là où elle est nécessaire et utile :

(7) Voir Simon (1957), chapitre 3, pour une discussion des informations liées aux faits et des informations liées aux valeurs.

> «Une invitation à une conférence technique est transmise à un vice président avec ce commentaire : "Quelqu'un est-il intéressé ?" Une offre faite par une entreprise financière de contrats de cession-bail est transmise à un responsable financier et un rapport sur une conférence consacrée au métier d'infirmier est transmis à l'infirmière chef. Le cadre fait publier dans le journal interne de l'entreprise une lettre du responsable de la documentation dans laquelle ce dernier se plaint du fait que les usagers ne rapportent pas les périodiques.

Dans le domaine de la diffusion, plus importantes encore sont les informations qui proviennent de l'extérieur sous la forme d'idées, de rumeurs circulant dans la profession et d'informations de dernière minute :

> «Le contenu d'une discussion qui a eu lieu lors d'une réunion du conseil d'administration d'une entreprise est transmis à un subordonné qui est en train d'élaborer une proposition de contrat pour cette entreprise.
> Une conversation avec un client est transcrite par la secrétaire du directeur général, et la transcription envoyée à un subordonné.
> Le directeur général parle à un de ses subordonnés d'un client mécontent ; un autre cadre fait aux membres de son organisation le compte rendu d'un voyage.»

L'information liée aux *valeurs* concerne les préférences, l'opinion arbitraire d'une personne sur ce qui «devrait être». Une expression en terme de valeurs ne peut être ni correcte ni incorrecte ; elle ne fait que refléter les besoins de ceux qui veulent peser sur la décision. Une des fonctions importantes du rôle de *diffuseur* est de transmettre dans l'organisation les valeurs qui guident les subordonnés lorsqu'ils ont des décisions à prendre. Le cadre peut communiquer les valeurs chaque fois qu'une question importante vient à être discutée.

> «Lorsqu'on lui demande d'autoriser la mise en chantier d'un nouveau manuel définissant la politique interne des relations sociales, le cadre exprime sa vision de la politique de personnel.
> On prie la rédactrice en chef du journal interne commun à un ensemble d'institutions éducatives de reconsidérer l'ensemble de sa publication. Elle commence alors par rencontrer le directeur de l'ensemble des institutions pour lui poser un certain nombre de questions : quelle devrait être selon lui la fréquence de la publication ? Quel rôle devraient y jouer les associations de parents d'élèves ? Le premier numéro devrait-il contenir une lettre du directeur ? Quelles idées a-t-il sur le format et le contenu ?
> Lors d'une réunion avec son nouveau directeur, un cadre lui dit : "Je voudrais vous mettre à l'aise en vous indiquant que pour moi rien n'est fixé... Tout ce qui arrivera ici dépend de vous ; c'est votre (département)". Le cadre continue à faire état de ses opinions puis répond à diverses questions concernant les buts de l'organisation.»

Qu'est-ce que représente en réalité le fait pour le cadre d'exprimer les valeurs qui sont les siennes ? Lorsque nous avons, un peu plus haut, réparti les informations du directeur général en plusieurs catégories, nous avons vu que certaines lui parviennent sous forme de pressions. Des subordonnés cherchent à accroître leur influence, des directeurs généraux essayent d'imposer leur opinion lors de décisions, certaines personnes dans le public exercent des pressions. De plus, les organisations gouvernementales, les syndicats, les organisations professionnelles et divers autres groupes de pression cherchent de temps à autre à peser sur les décisions de l'organisation. Ces pressions constituent une composante particulière du système d'information de l'organisation. Elles représentent les valeurs et positions de ceux qui visent dans une certaine mesure à exercer un contrôle sur les actions de l'organisation dans le but de satisfaire leurs besoins particuliers. Comme le cadre a, de par son autorité, des pouvoirs étendus dans l'organisation, c'est à lui que les gens s'adressent lorsqu'ils veulent exprimer leurs préférences. Le cadre assimile ces messages, les combine en fonction de l'influence de leur source, détermine les préférences globales de l'organisation et les transmet sous forme de valeurs organisationnelles.

Les directeurs généraux de mon étude se voyaient clairement eux-mêmes de cette façon. L'un d'entre eux me disait : «Une de mes principales fonctions de ce poste est l'intégration des intérêts de l'hôpital et de ceux du public». Un autre déclarait «J'ai toujours conçu mon rôle de directeur d'établissement d'enseignement comme un rôle de relation entre la communauté environnante et le groupe des professionnels de l'enseignement».

L'économiste Andréas Papandréou décrit le cadre de cette façon, et le qualifie de «coordinateur au sommet» :

> «Une des thèses essentielles soutenue dans cet essai est que la fonction de préférence maximisée par le coordinateur au sommet est elle-même une résultante des influences qui sont exercées sur l'entreprise. Le coordinateur au sommet est conçu comme assurant la fonction d'intégration, comme celui qui formule le système de préférences de l'entreprise. Dans cette tâche, cependant, il est influencé par le "poids" des influences conscientes et inconscientes qui s'exercent sur lui. (1962, p. 211).»

Bien que la position de base de Papandréou soit corroborée par les observations, il n'est pas évident que les cadres agissent sur la base de fonctions de préférence. Les valeurs exprimées par le cadre ne sont pas des préférences globales mais des préférences spécifiques à des questions spécifiques. Il est par exemple improbable d'entendre un cadre dire: «Ici nous privilégions le profit par rapport à la croissance». On rencontre plus fréquemment des opinions exprimées de la façon suivante: «Je préfère la seconde solution; c'est une opération de plus faible envergure, mais elle est plus rentable». De plus, il n'y a aucune raison de croire que le cadre approche chaque situation avec des préférences bien définies. Celles-ci, parfois, se font jour à mesure que la situation se précise, en fonction des nouvelles informations et des nouvelles alternatives. Lindblom utilise l'expression «ajustement des objectifs aux politiques» (Braybrooke et Lindblom, 1963, p. 93) pour décrire ce phénomène : les fins (les valeurs) ne sont pas absolues, elles changent avec les moyens (les alternatives).

Les directeurs généraux de notre étude paraissaient être personnellement responsables de beaucoup des préférences organisationnelles qu'ils exprimaient. En général les directeurs généraux peuvent peser de façon marquante sur les valeurs de l'organisation, et ceci est particulièrement vrai dans les organisations de grande taille où les groupes de pression sont fragmentés. Ils sont investis d'un mandat qui leur donne un poids important alors que les pressions externes sont ambigües et en conflit les unes avec les autres. D'un autre côté, les cadres dominés par une source d'influence essentielle (par exemple le cadre moyen qui dépend de son supérieur hiérarchique) ont probablement moins d'influence sur les valeurs qu'ils expriment. Pour une large part ils ne font que transmettre vers le bas ce qu'ils reçoivent d'en haut.

Avant d'en finir avec le rôle de *diffuseur*, tournons-nous vers ce qui apparaît comme l'un des problèmes les plus importants du cadre : *le dilemme de la délégation;* commençons par considérer un cas pratique :

> «Un subordonné appelle le directeur général pour lui demander si la nomination de telle personne à tel poste doit obtenir l'assentiment de tel comité. Le directeur général lui répond par la négative. Cependant, le même directeur répond par l'affirmative dans un second cas de nomination et par la négative dans un troisième cas. Quand on lui demande pourquoi il utilise des procédures différentes dans ces trois cas, il répond qu'il lui faut prendre des décisions individuelles, car il connaît les personnalités des trois hommes dont la nomination est en cours d'examen et celles des membres du comité.»

Mais ce comportement a des conséquences : la prochaine fois qu'une situation similaire sera rencontrée, il faudra consulter le directeur général. Non seulement il n'a fourni à son subordonné aucune base sur laquelle ce dernier pourrait asseoir une future décision, mais il l'a même dissuadé d'intervenir en ne lui indiquant pas les motivations de ses propres décisions. De façon tout à fait claire (mais peut-être pas consciente), il a choisi de prendre ce type de décision lui-même, de ne pas déléguer. La raison est ici évidente : il se considère lui-même comme mieux informé.

Les tâches ne mettant en jeu qu'une seule fonction spécialisée sont facilement déléguées au subordonné chargé de cette fonction. Mais qu'en est-il des tâches qui touchent plusieurs fonctions, ou qui font appels aux informations dont le cadre est seul à disposer ? Il est le mieux à même de s'en occuper, grâce à sa position de centre nerveux qui le met en possession des meilleures informations liées aux faits et aux valeurs. Cependant, le cadre ne peut pas tout faire. Il doit déléguer une partie de ses tâches. Il n'aurait aucune difficulté à le faire s'il pouvait facilement diffuser l'information pertinente à ses subordonnés. Et ce n'est pas le cas : elle n'est stockée que dans sa mémoire. L'information écrite peut facilement être transmise de façon systématique, au contraire de celle qui est en mémoire : transmettre l'information verbale prend du temps et la transmission est toujours infidèle.

Il en résulte que le cadre, à cause de son propre système d'information, est condamné à être soit frustré soit surchargé de travail. Dans un cas, il en fait trop lui-même et passe trop de temps à diffuser l'information verbale; dans l'autre cas, il en est réduit à regarder des subordonnés mal informés accomplir un travail qui est inadéquat d'après ses propres critères. Il est très courant, dans nos organisations, de voir des subordonnés critiqués pour des résultats qui indiquent simplement qu'ils n'ont pas directement accès aux informations nécessaires et que leur supérieur n'a pas pris conscience de la nécessité de diffuser l'information privilégiée dont il dispose. Nous reviendrons plusieurs fois sur ce phénomène dans la suite de notre étude.

Le cadre comme porte-parole

Alors que le rôle de *diffuseur* est tourné vers l'intérieur de l'organisation, dans son rôle de *porte-parole* le cadre transmet des informations vers l'extérieur, vers l'environnement de son organisation. A cause de son autorité formelle il est appelé à parler au nom de son organisation; à cause de son rôle de centre nerveux il dispose des informations lui permettant de le faire de façon effective. Le cadre peut défendre les intérêts de son organisation, agir comme un responsable des relations publiques ou être considéré comme expert dans le domaine d'action de son organisation.

Le rôle de porte-parole requiert du cadre qu'il maintienne informés deux groupes. C'est d'abord celui des personnes-clés qui influencent l'organisation : les membres du conseil d'administration pour un directeur général, le supérieur hiérarchique pour un cadre de niveau intermédiaire.

> «Une réunion de conseil d'administration commence par un rapport du directeur général, par lequel ce dernier informe les membres du conseil de l'évolution des programmes en cours. Suit une longue période de temps consacrée par le directeur général à répondre à des questions qui lui sont adressées par les membres du conseil (8).»

Le second groupe que le cadre doit maintenir informé est le «public» de son organisation : dans le cas du directeur général il s'agit, entre autres, des fournisseurs, des organisations professionnelles, des confrères, des organismes gouvernementaux et de la presse.

> «Le cadre prononce une allocution sur l'histoire de l'organisation à l'adresse d'un groupe de visiteurs, et présente ses plans à une organisation professionnelle. Puis il accorde une interview à un journaliste sur le même sujet. A la fin de l'année, il supervise la rédaction du rapport annuel et écrit lui-même l'introduction de ce rapport.»

Le cadre doit maintenir ces deux groupes — les personnes-clés et le public en général — informés des plans, des politiques et des résultats de l'organisation. De plus, il ne peut conserver son réseau qu'en partageant son information avec les «contacts» qui le composent. Pour ces deux raisons il est indispensable que

---

(8) Berle et Means (1968) ont trouvé que dans les grandes entreprises le pouvoir appartient plus à la direction qu'aux actionnaires. Cette découverte peut facilement être expliquée à l'aide des rôles liés à l'information. En tant que centre nerveux, le directeur général en connaît plus que quiconque sur son organisation. Un actionnaire ou un membre du conseil d'administration ne peuvent l'égaler dans ce domaine, et le directeur général en retire donc un pouvoir important. Cet aspect de choses est clairement établi par l'observation de deux réunions de conseils d'administration faites lors de l'étude. Dans les deux cas l'information circulait du directeur général vers les membres du conseil; le rôle de *porte-parole* émergeait comme celui qui était de loin le plus important lors de ces contacts.

le cadre ait une information en prise sur l'événement. Pour parler efficacement au nom de son organisation et pour susciter le respect des personnes extérieures, il doit montrer qu'il dispose d'une connaissance actuelle, à la minute même où il parle, de son organisation et de son environnement.

Dans son rôle de *porte-parole,* le cadre est aussi amené à agir en tant qu'expert du domaine d'activité de son organisation :

> «Il est invité à passer dans une émission télévisée pour discuter d'événements marquant sa branche d'activité. Un de ses amis appelle le président pour lui demander son avis sur une entreprise mise en vente. Un homme politique demande au directeur général d'un hôpital son avis sur une nomination intervenant dans le secteur de la santé publique, et une jeune femme qui l'a vu à la télévision lui écrit pour lui demander pourquoi elle a tant de difficulté à devenir infirmière.»

En effet, à cause de sa position et des informations dont, par conséquent, il dispose en tant que centre nerveux de son organisation, le cadre a une expertise considérable : sa connaissance toute particulière de la profession dans laquelle s'inscrit l'activité de son organisation. Il est par suite invité par diverses personnes extérieures à son organisation (parfois aussi par ses subordonnés, d'ailleurs) à donner son avis sur des problèmes touchant, au-delà de son organisation, la branche d'activité dans son ensemble. La diffusion de cette expertise, part visiblement mineure de l'activité du cadre, peut être incluse dans son rôle de *porte-parole* (9).

En résumé, le cadre a trois rôles liés à l'information : il en recherche et en reçoit — rôle *d'observateur actif* —, il en diffuse à l'intérieur et à l'extérieur de l'organisation — rôles de *diffuseur* et de *porte-parole.* De plus, le cadre utilise son information dans ceux de ses rôles qui sont liés à la prise de décision ; ils font l'objet de la section suivante.

LES ROLES DECISIONNELS

Le troisième et dernier ensemble d'activités du cadre est lié à la prise de décisions importantes : réagir à une demande d'autorisation, gérer son propre emploi du temps, tenir des réunions ayant pour objet l'élaboration de stratégies et la résolution de problèmes, négocier avec d'autres organisations.

Il s'agit probablement de la partie la plus cruciale du travail du cadre, celle qui justifie l'étendue de son autorité et de son accès à l'information. Ces rôles insèrent le cadre dans le processus par lequel est élaborée la stratégie de son organisation. On peut définir ce dernier comme étant simplement le processus par lequel les décisions importantes de l'organisation sont prises et reliées les unes aux autres.

De mon étude émerge une conclusion claire : le cadre assume pleinement la

---

(9) Au chapitre 5 nous verrons que ce rôle est une partie cruciale du travail pour le cadre fonctionnel, et mérite dans ce cas une discussion particulière.

charge de l'élaboration de la stratégie de son organisation. En d'autres termes, il est substantiellement impliqué dans toutes les décisions importantes prises par son organisation, et ce pour plusieurs raisons :

1. En tant que détenteur de l'autorité formelle, il est le seul à pouvoir engager son organisation dans des actions nouvelles de quelque importance.

2. En tant que centre nerveux, il est le mieux placé pour que les décisions importantes tiennent compte de façon adéquate des informations les plus récentes et des valeurs de l'organisation.

3. La méthode la plus facile pour intégrer les décisions stratégiques consiste à les placer toutes sous le contrôle d'une seule personne.

Avant de discuter des quatre rôles décisionnels, il est nécessaire de décrire brièvement la nature des décisions stratégiques prises par les organisations. Il existe des décisions d'innovation purement volontaires, des décisions réactives involontaires, et, entre ces deux extrêmes, on rencontre tous les intermédiaires. D'un côté, par exemple, on a l'entreprise qui réussit et qui lance sur le marché un nouveau produit pour accroître son chiffre d'affaires; à l'autre extrême, on a l'entreprise qui modifie ses produits parce qu'elle est menacée dans son existence même par la concurrence. On peut aussi appeler ces deux pôles respectivement les décisions *«entrepreneuriales »*, et les décisions *«de crise »* ou de *«perturbation »*. Ce qu'on appelle généralement *problème* est situé quelque part entre ces deux extrêmes: l'organisation est soumise à une menace d'ampleur modérée et elle pense peut-être pouvoir innover dans la recherche de la solution.

Il existe une seconde façon de considérer les rôles décisionnels; elle reprend les trois phases du processus de décision, telles que Herbert Simon (1965) les a identifiées. La phase de *saisie* est l'activité initiale: recherche et sélection des situations requérant une décision. Au cœur de l'activité de décision, on trouve la phase de *conception:* recherche et évaluation des alternatives. Et la phase de *choix:* sélection ou acceptation des alternatives parmi celles qui sont disponibles.

Quatre rôles liés à la décision sont décrits ci-dessous. Le rôle *d'entrepreneur* est situé à l'extrémité active et innovatrice du continuum, et comprend à la fois les phases de saisie et de conception. Le rôle de *régulateur* comprend les mêmes phases, mais cette fois à l'extrémité réactive du continuum. Le rôle de *répartiteur de ressources* est tourné vers les activités marquées par le choix. Et dans le rôle de *négociateur* le cadre s'engage dans une activité décisionnelle particulière: la négociation avec d'autres organisations.

Le cadre comme entrepreneur

Dans le rôle *d'entrepreneur,* le cadre prend l'initiative et assure la conception de la plupart des changements contrôlés affectant son organisation. Le terme «contrôlés» est utilisé ici pour signifier que ce rôle comprend toutes les activités dans lesquelles le cadre effectue des changements de son propre chef : il exploite des opportunités, il résoud des problèmes qui ne sont pas pressants. Ainsi, bien que le terme *entrepreneur* soit emprunté aux économistes, nous plaçons ici la fonction entrepreneuriale dans un contexte significativement plus étendu. En effet, les économistes ont eu tendance à centrer leur travail sur l'activité qui consiste à faire démarrer de nouvelles organisations; et nous-mêmes considérons ici toutes les activités des cadres associées au changement systématique dans les organisations, nouvelles ou pas.

Le rôle d'entrepreneur commence par l'activité d'observation active que nous avons décrite: le cadre passe beaucoup de temps à rassembler des informations sur son organisation, à rechercher des opportunités et des situations qui peuvent être considérées comme des problèmes.

> «Le directeur général interroge des subordonnés au hasard, organise des réunions pour passer en revue et évaluer tous les aspects d'une fonction, fait de temps à autre une tournée surprise, recherche de possibles problèmes dans le courrier comme dans les commentaires faits par ses subordonnés et par d'autres personnes, toujours en quête de possibilités d'amélioration.»

C'est tout particulièrement dans ce domaine — la recherche des opportunités et des problèmes — que le cadre a besoin d'informations tangibles, portant sur des événements spécifiques ou constituées de données *ad hoc,* plutôt que des tendances graduelles que l'on trouve dans les rapports routiniers. Ce phénomène apparaît aussi clairement dans notre étude des directeurs généraux que dans celle de Sayles, qui considère des cadres situés à des niveaux moins élevés:

> «Les systèmes d'information de gestion habituels, flux d'information ou flux de papier, n'atteignent pas l'objectif même qui est celui du contrôle. Il essayent plutôt naïvement de dire au cadre ce qui se passe, ou avec plus de précision (et moins de valeur) *ce qui s'est passé.* Il n'y a eu que récemment des efforts concertés effectués pour discerner quels sont pour le cadre les événements importants. (1964, p. 163).»

Lorsqu'il a découvert un problème ou une opportunité, le cadre peut décider que son organisation doit agir pour améliorer une situation donnée. C'est à ce point que commence la phase de conception. L'aspect le plus intéressant de la «décision» d'améliorer une situation est qu'il ne s'agit pas là d'un moment unique; il s'agit plutôt d'un résultat qui émerge d'un ensemble de décisions de faible portée, (et d'autres activités) étalées dans le temps. La programmation des étapes et la durée sont des éléments clefs de la «décision» d'amélioration. L'exemple qui suit en fournit une illustration, assez typique de nombreuses situations:

> «En réaction à un vigoureux débat public, un comité de huit personnes fut constitué, comprenant le proviseur, un membre du conseil d'école, et les assistants du proviseur et du censeur, pour examiner la possibilité d'organiser une cantine. Lors d'une précédente réunion, on avait décidé de lancer une opération pilote. Aujourd'hui, l'un des participants amène la discussion sur les méthodes permettraient de mesurer les résultats du programme pilote. Au bout d'un moment, le débat dérive vers ce qui paraît être le problème central : le choix d'un comité de citoyens qui supervise le programme pilote. Le proviseur commence alors à indiquer quels types de

personnes lui paraissent indiquées pour composer le comité, et quelles personnes en particulier semblent correspondre à ces types. Chaque participant émet des suggestions, jusqu'à ce que le proviseur annonce que suffisamment de noms ont été proposés. Il est décidé que le proviseur enverra à chacune de ces personnes une lettre l'invitant à faire partie du comité, et que le groupe se réunira à nouveau après que les réponses auront été reçues. Le proviseur ajoute "Je pense que nous avons été aussi loin qu'il est possible", et les participants s'apprêtent à quitter la réunion.»

Nous utiliserons désormais l'expression *projet d'amélioration* pour désigner une séquence d'activités destinées à améliorer une situation organisationnelle particulière, à exploiter une opportunité, à résoudre un problème. Le cadre peut choisir de s'impliquer dans un tel projet à trois niveaux différents :

La délégation. Pour certains projets d'amélioration — ceux qui portent le moins à conséquence — le cadre délègue toutes responsabilités des deux phases de la décision. Il ne s'implique que dans la mesure où il choisit le subordonné à qui il délègue l'activité, et dans la mesure où il garde implicitement la possibilité de le remplacer s'il ne répond pas aux attentes.

L'autorisation. Certains projets d'amélioration requièrent un contrôle plus étroit, peut-être parce qu'ils comportent un élément de risque plus important, peut-être à cause d'un précédent marquant. Dans de tels cas, la cadre délègue la phase de conception mais garde la responsabilité du choix. Lorsque le subordonné a mis au point une solution, il sollicite l'approbation de son supérieur dans une «demande d'autorisation». En agissant ainsi, le cadre conserve le contrôle des opérations sans consacrer un temps indu à élaborer la solution.

La supervision. Finalement, le cadre peut choisir d'assumer lui-même la responsabilité et la supervision de la phase de conception de certains projets d'amélioration, pour nombre de raisons : parce que les intérêts de puissants sous-groupes de l'organisation seront affectés; parce qu'il porte en lui-même un intérêt tout particulier à l'affaire; parce que le projet induit des changements importants dans un département qui est directement placé sous la responsabilité du cadre; parce que le projet requiert des ressources importantes ou fait courir à l'organisation un risque élevé de perte de ressources; ou encore parce qu'il a des résonnances délicates en terme de valeurs.

Nous discuterons ci-dessous de la supervision, dans le cadre de notre étude du rôle d'entrepreneur. Nous traiterons de l'autorisation un peu plus tard, lorsque nous examinerons le rôle de *répartiteur des ressources.*

Les cadres dirigeants paraissent maintenir à un moment donné leur supervision sur de nombreux projets d'amélioration situés à diverses étapes de leur évolution.

«Au cours d'une semaine d'observation, parmi les projets d'amélioration dans lesquels le directeur général d'une organisation s'est impliqué ouvertement, on compte des efforts pour améliorer la position de trésorerie; le transfert d'un département faible au siège de façon à ce que le directeur général puisse le renforcer; le coup d'envoi donné à un programme de relations publiques, le développement de trois autres, et la conduite à bonne fin d'un cinquième qui avait été freiné par un problème technologique vieux de dix ans; le problème, vieux de sept ans, posé par un cadre dirigeant en poste à l'étranger et par le découragement de ses subordonnés; la possibilité d'acquisition d'une entreprise de produits de grande consommation et la préoccupation suscitée par la législation antitrust; les difficultés éprouvées à amener les vendeurs à s'impliquer dans la vente des nouveaux produits; le besoin de changer l'entreprise retenue pour la fourniture de services professionnels; le développement d'une informatique intégrée; les plans faits pour acheter un fournisseur étranger; la possibilité de créer de nouvelles installations de production; le problème rencontré par une filiale étrangère avec une agence de publicité.»

Le stock de projets en cours de traitement paraît changer graduellement, à mesure que de nouveaux projets arrivent, que d'anciens parviennent à leur terme et que d'autres attendent que le cadre ait le temps de s'en occuper. De plus, il existe fréquemment un délai entre deux étapes successives du même projet en cours. Ce dernier peut être mis en attente parce que le cadre a besoin d'une information ou qu'il attend de nouveaux développements (la mise à la retraite d'une personne qui oppose un blocage, la disponibilité de fonds, la solution d'un problème technique) avant de passer à l'étape suivante. A cause de ces délais, le cadre peut avoir de très nombreux projets d'amélioration en cours à un instant donné, jusqu'à cinquante pour les directeurs généraux.

Le cadre, dans son rôle de superviseur des projets d'amélioration, peut être comparé à un jongleur. A tout moment il a un certain nombre de balles en l'air. Périodiquement l'une d'elles qui est descendue reçoit une impulsion et remonte à nouveau. Pendant ce temps, de nouvelles balles attendent sur le côté, de vieilles balles sont jetées et de nouvelles sont ajoutées.

Ces aspects de l'activité du cadre dans le domaine décisionnel (la séparation des décisions en projets d'amélioration, la programmation des étapes, la manipulation simultanée d'un ensemble de projets) n'ont pas généralement été reconnus par les chercheurs, à deux exceptions près. Comme nous l'avons vu au chapitre 2, Charles Lindblom a mis l'accent sur le caractère séquentiel et disjoint des décisions prises par les cadres, et la présente recherche fournit des données qui viennent en appui de certaines de ses positions. Par ailleurs, Marples (1967) note les aspects jonglerie et suite d'épisodes; mais, à la différence de Lindblom, il voit des liens importants entre les étapes du processus de décision.

«On peut utilement comparer le travail du cadre à une corde formée de fils de différentes longueurs entortillés, où la longueur représente la durée; chaque fibre apparaît à la surface une ou plusieurs fois pour des "épisodes" observables ayant chacun trait à un seul problème. Plus le niveau hiérarchique est élevé, plus les fibres sont longues et entortillées et plus le nombre d'épisodes par question traitée est grand. Il se peut qu'une des aptitudes principales pour l'exercice du métier de cadre soit la capacité à maintenir "en jeu" de nombreuses questions pendant des durées importantes et de nombreux épisodes. (1967, p. 287).»

En résumé, dans le rôle *d'entrepreneur*, le cadre agit à la fois comme initiateur et comme concepteur de changements importants et contrôlés affectant son organisation. Ces changements se font sous la forme de projets d'amélioration; le cadre en supervise directement un nombre important et les contrôle tous d'une façon ou d'une autre.

Le cadre comme régulateur (10)

Alors que le rôle *d'entrepreneur* est centré sur l'action volontaire dans laquelle le cadre s'engage pour induire des changements contrôlés de son organisation, le rôle de régulateur est centré, quant à lui, sur des situations involontaires et sur le changement qui est partiellement hors du contrôle du cadre. Un événement imprévu peut provoquer une perturbation, un problème négligé trop longtemps peut précipiter une crise. A l'extrémité de ce continuum, le cadre agit parce qu'il le doit, parce que les pressions qui s'exercent sur son organisation sont trop fortes pour qu'il puisse les ignorer. Une perturbation apparaît, une correction est nécessaire (11).

On peut uitiliser le vocabulaire de l'école de Carnegie (12) pour décrire les raisons qui amènent un cadre à consacrer du temps au traitement des perturbations. L'organisation est typiquement composée d'un ensemble de programmes opérationnels spécialisés dont le fonctionnement est déclenché de façon routinière par des stimuli prévisibles. Mais il existe des stimuli dont l'arrivée n'a pas été prévue: peut-être parce qu'ils ne sont pas clairement associés à un programme existant, peut-être parce qu'ils provoquent le déclenchement de programmes antagonistes, parfois parce qu'ils déclenchent des programmes qui ont cessé de fonctionner de façon efficace. Dans toutes ces situations, on doit appliquer au stimulus un programme «généraliste» qui permette de traiter tous les cas de figure. Ce programme déterminera la réponse appropriée et spécifique, ou aboutira à la création d'un nouveau programme opérationnel permettant de traiter ce type de stimulus si on le rencontre plus fréquemment par la suite.

Le cadre agit précisément comme un programme de cette nature. Quand les subordonnés ne peuvent se mettre d'accord ils font appel à lui; quand personne ne sait comment faire face à une difficulté, les subordonnés s'en saisissent tour à tour jusqu'à ce qu'elle échoit au cadre; quand on perçoit l'éventualité d'une crise, c'est le cadre qui doit immédiatement se saisir de la situation. Les spécia-

---

(10) NdT. Nous traduisons ici par «régulateur» le terme «disturbance handler» utilisé par l'auteur, qui remercie Hans Wirdenius de le lui avoir suggéré. La traduction littérale de ce terme est «celui qui s'occupe des perturbations».
(11) Bien que les deux rôles représentent clairement les extrêmes d'un même continuum, il existe entre les deux une zone où il est difficile de les distinguer. Lorsqu'il «résoud un problème», le cadre peut réagir à une perturbation modérée, ou croire qu'il agit de son propre chef pour en éviter une. Il est certain que plus le cadre attend pour traiter un problème, plus le problème se transforme en perturbation. Mais la perception compte pour beaucoup. Ce qui apparaît nécessaire à une personne peut apparaître volontaire à une autre. Henry Ford ne percevait pas qu'il y ait crise dans son entreprise alors même que d'autres personnes le pensaient; et Thomas Watson prétendrait probablement qu'il a pris l'initiative de développer le système IBM 360 parce qu'il devait le faire.
(12) Voir le chapitre 2 pour une discussion de l'approche de cette école de pensée.

listes font leur travail de spécialiste; le cadre, en tant que spécialiste, s'occupe des perturbations de nature générale.

Il y a de nombreux types de perturbation : le départ soudain d'un subordonné, un incendie, la perte d'un client important, un conflit entre subordonnés. A titre d'illustration on trouvera ci-dessous trois situations de perturbation issues de ma recherche :

«Un salarié de l'entreprise, professionnel de haute qualification, prend rendez-vous avec le directeur général pour la première fois depuis plusieurs années. Il y aurait, d'après lui, une "situation explosive" dans son département : lui-même et ses collègues quitteront l'entreprise si leur supérieur n'est pas licencié. Après la réunion, la première action du directeur général consiste à ouvrir les canaux de communication, à prévenir le président du conseil d'administration, à lui demander son avis, et à enjoindre son adjoint de rester attentif vis-à-vis des développement de la situation. Pendant les quelques jours qui suivent, toutes les occasions sont mises à profit pour acquérir plus d'information, tout en maintenant le contact avec les dissidents. Alors la décision est prise de considérer que leur inquiétude est réelle et une stratégie est mise en œuvre : indiquer au chef du département qu'il a un problème sérieux et qu'il doit changer.

Au cours d'une réunion, l'adjoint arrive et interrompt brièvement le directeur général pour lui laisser un message "Henri Jamison appelera... une personne d'Elwood... a l'impression qu'on a poussé Mr. Flagdale à démissionner... il n'est pas d'accord... il veut un rendez-vous". Le problème est lié à la nomination d'un nouveau cadre dirigeant, qui doit être ratifiée lors d'une réunion du conseil d'administration ayant lieu le soir même. Un groupe de personnes associées à l'organisation préfèrent le précédent titulaire du poste et font pression sur le directeur général et les membres du conseil. Le même soir, lors d'une réunion informelle précédant le conseil d'administration, l'étendue de la tentative de pression apparaît clairement. Chaque membre du conseil qui arrive fait part de coups de téléphone venant généralement de contacts proches. Le groupe essaie de parvenir à une évaluation de la situation : qui sont les dissidents, que veulent-ils exactement, quelles actions sont-ils susceptibles de prendre ? Une fois les choses éclaircies, le directeur général prend immédiatement l'initiative : il développe une stratégie et prend les mesures nécessaires pour la mettre en œuvre. Un membre du conseil rencontrera les dissidents avant la réunion du conseil, essaiera de comprendre leur position, leur expliquera l'embarras que pourrait éprouver le cadre dirigeant qui vient de démissionner si la question venait à être soulevée lors de la réunion du conseil. La démission peut être différée si nécessaire. La réunion du conseil se passe sans incident.

Alors que le directeur général et deux de ses vice présidents sont en réunion informelle, le secrétaire reçoit un coup de téléphone du responsable des achats d'une des usines. Elle passe immédiatement le message au directeur général : "Il paraîtrait que X va expédier 2000 pièces au concurrent". Pour les cadres dirigeants cela signifie qu'un fournisseur, qui a signé un contrat pour lequel il s'engage à développer la production d'une certaine pièce pour l'entreprise, et qui a depuis été racheté par un concurrent, pourrait bien revenir sur sa promesse et fournir le concurrent au lieu de l'entreprise. Toute discussion sur d'autres sujets cesse immédiatement et le bureau prend l'apparence du quartier général d'une armée assiégée. Un vice président se met à la recherche d'une copie du contrat passé avec le fournisseur, un autre se met au téléphone pour déterminer combien il faudra de ces pièces, et quand, si on suit le programme de ventes. Après une discussion intense, une stratégie est mise au point: l'entreprise cherchera à forcer le fournisseur à respecter le contrat immédiatement, malgré le supplément du coût de stockage qui en résulte. Cette mesure imposera un délai supplémentaire au concurrent. Cependant, les esprits se calmant, les dirigeants reconsidèrent leur position et s'accordent à limiter leur action à l'envoi au fournisseur d'une demande écrite de clarification.

Qu'est-ce que ces exemples nous apprennent sur le traitement des perturbations ? D'abord ils nous suggèrent que les perturbations peuvent être de trois types :

1. *Les conflits entre subordonnés,* causés par les demandes de ressources, les incompatibilités d'humeur ou les imbrications des attributions.

2. *Les conflits entre organisations différentes*

3. *Les pertes de ressources* ou la menace de telles pertes.

En second lieu, nous avons vu que la programmation des réponses est un aspect important du traitement des perturbations: celles-ci, par leur nature même, arrivent de façon soudaine. En troisième lieu, nous voyons que le cadre découvre rarement l'existence de la perturbation dans le flux des informations routinières: les rapports, etc. On les trouve plutôt dans les stimuli *ad hoc,* dans la «communication instantanée». Souvent l'information est apportée au cadre par une personne qui a appris qu'une perturbation s'était produite. En fait, le cadre paraît ne pas découvrir lui-même ses propres perturbations; d'autres les découvrent pour lui. En quatrième lieu, le cadre paraît donner à leur traitement priorité sur toute autre activité. Il réaménage son emploi du temps et consacre l'essentiel de son énergie à développer des solutions de court terme. Son premier souci paraît être de diminuer les pressions qu'il sent s'exercer, de «gagner du temps», de façon à ce que, peut-être, il soit possible de résoudre le problème au moyen d'un projet d'amélioration élaboré plus à loisir. Nous pourrions ajouter un cinquième point, vérifié par Hamblin dans son étude expérimentale des comportements en période de crise: «les leaders ont plus d'influence au cours des périodes de crise que pendant les périodes de non-crise» (1958, p. 322).

Bien qu'il soit à la mode de parler de la perspective à long terme des cadres de niveau élevé et de les décrire comme des penseurs et des planificateurs, il paraît évident que chaque cadre doit passer une bonne partie de son temps à réagir très rapidement à des situations de perturbation et de haute pression. De telles situations surgissent non seulement parce que des «mauvais» cadres négligent des situations jusqu'à ce qu'elles prennent des proportions de crise, mais aussi parce que les «bons» cadres ne peuvent pas prévoir les conséquences de toutes les actions entreprises par leur organisation. Les perturbations sont sans nul doute fréquente à la fois dans les organisations qui innovent et dans celles qui sont insensibles à leur environnement.

La littérature a parfois reconnu que le traitement des perturbations est une partie intégrante du travail du cadre, par exemple en traitant de gestion par exception. Mais il est rare de trouver une discussion de ce rôle qui soit pertinente, fondée sur l'observation. Walker, Guest et Turner intitulent un des chapitres de leur ouvrage : «Le chef d'équipe et les problèmes urgents», et font ce commentaire :

> «Le rôle principal du chef d'équipe dans la chaîne de montage est de s'occuper, à la minute où ils se posent, des problèmes qui surgissent à cause de l'impossibilité où l'on se trouve de faire fonctionner de façon parfaite un processus de production hautement rationnalisé. (1956, p. 81).»

Les auteurs citent huit causes possibles d'urgence pour les chefs d'équipe de l'industrie automobile : les changements de la demande, les fluctuations saisonnières, les changements de modèle, les problèmes dus à la multiplicité des pièces entrant dans la composition des produits, les difficultés provenant de la coordination entre les nombreux fournisseurs, la rotation du personnel et l'absentéisme, le besoin de disposer rapidement des stocks et le fait que le processus d'assemblage soit essentiellement manuel.

Leonard Sayles, lorsqu'il traite de la question, retourne l'analogie de Drucker présentée au chapitre précédent pour créer une image graphique de la relation entre innovation volontaire et perturbation subie :

> «L'objectif du cadre — atteindre la stabilité — est un idéal inaccessible. Le cadre est comme le chef d'un orchestre symphonique qui s'efforce d'obtenir une performance mélodieuse dans laquelle les contributions des divers instruments sont coordonnées, espacées, harmonisées et mises en forme alors même que les instrumentistes ont divers problèmes personnels, que des appariteurs déplacent les chevalets portant les partitions, que l'alternance de chaleur et de froid pose des problèmes aux instruments et au public, et que l'organisateur du concert insiste pour imposer au programme des changements irrationnels. (1964, p. 162).»

Pour Sayles, le cadre cherche à maintenir autant qu'il est possible l'autorégulation du système. Mais il ne peut y parvenir parfaitement : des perturbations apparaissent et il faut prendre l'initiative de changements. Des ajustements de court terme suffisent parfois à ramener le système à l'équilibre; lorsque les perturbations subsistent, il est nécessaire d'introduire des changements structurels.

Le traitement des perturbations est un rôle très important : les décisions qui en découlent ont un impact marquant sur la stratégie de l'organisation à cause des précédents qu'elles établissent. Il est donc regrettable de voir que ce rôle n'a pas fait l'objet de plus d'attention dans la littérature.

Le cadre comme répartiteur de ressources

La répartition des ressources est au centre du système qui élabore la stratégie de l'organisation. Car c'est en faisant des choix engageant des ressources importantes pour l'organisation que les stratégies sont déterminées. En tant que détenteur de l'autorité formelle, le cadre doit superviser le système par le biais duquel les ressources sont réparties.

> «Le cadre est à un point central de responsabilité. Au-dessus ou au-delà de lui se trouvent ses supérieurs, qui le tiennent pour responsable. du succès: plus de production, plus de profit, moins de pièces défectueuses, des économies substancielles, un service efficace, des victoires, un public satisfait. Au-dessous de lui se trouve l'organisation, qui le considère comme la source du pouvoir. (Braybrooke, 1964, p. 542).»

Nous considérons ici la répartition des ressources de la façon la plus large. Parmi celles-ci on trouve l'argent, le temps, le matériel, l'équipement, la main d'œuvre et la réputation. Chacune peut être donnée ou retirée, peut-être utilisée jusqu'à épuisement ou protégée. Quand un directeur général décide de limiter le nombre des cadres dirigeants autorisés à prendre l'avion de l'entreprise de façon simultanée, il protège les ressources en personnel. Quand il achète cet avion, il utilise les ressources financières, et quand il refuse de laisser le fabricant de l'avion se servir du nom de son entreprise dans une publicité, il protège la réputation de son entreprise, qui est une autre sorte de ressource.

Le cadre peut répartir les ressources de diverses façons: en programmant son propre emploi du temps, en donnant du travail à ses subordonnés, en mettant en œuvre un changement qui entraîne la création de nouvelles installations, en élaborant et en faisant approuver des budgets — en fait dans pratiquement toutes les décisions qu'il prend. Dans notre étude, il est apparu que la répartition des ressources comprend essentiellement trois éléments — la programmation du temps, la programmation du travail, et l'autorisation de décisions prises par d'autres personnes dans l'organisation.

La programmation du temps. Tout au long de chaque journée de travail, le cadre prend une myriade de décisions qui ont une incidence sur son emploi du temps.

> «Dois-je prendre un rendez-vous avec ce vendeur ? Ai-je le temps de faire une tournée des installations ? Dois-je le rappeler moi-même ou demander à mon assistant de le faire ? Est-ce qu'une demi-heure suffira à notre responsable des relations publiques pour expliquer son problème ? Ce voyage à l'étranger est-il suffisamment important ou dois-je le différer ? Dois-je représenter moi-même l'entreprise au dîner de la mission commerciale ?»

Ces décisions ont un effet qui va bien au-delà de l'emploi du temps du cadre. Dans l'organisation de son temps, le cadre détermine en fait quels sont les intérêts de son organisation et les priorités d'action. Il annonce par son emploi du temps que certains problèmes sont importants pour l'organisation et que d'autres, auxquels il ne consacre que peu ou pas de son temps, sont sans importance. Les problèmes relégués loin dans l'ordre des priorités n'atteignent pas le niveau de l'organisation où s'exercent l'autorité formelle et sont bloqués par manque de ressources.

Les subordonnés, apparemment, réagissent avec force à ces priorités implicitement fixées par le cadre. Ils apprennent que certains problèmes, incapables de l'intéresser, doivent être évités en faveur d'autres. Le marketing est ainsi parfois favorisé dans une entreprise dont le président vient du département marketing, comme la technique dans une entreprise dont le président est un ingénieur.

Les résultats des décisions affectant son emploi du temps indiquent quelle est réellement l'étendue du pouvoir du cadre, quelle influence il peut effectivement exercer de façon simple sur les diverses affaires de son organisation. Ils nous indiquent aussi à quel point est énorme le coût d'opportunité du temps du cadre pour son organisation.

La programmation du travail. C'est le devoir du cadre que d'organiser le travail: établir ce qu'il faut faire, qui le fera, quelle méthode sera utilisée. De telles décisions entraînent la répartition de ressources, et sont généralement prises dans le cadre de projets d'amélioration. Nombre d'entre elles interviennent en fait lorsque l'organisation commence à fonctionner, ou lorsqu'une nouvelle partie lui est ajoutée; mais l'organisation du travail requiert aussi des aménagements et des réajustements continuels.

Ce travail est, pour l'essentiel, de la programmation. En décidant ce qui est à faire, le cadre programme le travail de ses subordonnés. En supervisant les projets d'amélioration, il élabore les programmes que ses subordonnés suivront, et les relie les uns aux autres pour former une structure d'organisation.

L'octroi d'autorisations. Le cadre maintient un contrôle substantiel sur la répartition des ressources en insistant pour qu'aucune décision importante ne soit mise en œuvre sans son autorisation. On trouve dans ce domaine toutes sortes de décisions : des projets d'amélioration supervisés par des subordonnés, des actions entreprises pour faire face à des perturbations de faible niveau, des exceptions faites à des procédures et des politiques établies, des contrats négociés par des subordonnés, des demandes de budgets, etc. Le caractère absolu de ce pouvoir sur les décisions prises dans l'organisation est illustré par l'exemple typique qui suit :

> «La réunion devant décider l'entrée dans un accord de participation dans un pays étranger commence dès l'arrivée du directeur général. Rapidement, les camps se forment, avec d'un côté de la pièce les cadres dirigeants se faisant les avocats du projet, à l'opposé d'autres qui mettent leurs arguments en doute. Le directeur général reste silencieux pendant environ un quart d'heure. Puis, soudain, il interrompt la discussion, pose trois questions rapides sur le besoin en capital, sur la rentabilité estimée et sur le risque, et fait ce commentaire : "Ce projet a des aspects innovateurs et peu de risque financier. J'aimerais nous voir nous y engager pour voir quels problèmes nous rencontrerons". Sur ce, il se lève et quitte la réunion, la décision étant prise.»

En gardant le pouvoir d'autoriser ou non les décisions importantes, le cadre se donne la possibilité de relier les décisions les unes aux autres. Il est possible d'éviter des conflits évidents entre décisions, d'essayer de rendre les décisions complémentaires les unes aux autres, et de respecter les limitations de ressources en choisissant le meilleur des projets concurrents. Fragmenter ce pouvoir a pour conséquence la discontinuité du processus de décision et la disjonction de la stratégie.

Comme nous l'avons noté, le cadre peut choisir de superviser lui-même directement certains projets d'amélioration, et de se limiter à simplement autoriser une masse d'autres projets. Dans ces derniers cas son approbation est sollicitée soit au début, soit juste avant l'action. Le cadre n'est pas ici impliqué dans la partie créative du processus décisionnel; il n'entre en jeu que lorsqu'un subordonné a identifié une voie d'action possible. Le cadre est placé face au projet et on lui demande de l'approuver ou de le rejeter :

> «Jack, qu'en penses-tu ? Si tu n'y vois pas d'objection, j'aimerais que nous fassions quelque chose qui ressemble à cela.»

Ces «demandes d'autorisation» peuvent parvenir au cadre sous deux formes différentes. On parle de *demandes budgétaires* lorsqu'interviennent des demandes spécifiques de ressources; elles parviennent au cadre par lots, tous les choix devant être effectués à un moment donné. Dans le cas des budgets de capital et des budgets de programme, respectivement utilisés dans le secteur privé et dans l'administration, le cadre dispose d'un budget donné et se trouve face à un certain nombre de projets bien définis en concurrence pour l'usage de ces fonds limités. A l'appui de chaque projet sont présentées des données concernant les coûts et les bénéfices qui en découlent, l'insistance étant mise sur les mesures monétaires. Le cadre doit décider quels projets il faut accepter, c'est-à-dire auxquels il faut affecter des ressources.

Cependant, le cadre peut utiliser les mécanismes budgétaires pour l'allocation des ressources seulement s'il a affaire à des projets :

1. qui ont des coûts et des bénéfices clairement identifiables

2. qui sont en concurrence avec d'autres projets bien définis pour l'appel à des ressources spécifiées et

3. qui peuvent attendre une certaine époque de l'année pour obtenir leur approbation.

Certains projets satisfont à ces exigences, en particulier ceux qui comportent une programmation bien définie et représentent des investissements importants. Il apparaît, cependant, que les conditions nécessaires pour le recours aux mécanismes budgétaires ne sont pas remplies dans la grande majorité des cas. Les coûts non monétaires sont souvent prédominants et mal définis; de nombreux projets exigent une attention particulière; les projets concurrents ne sont pas connus et la programmation de la décision est telle que l'organisation ne peut pas attendre de les connaître.

Dans ces cas, l'accord du cadre doit être recherché sur une base *ad hoc*. Cet état de choses est courant pour de nombreux projets d'amélioration et pour la plupart des autres demandes (par exemple l'autorisation de faire une exception à une politique établie) comme l'indiquent les exemples suivants qui viennent de notre étude :

«Une infirmière demande au directeur de l'hôpital si on peut permettre aux infirmières de faire fonctionner les unités de soins cardiaques en l'absence des médecins. Un subordonné demande à un autre directeur général d'autoriser la venue d'un consultant pour commencer une étude, et un autre encore demande si on peut faire démarrer la construction d'un nouveau bâtiment. Au cours d'une réunion avec l'un de ses vice présidents et l'organisateur d'un événement sportif, il est demandé au directeur général si son entreprise veut parrainer la manifestation.»

Quels sont les facteurs qui entrent en jeu quand le cadre prend une décision d'allocation de ressource? Comme les demandes d'autorisation viennent une par une, chacun des choix est particulièrement difficile. Le cadre doit être au fond de lui-même certain du fait que les ressources de l'organisation seront suffisantes; il doit se demander si la décision est cohérente avec d'autres décisions; il doit d'une certaine façon tester la faisabilité des propositions. De plus, le cadre doit prendre en considération l'importance du facteur temps. S'il donne son autorisation trop rapidement, il peut se priver d'informations importantes (sur des événements à venir, sur des conséquences de la décision qu'il n'avait pas perçues au départ, sur d'autres utilisations possibles, non encore suggérées, des mêmes ressources). S'il diffère son autorisation trop longtemps le cadre peut perdre une occasion, ou poser des problèmes à des subordonnés, qui ne savent plus s'il faut commencer d'agir ou abandonner le projet et commencer autre chose.

Malgré la complexité de ces choix, le fait même que le cadre approuve ces décisions et ne les supervise pas lui-même indique qu'il n'est pas prêt à y consacrer beaucoup de temps. Pourtant faire le choix rapidement («d'un coup de crayon» comme le disait un subordonné) c'est risquer de décourager un subordonné qui voit détruire en quelques minutes un projet auquel il tient beaucoup et sur lequel il a travaillé des mois. Il est clair que le succès du cadre dans son rôle de leader dépend dans une large mesure de sa capacité à ne pas inhiber les idées innovatrices qui lui viennent sous la forme de demandes d'autorisation.

Face à ces difficultés, le cadre peut choisir l'homme plutôt que le projet: c'est-à-dire qu'il peut accepter les projets présentés par des subordonnés perçus comme capables et rejeter les projets présentés par des subordonnés perçus comme incapables.

«Un cadre déclare : "Je ne décide pas des problèmes : j'ai des gens qui font ça. Tout ce que je fais, c'est m'assurer que j'ai des subordonnés de qualité. S'ils ne se conduisent pas bien, je les change.»

Mais la plupart des choix doivent être effectués directement. Ici le cadre puise dans la masse considérable des informations dont il dispose. Il doit d'abord s'assurer que le projet est en accord avec les valeurs des sources d'influence qui pèsent sur l'organisation, qu'il ne va pas de façon inappropriée à l'encontre de leurs désirs, et qu'il mènera l'organisation dans la direction dans laquelle ces dernières entendent la faire avancer. Le cadre peut alors faire appel à la connaissance étendue qu'il a de l'organisation et de son environnement. Une partie de cette connaissance a la forme de modèles et de plans que le cadre paraît développer pour lui-même afin de les utiliser dans les situations qui appellent sa décision.

Un *modèle* est une abstraction de la réalité, un ensemble de relations causales grâce auquel il est possible de prédire les effets d'une situation donnée. En écoutant les cadres lorsqu'ils sont en train de prendre des décisions, on acquiert l'impression qu'ils ont en mémoire tout un ensemble de modèles de cette nature. Un cadre, par exemple, répondit à une question sur la distribution des produits en donnant une description détaillée du réseau de distributeurs. Si un spécialiste de recherche opérationnelle avait été là avec un magnétophone, il aurait probablement enregistré assez d'informations pour commencer à élaborer un modèle informatique de simulation des opérations de distribution de l'entreprise.

En fait le cadre absorbe les informations dont il est en permanence bombardé et en forme un ensemble de modèles mentaux du fonctionnement interne de son organisation, du comportement des subordonnés, des tendances de l'environnement, des habitudes des collègues, etc. Lorsqu'il faut faire un choix, ces modèles peuvent être utilisés pour tester les alternatives. Le cadre peut par exemple se dire : «Cette proposition est-elle raisonnable, en fonction de la compréhension que j'ai de mon réseau de distribution ?» «Est-ce que les gens du marketing et ceux des finances réussiront à s'entendre sur cette question ?» «Qu'est-ce qui arrivera à la production si on introduit une semaine de délai d'expédition ?» L'efficacité des décisions du cadre dépend pour une large part de la qualité de ses modèles.

Pour ma part, je pense que les *plans* du cadre ne sont pas explicites ; ils ne sont pas écrits et ne figurent pas dans les dossiers de l'organisation sous une forme telle que chacun pourrait y avoir accès. Il s'agit plutôt de plans assez frustes qui existeraient dans l'esprit du cadre sous la forme de projets d'amélioration qu'il aimerait entreprendre un jour.

> «Quand on lui pose des questions sur le futur de son organisation, le cadre répond : "Eh bien, lorsque ces opérations à l'étranger seront complètement développées, j'aimerais commencer à examiner la possibilité d'une réorganisation".
>
> Quand on propose au cadre un projet dans le domaine des relations publiques, il l'acccepte parce que ce projet lui permettra de mieux réussir, dans le même domaine, un autre projet qu'il a en tête.»

De tels plans tiennent lieu de direction et d'objectif. C'est parce qu'il en tient compte dans ses choix que le cadre est capable de relier entre elles diverses décisions et de s'assurer qu'elles conduisent toutes l'organisation dans la même direction.

Mais il faut insister sur un point : les plans développés par le cadre ont tendance à être flexibles. Le cadre ne peut se permettre le luxe d'avoir des plans rigides : il risque de rencontrer des perturbations imprévues, des problèmes de programmation, des informations et des solutions nouvelles. Il doit se donner la possibilité de réagir à son environnement. Ses plans sont donc faits pour être modifiés, et pour cette raison le cadre les présente rarement de façon explicite : il les garde en lui, et les utilise lorsqu'il doit choisir.

En résumé, le rôle de *répartiteur de ressources* a trois composantes : la programmation du temps, la programmation du travail et l'autorisation des actions. La dernière des trois, en particulier, entraîne des comportements de choix très complexes. Les modèles et les plans que le cadre développe dans son esprit l'aident à faire face à cette complexité.

Le cadre comme négociateur

Le cadre, en dernier lieu, participe à des activités de négociation. De temps à autre l'organisation se trouve dans une situation de négociation très importante, non routinière, avec d'autres organisations ou d'autres individus. C'est fréquemment le cadre qui mène l'équipe des négociateurs de son organisation. Il est parfois fait référence à de telles situations: le président d'un organisme de transports appelé à la dernière minute pour négocier un accord avec le syndicat, le président d'un club de football appelé pour négocier un contrat avec un joueur vedette, le PDG d'une très grande entreprise conduit un groupe de personnes négociant une émission d'actions avec la communauté financière. Mon étude fournit deux illustrations, très différentes, du rôle de *négociateur :*

> «Lors d'une réunion qui se tient pour négocier l'acquisition d'une entreprise, sont présents, outre des membres de cette dernière, le président et un certain nombre de vice présidents de l'entreprise qui se porte acquéreur. Le président conduit le contingent de son organisation, ouvre les débats et joue le rôle central dans les négociations.
>
> Le directeur général et son adjoint rencontrent deux membres d'un cabinet de conseil qui travaille présentement pour l'entreprise. Les deux groupes sont en conflits à propos de dépenses qui sont facturées. Le directeur général finit par faire état de ses exigences et les deux parties parviennent à un accord.»

Certains écrits critiquent la participation des cadres aux activités de négociation, suggérant qu'elle est inutile et inappropriée. Je crois que la négociation est une partie vitale du travail du cadre. Le cadre participe, parce qu'il est *symbole* de son organisation et que sa présence accroît la crédibilité des négociations, parce qu'il est *porte-parole* et qu'il représente donc, aux yeux des personnes extérieures, le système de valeurs et d'information de son organisation. Plus important encore, le cadre est *répartiteur de ressources,* et, en tant que tel, il a l'autorité nécessaire pour engager les ressources de l'organisation. Or, négocier c'est échanger, et la négociation requiert donc la présence d'une personne qui ait assez de pouvoir pour décider d'engager sur l'heure les ressources qui sont en jeu.

C'est la raison pour laquelle on entend souvent parler de représentants du personnel qui interrompent les négociations pour exiger la présence de la direction générale qui, ils le savent, devra de toute façon donner son approbation aux propositions finales faites par l'entreprise.

De mon étude, il ressort que les directeurs généraux participent à certains types de négociations, et Sayles montre l'existence d'une participation similaire pour des cadres de moindre niveau. Pour lui, la négociation est la partie la plus importante du travail des cadres; elle est au cœur de leurs relations horizontales.

> «Les cadres évolués laissent une grande part à la négociation; ils en font un style de vie. Ils négocient avec ceux qui fixent les normes de leur travail, avec ceux dont l'activité vient en support de la leur, et avec ceux à qui ils désirent «vendre» leurs services. Cependant les négociations portent surtout sur les coûts, les spécifications et les temps (1964, p. 131).»

Ceci termine notre discussion des rôles décisionnels des cadres. En conclusion, nous tenons encore à insister sur le pouvoir dont dispose le cadre dans le domaine de l'élaboration de la stratégie: ce pouvoir se manifeste dans sa capacité à prendre l'initiative de projets d'amélioration et à les superviser, dans le fait qu'il est celui qui s'occupe des perturbations majeures, dans son contrôle sur la répartition des ressources de l'organisation et dans la supervision de toutes les négociations importantes.

Le tableau n° 2 contient une description résumée des dix rôles du cadre dont nous avons discuté dans ce chapitre, accompagnée de détails sur les activités concrètes qu'il est possible d'associer à chaque rôle, et d'une appréciation sur la façon dont chaque rôle a été traité dans la littérature. Un dernier point pour conclure: nous avons dans tout ce chapitre indiqué que les cadres sont essentiellement des généralistes au sein d'organisations composées de spécialistes. Ceci n'est que partiellement vrai: les cadres sont des généralistes si on considère les fonctions spécialisées remplies par leurs organisations. Mais si on compare le travail du cadre à un autre type de travail, on constate qu'il est lui aussi spécialisé. Les cadres assument dix rôles qui leur imposent chacun des comportements spécialisés.

Tableau 2. Résumé des dix rôles

Rôle	Description	Activités identifiables (provenant de l'étude des directeurs généraux)	Reconnaissance dans la littérature
Rôles interpersonnels			
Symbole	Chef symbolique : obligé de remplir un certain nombre de devoirs routiniers de nature légale ou sociale	Cérémonie, demandes faites à cause du statut, sollicitations	Parfois reconnu, mais généralement seulement aux niveaux les plus élevés de l'organisation
Leader	Responsable de la motivation et de l'activation des subordonnés, responsable des affectations, de la formation, etc.	Pratiquement toutes les activités du cadre impliquant les subordonnés	Le plus largement reconnu de tous les rôles du cadre
Agent de liaison	Crée lui-même, puis entretient un réseau de contacts externes et d'informateurs qui lui apportent faveurs et informations	Accuser réception du courrier ; participer à des conseils d'administration externes ; autres activités impliquant des personnes externes	Pour une large part ignoré, sauf dans quelques études empiriques (Sayles sur des cadres subalternes et moyens, Neustadt sur les Présidents des États-Unis, Whyte et Homans sur les leaders informels)
Rôles liés à l'information			
Observateur actif	Cherche et reçoit une grande variété d'information spéciale (la plupart d'entre elles d'actualité) pour développer une compréhension approfondie de l'organisation et de l'environnement ; émerge comme le centre nerveux de l'information interne et externe de l'organisation	S'occuper de tout le courrier et de tous les contacts ayant principalement trait à l'information (par exemple périodiques, tournées des installations	Reconnu dans le travail de Sayles, Neustadt, Wrapp, et particulièrement Aguilar
Diffuseur	Transmet aux membres de l'organisation des informations reçues de personnes extérieures ou d'autres subordonnés ; une partie de l'information concerne des faits, une autre a trait à l'interprétation et à l'intégration de diverses valeurs des sources d'influence pesant sur l'organisation	Faire suivre le courrier dans l'organisation dans un but d'information ; transmission verbale d'information à des subordonnés (par exemple sessions de passage en revue des informations, communication instantanée)	Non reconnu (sauf dans les travaux de Papandreou, qui discute du rôle de « coordinateur au sommet » qui intègre les préférences des sources d'influence)

Fin du tableau 2

Rôle	Description	Activités identifiables (provenant de l'étude des directeurs généraux)	Reconnaissance dans la littérature
Porte-parole	Transmet à des personnes extérieures des informations sur les plans, les politiques, les actions, les résultats, etc. de l'organisation ; sert d'expert dans le domaine d'activité de l'organisation	Conseils d'administration ; traitement du courrier et des contacts concernant la transmission d'information à des personnes extérieures.	Généralement reconnu comme rôle du cadre
Rôles décisionnels			
Entrepreneur	Recherche des opportunités dans l'organisation et son environnement, et prend l'initiative de « projets d'amélioration » pour effectuer des changements, supervise aussi la conception de certains projets	Sessions consacrées à l'examen de la situation et à l'élaboration de la stratégie ; conception de projets d'amélioration	Implicitement reconnu ; mais habituellement non analysé sauf par les économistes (qui se sont essentiellement occupés de la création de nouvelles organisations) et par Sayles
Régulateur	Responsable des actions correctives qu'il faut prendre lorsque l'organisation fait face à des perturbations importantes et inattendues	Sessions consacrées au traitement des perturbations et des crises	Discuté de façon abstraite par de nombreux auteurs (par exemple : la gestion par exception) mais analysé avec soin uniquement par Sayles
Répartiteur de ressources	Responsable de la répartition des sources organisationnelles de toutes sortes ; en fait prise ou approbation de toutes les décisions importantes de l'organisation	Gestion de l'emploi du temps, demandes d'autorisation ; toute activité touchant au budget et à la programmation du travail des subordonnés	Peu reconnu explicitement comme rôle, bien qu'implicitement traité par les nombreux auteurs qui analysent les activités de l'organisation dans le domaine de la répartition des ressources
Négociateur	Doit représenter l'organisation dans les négociations importantes	Négociation	Dans une large mesure non reconnu (mais ou bien reconnu considéré comme ne faisant pas partie du travail du cadre) sauf par Sayles

LES OBJECTIFS FONDAMENTAUX DU CADRE

Maintenant que nous avons achevé de décrire le travail du cadre à l'aide des dix rôles, il nous faut revenir au point de départ et nous demander pourquoi les organisations ont besoin de cadres. Pour Chester Barnard: «le travail du dirigeant n'est pas celui *de* l'organisation; c'est le travail particulier qui consiste à *maintenir* l'organisation en fonctionnement» (1966, p. 215). Et David Braybrooke franchit une étape en suggérant que les cadres ne sont nécessaires que parce que l'organisation est imparfaite.

> «A mesure qu'on se penche plus avant sur la question, il apparaît qu'on peut dire d'un cadre dirigeant qu'il fait une chose clairement identifiable lorsque ce qu'il fait serait fait par un subordonné dans le cadre d'une organisation plus importante et meilleure, et seulement dans ce cas; en d'autres termes, il semblerait que plus le rôle de leader devient spécialisé, plus il est difficile de dire ce que fait un leader.
>
> Car, dans une organisation parfaite, tout pouvoir spécialisé n'est-il pas délégué à un spécialiste? Il ne resterait rien à faire, ou presque, à l'homme qui est au sommet (1964, p. 534).»

Katz et Kahn identifient quatre raisons d'être du leadership, toutes liées à des imperfections et à des imprévisibilités, intérieures ou extérieures à l'organisation:

- une organisation incomplète
- un environnement changeant
- la dynamique interne de l'organisation
- la nature des personnes composant l'organisation.
(1966, pp. 304-308).

De façon similaire, nombre d'autres auteurs prétendent que le travail du cadre ne comprend que des activités non programmées, qui consistent à traiter des problèmes nouveaux et différents (voir par exemple Myers, 1967). Et bien sûr nous avons la vision complémentaire, celle des tenants de l'école classique, pour lesquels les tâches d'encadrement sont pour l'essentiel celles qui sont éloignées des préoccupations quotidiennes: planifier, organiser.

Pour nous, chacune de ces conceptions ne présente qu'un aspect des choses. Il est certain que les cadres doivent prendre du recul; ils doivent faire du travail non programmé; et améliorer le fonctionnement du système là où le besoin s'en fait sentir. Mais ils doivent aussi s'impliquer dans certaines opérations régulières (comme les négociations); ils ont leur part de travail ordinaire (ils sont *symboles* et *porte-paroles* de leur organisation; et ils doivent prendre les décisions qui sont attendues d'eux (comme *répartiteurs de ressources* par exemple). Chaque organisation a besoin d'une autorité formelle qui puisse, entre autre choses, remplir un certain nombre de devoirs fondamentaux et réguliers.

Lorsque l'on combine ces devoirs réguliers à ceux qui sont liés au changement et à la correction des imperfections du système, on aboutit à la description des cinq raisons pour lesquelles il y a des cadres dans les organisations.

1. *Le premier objectif du cadre est de s'assurer que son organisation atteint ses buts fondamentaux : la production efficace de biens ou de services.* Ce premier objectif entraîne à son tour les deux suivants.

2. *Le cadre doit organiser les activités de son unité et en assurer la stabilité.* Il doit programmer les activités de son organisation et faire en sorte que le flux du travail reste régulier. Il doit corriger les déviations lorsqu'elles apparaissent, répartir les ressources nouvelles qui viennent à être disponibles de façon à garantir le déroulement harmonieux des opérations. En tant que *leader* il doit développer et maintenir une atmosphère au sein de laquelle tout le travail nécessaire sera effectué. Essentiellement il doit faire en sorte que son organisation fonctionne comme un ensemble intégré.

3. *Le cadre doit assumer la responsabilité de l'élaboration de la stratégie, et par là adapter de façon contrôlée son organisation à un environnement changeant.* Comme *observateur actif,* le cadre doit avoir une bonne connaissance des tendances de l'environnement, comme *entrepreneur* et comme *leader,* il doit donner à son organisation une direction, et introduire le changement de façon à ce que son organisation s'y adapte sans tiraillement inutile. Maintenir un équilibre entre la stabilité et le changement est l'une des tâches les plus difficiles du cadre.

4. *Le cadre doit faire en sorte que son organisation serve les buts de ceux qui la contrôlent.* Il doit être le point focal des valeurs de l'organisation. Les sources d'influence exercent sur lui des pressions, et cherchent à amener l'organisation à servir leurs objectifs propres. Le cadre doit interpréter les valeurs de chaque source d'influence, les combiner entre elles pour déterminer ce qu'est le véritable système de pouvoir, puis en informer ses subordonnés en leur indiquant quelles sont les préférences de l'organisation de façon à les guider dans leurs décisions. Que la valeur prééminente soit la croissance, le profit ou autre chose, le cadre doit faire en sorte que les résultats des décisions remplissent ces objectifs.

5. *Le cadre doit servir de lien entre l'organisation et l'environnement, d'élément-clef dans la transmission d'informations entre les deux.* Lui seul, à cause de son autorité formelle, peut créer ce lien vital entre certaines sources spéciales d'information et son organisation. Il doit servir de centre nerveux pour cette sorte d'information. Comme *agent de liaison* il crée les relations, comme *observateur actif* il reçoit l'information, et comme *diffuseur* il la transmet à ses subordonnés. Pour l'essentiel il prend des données relativement ambiguës et peu structurées qui lui viennent d'en haut et du dehors, les trie, les met en forme, puis transmet vers le bas une information claire. De plus, le cadre doit aussi créer le lien dans l'autre sens et envoyer vers l'environnement des informations concernant son organisation: c'est ce qu'il fait dans ses rôles de *porte-parole* et de *négociateur*. Dans un cas comme dans l'autre, il ne s'agit pas de travail «à long terme», ni de travail qui implique que le cadre «prenne du recul». Ce double flux d'information est continu, spécifique dans ses détails, et il s'effectue en temps réel.

6. *Comme autorité formelle le cadre est responsable du fonctionnement du système statutaire.* Bien que le travail soit souvent routinier et programmé, il faut néanmoins que le cadre remplisse un certain nombre de devoirs liés à son statut: on trouve ici les activités qui sont les siennes à raison de son rôle de *symbole* et, dans une moindre mesure, de ses rôles de *porte-parole* et de *négociateur.*

PROPOSITIONS SUR LES ROLES DU CADRE

1. Les activités et les rôles du cadre peuvent être groupés en trois catégories, qui ont pour l'essentiel trait respectivement aux relations interpersonnelles, au traitement de l'information, et à la prise des décisions importantes.

2. Le travail de tous les cadres, quels qu'ils soient, peut être décrit à l'aide de dix rôles observables : *symbole, agent de liaison* et *leader* (rôles interpersonnels), *observateur actif, diffuseur* et *porte-parole* (rôles liés à l'information) et *entrepreneur, régulateur, répartiteur de ressources* et *négociateur* (rôles liés à la décision).

3. Ces dix rôles forment un *gestalt* — un ensemble total. Les trois rôles interpersonnels découlent de l'autorité formelle et du statut du cadre; ils donnent naissance aux trois rôles liés à l'information, qui à leur tour permettent au cadre d'assumer les quatre rôles décisionnels.

4. Le plus simple de tous les rôles du cadre, celui de *symbole* oblige le cadre à remplir des devoirs de nature sociale, cérémoniale et légale. Le cadre doit, de plus, être disponible vis-à-vis de ceux qui demandent à traiter avec lui à cause de son statut ou de son autorité.

5. Le rôle de *leader* concerne les relations du cadre avec ses subordonnés. Il définit le milieu dans lequel ils travaillent, il les motive, il les maintient en éveil en intervenant dans leur activité, et assume la responsabilité du recrutement, de la formation et de la promotion. Le cadre essaie de mettre en phase les besoins des subordonnés et ceux de l'organisation de façon à accroître l'efficience des opérations. Le rôle de *leader* est présent dans pratiquement toutes les activités du cadre dans lesquelles les subordonnés sont impliqués, même quand il s'agit d'activités dont l'objectif essentiel n'est pas interpersonnel. C'est dans le rôle de *leader* que le pouvoir du cadre se manifeste le plus nettement.

6. Dans son rôle *d'agent de liaison* le cadre développe avec des personnes extérieures à son organisation un réseau de contacts dans le cadre duquel informations et faveurs sont échangées pour le bénéfice mutuel de ceux qui les échangent. Les cadres consacrent à ce rôle un temps considérable, d'abord en prenant une série d'engagements pour établir ces contacts, ensuite pour maintenir ces contacts par une série d'activités.

7. Les données d'observation suggèrent que le cadre sert de «centre nerveux» pour le système d'information de son organisation. Parce qu'il est

le seul à avoir accès à tous ses subordonnés et à certains contacts extérieurs (dont beaucoup sont eux-mêmes les centres nerveux de leur propre organisation), le cadre peut développer une puissante base de données sur l'organisation et son environnement. En fait, il est pour son organisation le généraliste qui dispose des meilleures informations non routinières.

8. Comme *observateur actif* le cadre est continuellement en train de chercher et de recevoir des informations venant d'une variété de sources; il développe ainsi une compréhension approfondie de l'organisation et de son environnement. Ces informations concernent les opérations internes, les événements extérieurs, les idées, les tendances et prennent aussi la forme d'analyses et de pressions.

9. Une bonne partie de l'information du cadre est actuelle, tangible et non documentée. Il doit donc concevoir lui-même son propre système d'information, en établissant des contacts, et en entraînant des subordonnés à court circuiter leur supérieur pour lui apporter directement des informations.

10. Le cadre utilise son information pour détecter des changements, pour identifier des problèmes et des opportunités, pour construire sa compréhension du milieu dans lequel s'inscrivent ses décisions, pour déterminer les valeurs de l'organisation, et enfin pour informer subordonnés et personnes extérieures.

11. Comme *diffuseur* le cadre répercute l'information externe vers son organisation, et fait passer l'information interne d'un cadre à un autre. L'information en question peut concerner les faits ou les valeurs.

12. Le cadre sert de point de focal pour le système de valeurs de son organisation. Ceux qui cherchent à influencer l'organisation lui communiquent leurs préférences; le cadre, quant à lui, assimile et combine ces préférences en fonction du pouvoir de la source : il diffuse l'information sur les valeurs de l'organisation vers les subordonnés qui les utilisent comme guides lorsqu'ils prennent des décisions. La diffusion des valeurs est faite sous la forme de prises de positions spécifiques sur des questions précises, et non sous la forme de préférence globales.

13. Déléguer est pour le cadre un dilemme. Lui seul dispose des informations nécessaires pour prendre un grand nombre des décisions importantes. Mais ces informations ne sont pas sous la bonne forme : elles sont verbales et en mémoire plutôt que documentées. Leur diffusion prend donc beaucoup de temps; et elle est difficile. Le cadre a donc le choix entre se surcharger de travail, passer un temps très important à diffuser l'information, ou déléguer en sachant que le travail sera fait sur la base de moins d'information qu'il n'en a.

14. En tant que *porte-parole*, le cadre doit transmettre des informations à divers groupes extérieurs à l'organisation. Il a un rôle de relation publique; il doit se faire l'avocat de la cause de son organisation; il doit maintenir les principales sources d'influence pesant sur l'organisation

(le supérieur hiérarchique, le conseil d'administration) au courant de ce qui se passe; il doit exposer au public les performances, plans et politiques de son organisation; et faire passer des informations utiles à ceux qui sont ses contacts (dans le cadre de son rôle *d'agent de liaison*).

15. De plus, en tant que *porte-parole*, le cadre doit paraître, pour des personnes et des groupes extérieurs, comme l'expert du domaine dans lequel l'organisation fonctionne.

16. Le cadre doit assumer la responsabilité pleine et entière de l'élaboration de la stratégie de son organisation, du système par lequel les décisions importantes sont prises et reliées les unes aux autres. Il a l'autorité et l'information qui sont nécessaires pour ce faire, et il peut intégrer l'ensemble des décisions importantes en maintenant sur elles son contrôle.

17. Comme *entrepreneur*, il prend l'initiative et assure la conception d'une bonne partie des changements contrôlés dans son organisation. Il est perpétuellement à l'affût des problèmes et des opportunités. Quand il trouve une situation qui appelle des perfectionnements, le cadre se lance dans un «projet d'amélioration» c'est-à-dire un ensemble intégré de décisions et d'autres activités, réparties sur une certaine durée, qui conduit à l'amélioration.

18. Le cadre peut s'impliquer dans ces projets de trois façons différentes. Il peut déléguer toute responsabilité à un subordonné, en conservant implicitement le droit de remplacer le subordonné. Il peut déléguer la responsabilité de concevoir la solution mais garder celle du choix (par le biais de l'autorisation). Ou encore il peut superviser lui-même l'élaboration de la solution.

19. A un moment donné, quel qu'il soit, les cadres dirigeants paraissent être impliqués dans un nombre important de projets d'amélioration situés à des stades de maturation différents: certains étant en cours de traitement, d'autres en suspens, d'autres encore près de leur bonne fin. Chacun de ces projets fait périodiquement l'objet d'activités: chaque étape est suivie d'un délai au cours duquel le cadre attend soit des informations, soit que se produise un événement. De temps à autre un projet est terminé et un nouveau est ajouté au stock des projets «en cours».

20. En tant que généraliste de son organisation, le cadre doit intervenir lorsque son unité rencontre un stimulus inattendu pour lequel il n'y a pas de réponse programmée claire. En fait, il assume le rôle de *régulateur*. Les perturbations peuvent être dues à des conflits entre subordonnés, à des conflits avec une autre organisation, à la perte de ressources ou à la menace d'une telle perte. Les perturbations surgissent parce que les «mauvais» cadres sont insensibles, mais parce que les innovations entreprises par les «bons» cadres conduisent inévitablement à des conséquences inattendues. Le cadre qui rencontre une perturbation lui donne priorité; il consacre ses efforts à tenter d'éloigner le stimulus, en essayant de gagner du temps de façon à pouvoir le traiter à loisir à l'aide d'un projet d'amélioration.

21. Dans son rôle de *répartiteur de ressources,* le cadre a la charge de l'allocation de toutes les formes de ressources organisationnelles (par exemple l'argent, le temps, la main d'œuvre, la réputation). Trois activités principales en découlent: la programmation par le cadre de son propre emploi du temps, la programmation du travail de son organisation, et l'autorisation des actions.

22. Lorsqu'il établit son emploi du temps, le cadre définit implicitement les priorités de l'organisation. Ce qui ne l'atteint pas ne bénéficie pas de son soutien. Il en résulte que le temps du cadre présente un coût d'opportunité important.

23. Le cadre a la responsabilité de l'organisation du travail dans son unité, et de la programmation du travail de ses subordonnés: décider ce qu'il faut faire, qui le fera, selon quelle méthode.

24. Le cadre maintient en continu son contrôle sur la répartition des ressources en subordonnant la mise en œuvre de toute décision importante à l'obtention de son autorisation. Ce procédé lui permet de relier les décisions les unes aux autres. Certaines décisions sont autorisées dans le cadre du processus budgétaire régulier; la plupart le sont sur une base *ad hoc.* Dans chaque cas les choix sont difficiles: le temps est limité, les questions sont complexes, et les propositions faites par les subordonnés ne peuvent être écartées à la légère. Dans certains cas, le cadre se décide moins en fonction de la propositon elle-même qu'en fonction de celui qui la fait.

25. Pour évaluer plus facilement les propositions, les cadres développent dans leur esprit des *plans* et des *modèles* approximatifs. Les modèles décrivent une grande variété de situations internes et externes. Les plans, qui ont la forme de projets d'amélioration à entreprendre, servent de base commune pour l'évaluation des propositions. Les plans sont approximatifs, flexibles et implicites, de façon à pouvoir être actualisés quand arrivent de nouvelles informations.

26. Le cadre a aussi le rôle de *négociateur :* il intervient lorsque son organisation doit s'engager dans une activité importante de négociation avec une tierce organisation. Le cadre y participe à la fois parce qu'il est *symbole, porte-parole* et *répartiteur de ressources* dans son organisation.

27. L'existence de ces dix rôles suggère que les cadres, s'ils sont des généralistes dans leurs organisations respectives, sont en fait des spécialistes appelés à assumer un ensemble particulier de rôles spécialisés.

28. Les organisations ont besoin de cadres non seulement à cause de leurs imperfections et parce que leur environnement change de façon imprévue, mais aussi parce qu'il faut une personne investie d'une autorité formelle pour accomplir régulièrement certains devoirs fondamentaux. Les dix rôles nous suggèrent six raisons d'être du cadre : assurer la production efficiente de biens et services, organiser les opérations de l'organisation et en assurer la stabilité, adapter l'organisation, de façon

contrôlée, à son environnement changeant, garantir que l'organisation serve les objectifs de ceux qui la contrôlent, servir de lien clef dans le domaine de l'information, entre l'organisation et son environnement, et faire fonctionner le système statutaire.

5
La diversité
des postes de cadre

Non pas comme un chaos, meurtri et écrasé
Mais bien, comme le monde, harmonieusement brouillé
Là où nous voyons l'ordre au sein du plus divers
Et là où tout s'accorde, même si tout diffère.

d'après Windsor Forest
d'Alexander Pope

Au chapitre 1 nous avons défini le cadre comme la personne qui a la responsabilité d'une organisation formelle ou d'une partie d'une telle organisation. Il peut porter le titre de vice-président, de chef d'atelier, de premier ministre, de sergent ou d'archevêque, parmi beaucoup d'autres. Il peut travailler dans une organisation privée ou publique, dans une organisation dont la taille peut être petite ou très grande, dont le taux de croissance est lui aussi situé quelque part sur un continuum comportant une infinité de positions possibles. Son travail peut être situé à tous les niveaux de la hiérarchie (sauf le plus bas), et il peut avoir pour subordonnés des personnes qui ont les fonctions les plus diverses dans l'organisation. Il peut avoir beaucoup d'expérience dans son travail, ou pas du tout. Il peut trouver que les exigences du travail varient en fonction du climat de l'organisation et des besoins du moment. Il existe en fait un nombre énorme de variables qui peuvent influencer son travail. Nous présentons dans ce chapitre une méthode d'analyse de ces variations, et nous passons en revue les données disponibles sur le sujet. Nos conclusions sont résumées, à la fin du chapitre, par une description de huit types de postes de cadre.

Pour développer cette partie de notre ouvrage, nous avons cherché des indices de variations entre postes de cadres dans toutes les études empiriques. L'analyse faite par Rosemary Stewart (1967) sur 160 cadres travaillant dans des environnements différents (étude faite par la méthode de l'agenda) nous a été d'une aide considérable, et nous avons pu parvenir à quelques conclusions en comparant les résultats d'études différentes (par exemple celle de Sayles sur les cadres subalternes et moyens, et la mienne qui porte sur les directeurs généraux). Mais la base empirique est pour l'essentiel faite de bric et de broc. En conséquence, ce qui suit doit être considéré comme un ensemble d'hypothèses dont chacune exige des études complémentaires.

UNE THEORIE CONTINGENTE DU TRAVAIL DU CADRE

Pour commencer, il faut insister sur un point : les études empiriques réalisées jusqu'ici sur le travail du cadre ont mis en évidence plus de similarités que de différences entre les postes. Deux revues de la littérature concluent dans ce sens: celle de Nealey et Fiedler (1968) et celle de Campbell et collaborateurs (1970). Chacune des deux a essayé d'isoler des différences et a conclu à regret que les similarités l'emportent. Pourtant, toutes deux expriment leur confiance dans le fait que des études plus approfondies montreront que les différences prédominent. Nealey et Fiedler, par exemple, ont trouvé 32 études empiriques «saines du point de vue méthodologique», présentant des données sur des cadres situées à au moins deux niveaux de la hiérarchie. Ils concluent :

> «La littérature sur les attitudes et les comportements des cadres en fonction du niveau hiérarchique donne à penser que les similarités l'emportent sur les différences. Avant d'accepter ce verdict, cependant, il faut considérer deux points. D'abord, l'information sur le comportement des cadres est très rare. Ensuite, la littérature contient presque certainement des données influencées par des biais affectant d'une part les réponses et d'autre part les observations (1968, p. 318).»

Utilisant une logique discutable, ces auteurs prétendent (1) que les «biais affectant les réponses» viennent du désir de promotion des cadres de niveau inférieur, désire qui les conduit à décrire leur travail comme ressemblant à celui des cadres de niveau plus élevé, et (2) que les «biais affectant l'observation» découlent des stéréotypes qui ignorent pour une large part la possibilité de variations entre les postes de cadres.

---

(1) Campbell et al utilisent une typologie similaire : «d'abord, (les postes d'encadrement) sont soumis à des changements déterminés par le temps: un cadre dirigeant a un travail différent lors de la préparation du budget annuel et lorsqu'il mène les négociations avec les syndicats. Ensuite, il y a des changements déterminés par la personne: les cadres se voient typiquement confier des responsabilités étendues mais on leur permet une latitude d'action importante dans la façon dont ils les exercent. Enfin, les postes d'encadrement sont souvent sujets à des changements dictés par la situation; ils peuvent différer selon le niveau hiérarchique et la fonction (par exemple direction commerciale par rapport à direction de la recherche), ou ils peuvent être différents d'une entreprise à l'autre, d'une région à une autre, d'un pays à un autre, etc.» (1970, p. 71).

(2) Voir en bas de la page 115.

Mais il est possible, comme le suggère la théorie présentée dans les chapitres 3 et 4, que les postes de cadres se ressemblent beaucoup plus qu'ils ne diffèrent; peut-être y a-t-il dans le travail d'encadrement un élément fondamental qui reste le même, quelle que soit l'organisation. Ma propre position est la suivante: il faut identifier aussi bien les ressemblances fondamentales que les différences individuelles. On ne peut pas accepter de déclarer, avec Campbelle et al. (1970, p. 93), que «les postes de cadres diffèrent beaucoup les uns des autres dans leur substance comme dans leur mode de fonctionnement», pas plus qu'on ne peut conclure que les postes de cadre sont tout identiques.

Dans ce chapitre je m'efforcerai d'analyser les différences en utilisant les caractéristiques et les rôles mis en évidence dans les chapitres 3 et 4 comme éléments communs. Je chercherai s'il existe des rôles particulièrement importants, des rôles supplémentaires pour des postes particuliers, ou des caractéristiques qui sont soit accentuées soit atténuées. Le rôle d'*entrepreneur* est-il particulièrement important pour les directeurs généraux? Les cadres fonctionnels ont-ils un travail moins sujet à interruptions que les cadres opérationnels? Les réponses à de telles questions nous permettent de développer une certaine compréhension théorique de ce que sont les variations entre postes de cadres.

Il a été possible d'élaborer une *théorie contingente* du travail du cadre en procédant à l'analyse approfondie des différences entre les cinq directeurs généraux de mon étude, et en tenant compte du fait que le type de poste et la taille de l'organisation étaient les mêmes pour tous. L'armature générale de cette théorie est présentée de façon schématique dans la figure 11: le travail d'un cadre donné à un moment donné est déterminé par l'influence que quatre groupes de variables, «imbriqués» les uns dans les autres, exercent sur les exigences en matière de rôles de base et de caractéristiques du travail. D'abord, et de la façon la plus générale, le travail du cadre est influencé par l'organisation, par la branche d'activité à laquelle elle appartient, et par d'autres facteurs de *l'environnement*. En second lieu viennent des différences dûes au poste lui-même: son *niveau* dans l'organisation et les *fonctions* qu'il supervise (marketing ou production par exemple). En troisième lieu, on a les variations à l'intérieur d'un même poste qui viennent de la *personne* qui l'occupe — sa personnalité, son style. Enfin, pour le même poste occupé par le même individu,

(2) En ce qui concerne la culture par exemple, Stieglitz (1969) a trouvé que les directeurs généraux des Etats-Unis donnent aux relations externes moins d'importance et à la planification plus d'importance que leurs homologues non américains. Ce fait pourrait selon lui être attribué à la préoccupation des américains pour le professionalisme et les sciences de gestion, à l'importance de la croissance ou, peut-être, à l'incapacité qu'on a de planifier dans des sociétés au climat politique instable. Inkson et al (1970), mettant en contraste le travail des cadres confirmés dans les Midlands, en Angleterre et dans l'Etat d'Ohio aux Etats-Unis, a trouvé que ces derniers paraissaient plus croire aux principes de la gestion scientifique. Curieusement, cependant, les études empiriques faites sur l'activité réelle des cadres paraissent ne montrer aucune variation par pays. Les études faites par la méthode de l'agenda en Suède par Carlson (1951), en Grande-Bretagne par Stewart (1967), aux Etats-Unis par Dubin et Spray (1964) suggèrent que les caractéristiques de base du travail d'encadrement ne connaissent pas de frontières nationales.

on a les variations dûes à la situation (variations saisonnières, menaces tempo-raires, etc.) Le travail d'un cadre donné à un moment donné peut être décrit comme une fonction de ces quatre ensembles de variables, que nous allons examiner tour à tour.

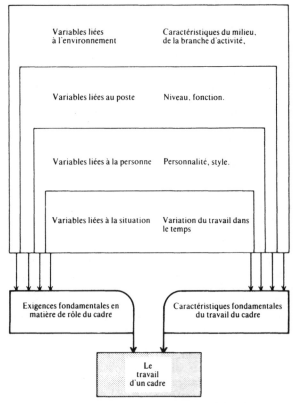

Figure 11 - Une vision contingente du travail du cadre

LE POSTE DANS SON ENVIRONNEMENT

De nombreux facteurs liés à l'environnement peuvent influencer le travail du cadre. Parmi eux on trouve la culture du milieu, la nature de la branche d'activité, divers facteurs dynamiques comme la concurrence, la vitesse de changement, et le type de technologie, ainsi que les caractéristiques de l'organi-sation elle-même, et parmi elles sa taille et son âge. Malheureusement nous savons très peu de choses sur l'influence de la plupart de ces facteurs sur le travail du cadre (2). On dispose de quelques données seulement pour deux ensembles de variables : la taille de l'organisation et la branche d'activité.

L'importance des opérations dans les organisations les plus petites

La taille de l'organisation paraît avoir un impact considérable sur le travail des cadres dirigeants. De façon plus précise, dans les organisations les plus petites, les directeurs généraux ont moins d'activités de nature formelle mais se préoccupent bien plus du suivi des opérations. On peut expliquer ceci par le fait qu'il y a moins de cadres et de fonctionnels dans les organisations plus petites: les directeurs généraux doivent donc contrôler les opérations de plus près, et être prêts à remplacer celui qui manque quand le besoin s'en fait sentir.

Une étude réalisée par Irving Choran (1969) montre clairement l'existence de ces phénomènes. Utilisant l'observation structurée, il a étudié, deux jours chacun, le travail de trois présidents de petites entreprises: un fabricant de produits cosmétiques et un directeur de restaurants. Cette étude est l'exact parallèle de celle que j'ai réalisée sur les cinq directeurs généraux; elle fournit donc des données utiles pour comparer le travail de directeurs généraux d'entreprises de tailles différentes. De l'analyse de Choran il ressort que les présidents qu'il a observés assument les dix rôles dont nous avons discuté au chapitre 4 et que leur travail présente les six ensembles de caractéristiques du chapitre 3.

Un certain nombre de différences intéressantes apparaissent cependant, comme le montre le tableau 3. Les cadres des petites entreprises avaient beaucoup plus d'activités par jour. Pour deux d'entre eux le nombre d'activités journalières était particulièrement élevé (99 et 104) et leur travail était particulièrement marqué par la brièveté et la fragmentation. Les cadres des trois petites entreprises avaient plus recours aux moyens de communication informels, en particulier au téléphone. Ils passaient moins de temps en réunions programmées et de façon intéressante, aucune d'elles ne comportait plus de trois participants (contre 43% pour les cinq directeurs généraux de grandes entreprises). Leurs réseaux de contacts externes étaient plus restreints et plus spécialisés, et ils passaient la majorité de leur temps avec leurs subordonnés, leurs fournisseurs et leurs associés. La quantité et le type de courrier qu'ils recevaient indiquaient que leurs réseaux de communication formelle étaient moins bien développés. On note également qu'ils consacraient plus de temps au travail de l'organisation et moins de temps en cérémonies; deux d'entre eux passaient beaucoup plus de temps en tournées des installations: respectivement 13% et 10% du temps, comparé à une moyenne de 1% pour les cinq directeurs généraux des grandes organisations.

Tableau 3.　Quelques éléments de comparaison entre le travail des directeurs généraux de petites et de grandes organisations*

	Petites entreprises 3 présidents 6 jours d'observation Etude de Choran	Grandes entreprises 5 directeurs généraux 25 jours d'observation Etude de Mintzberg
Nombre d'activités par jour	77	22
Sessions de travail au bureau		
Nombre par jour	22	7
Proportion du temps	35%	22%
Durée moyenne	6 minutes	15 minutes
Appels téléphonique		
Nombre par jour	29	5
Proportion du temps	17%	6%
Durée moyenne	2 minutes	6 minutes
Réunions programmées		
Nombre par jour	3	4
Proportion du temps	21%	59%
Durée moyenne	27 minutes	68 minutes
Réunions non programmées		
Nombre par jour	19	4
Proportion du temps	15%	10%
Durée moyenne	3 minutes	12 minutes
Tournées des installations		
Nombre par jour	5	1
Proportion du temps	12%	3%
Durée moyenne	9 minutes	11 minutes
Proportion d'activités durant moins de 9 minutes	90%	49%
Proportion d'activités durant plus de 60 minutes	0,02%	10%
Nombre de pièces de courrier traitée chaque jour	17	36
Proportion des courriers provenant de :		
Subordonnés	54%	39%
Pairs	2%	16%
Fournisseurs et associés	24%	8%
Proportion du temps en contacts verbaux avec :		
Subordonnés	56%	48%
Clients	7%	3%
Fournisseurs et associés	31%	17%
Pairs et Organisations professionnelles	0,2%	11%
Directeurs et codirecteurs	0%	12%
Autres	7%	8%
Proportion des réunions programmées comportant plus de 3 participants	0%	43%
Proportion du temps de contact consacrée :		
Au travail de l'organisation	15%	2%
Aux activités sociales	4%	12%

* Les données sont choisies de façon seulement à montrer quelles sont les différences entre le travail des deux groupes.

De cette comparaison émerge une image claire : apparemment, l'organisation plus petite est caractérisée par un formalisme plus faible et une préoccupation plus prononcée pour les questions liées aux opérations internes. L'absence de formalisme est indiquée par la brièveté marquée des activités, par la fréquence des coups de téléphone et des réunions non programmées, par l'absence de réunions programmées comportant plus de trois participants, par la quasi absence de correspondance formelle et par la faible proportion du temps consacré à des activités cérémoniales. Pour Choran, les rôles de symbole et d'agent de liaison, même s'ils sont joués par les cadres qu'il a observés, n'ont pas toujours pour eux la même importance que pour les cinq directeurs généraux des plus grandes organisations.

Liée à l'absence de formalisme on trouve une préoccupation accrue pour les opérations elles-mêmes. La meilleure indication en est le fait que presque toutes les interactions avec l'extérieur se faisaient avec les clients, les fournisseurs et les associés ; ceux précisément qui nourrissaient les opérations de l'entreprise et étaient nourris par elles. Choran note que ses cadres recherchaient des informations sur le niveau des stocks, recevaient copie des commandes et des factures, signaient les chèques et achetaient les matières premières. Ils passaient plus de temps à faire le tour des installations, à élaborer la stratégie de leur entreprise et à faire le travail lui-même. Choran en conclut que le rôle de *leader* et les rôles liés au traitement de *l'information* interne étaient plus importants pour eux que pour les directeurs généraux d'entreprises de plus grande taille.

Choran note aussi qu'un huitième du temps était consacré à deux nouveaux rôles : celui de *spécialiste* et celui *d'opérateur remplaçant*. Le cadre s'implique dans le premier de ces rôles s'il «estime qu'une fonction particulière est vitale pour le bon déroulement des opérations...» :

> «M. (cosmétiques) implanta un système de contrôle des stocks pour son organisation. Il faisait fonctionner ce système lui-même et pensait être la personne la plus qualifiée pour ce faire. Il estimait qu'un système de contrôle des stocks qui fonctionne bien est l'élément central de toute entreprise.
>
> M. (restaurant)... faisait les achats pour son entreprise. Ici aussi, il pensait être la personne la plus capable d'assurer cette activité (1969, p. 134).»

Le rôle *d'opérateur remplaçant* reflète l'insuffisance de ressources d'appoint dans les petites entreprises. En tant que généraliste, le cadre doit être prêt dans plus d'une circonstance à occuper «au pied levé» un poste de travail : quand un salarié est absent, quand l'entreprise fonctionne à pleine capacité et qu'il faut une personne en plus, etc. (3).

---

(3) Le travail *d'opérateur remplaçant* peut être considéré comme une partie du rôle de *régulateur*. Il peut, cependant, s'avérer utile de distinguer clairement ce travail là où il prend l'importance spéciale qu'il a pour les chefs de petites organisations.

Quelques uns des résultats de Choran sont corroborés par d'autres études. Stieglitz (1970) qui a interrogé 48 directeurs généraux d'entreprises de moins de 3000 salariés et 61 directeurs généraux d'entreprises de plus de 10000 salariés, a aussi observé que ceux des entreprises plus petites étaient plus impliqués dans les problèmes opérationnels et de court terme. Il en conclut simplement qu'il leur manque le soutien apporté dans la grande entreprise par les fonctionnels. Autre observation intéressante de Stieglitz: presque tous les directeurs généraux des entreprises les plus grandes se qualifiaient «de professionnels de la gestion», alors qu'une proportion importante de leurs collègues d'entreprises plus petites se considéraient comme des «entrepreneurs».

Rosemary Stewart (1967) nous donne quelques indications sur le formalisme plus important des organisations de plus grande taille. Elle a observé que, dans les entreprises plus grandes, les responsables fonctionnels passaient plus de temps en communication de groupe, «probablement parce qu'il y avait un besoin plus fort de coordination entre les activités des divers départements» (p. 56). Elle appelle l'un des profils de postes qu'elle a observés «l'homme des comités»: le poste correspondant implique une activité marquée de discussion de groupe, et on le trouve uniquement dans les grandes organisations.

Pour conclure, on trouve que dans les organisations plus petites, les directeurs généraux accordent plus d'attention aux problèmes opérationnels; ils sont plus enclins à faire eux-mêmes une partie du travail fonctionnel, et à s'atteler à un travail d'exécution quand il y a un vide à combler; ils se considèrent plus eux-mêmes comme des entrepreneurs, et ils sont moins impliqués dans des activités formelles, en particulier dans les discussions en groupe et dans les devoirs qui découlent du rôle de *symbole*.

L'influence de la branche d'activité

On peut supposer que les cadres du secteur public et ceux du secteur privé sont conduits à travailler de façon quelque peu différente. De plus, il y a probablement des différences entre les cadres des entreprises industrielles et des entreprises de service, entre les cadres dont les organisations opèrent dans un environnement dynamique et ceux qui travaillent dans des organisations dont l'environnement est plus stable. Nos données montrent que quelques-uns de ces facteurs ont une influence.

Ma propre étude fournit quelques données sur les différences entre secteur privé et secteur public ou quasi public. Dans ce dernier cas, les directeurs généraux faisaient face à une coalition plus complexe de forces externes, et consacraient plus de temps en activités formelles et en réunions avec des groupes de personnes extérieures, des clients et des membres du conseil d'administration. Les décisions prises dans des organisations publiques ont plus de résonnances politiques; il faut donc prendre plus de précautions quand on soupèse les préoccupations des groupes d'intérêts, et prendre plus de soin pour légitimer les actions entreprises. Les rôles *d'agent de liaison,* de *porte-parole* et de *négociateur* sont sans doute plus importants pour les directeurs généraux des organisations du secteur public.

Il se pourrait que la situation soit différente à un niveau moins élevé. André Costin (1970) a envoyé à des cadres du secteur public et du secteur privé un questionnaire dans lequel il leur demandait de noter la fréquence avec laquelle ils remplissent chacun des dix rôles (la partie concernant le rôle de *diffuseur*, par exemple, se présentait ainsi : faire passer des informations de l'extérieur de votre organisation à vos subordonnés). Dans son analyse de 100 réponses provenant de chacun de ces groupes il a trouvé que non seulement tous, en décrivant leur travail, faisaient mention de chacun des dix rôles, mais aussi qu'il n'y avait pas de différence significative entre les deux groupes en ce qui concerne l'évaluation de l'importance de neuf des dix rôles :

> «Les rôles que les cadres sont amenés à jouer sont quantitativement et qualitativement similaires... Cependant, les activités des deux groupes diffèrent dans un domaine crucial... Une proportion significativement plus importante des cadres du secteur privé s'implique dans la recherche active de nouvelles directions dans lesquelles engager leur organisation, et d'améliorations qu'ils pourraient leur apporter (le rôle *d'entrepreneur*) (1970, p. 39).»

On peut en conclure que, le monde des affaires étant plus marqué par la concurrence que le secteur public, les cadres qui y travaillent tendent à penser que le rôle *d'entrepreneur* a pour eux plus d'importance. Il existe quelques données qui portent spécifiquement sur l'influence de la concurrence et du caractère dynamique de l'environnement. Dans mon étude et dans celle de Burns (1957) on observe que les cadres des organisations les plus confrontées à la concurrence passent plus de temps que les autres en communication informelle. Ces cadres doivent sans doute disposer d'information plus complète et plus actuelle pour pouvoir réagir aux mouvements soudains de la concurrence. Rosemary Stewart a aussi trouvé que les cadres travaillant dans les environnements les plus dynamiques (là où l'on trouve le changement le plus rapide, la pression de la production la plus forte, une entreprise en expansion) avaient un travail plus varié et plus fragmenté ; alors que «les deux directeurs généraux, qui passaient une partie plus importante de leur temps à travailler seuls, étaient dans des entreprises de moins de 250 personnes qui, disaient-ils, avaient un rythme de changement modéré (1967, p. 51). Il est en fait possible de répartir les cadres en deux groupes en utilisant cette dimension: ceux dont le poste est dynamique ont un travail dont les caractéristiques de rythme, de brièveté, de variété, de fragmentation et d'orientation vers l'action et la communication verbale sont plus marquées; et ceux qui sont dans les postes stables, où ces caractéristiques sont moins prononcées.

Plus intéressantes encore sont les variations qui apparaissent quand on descend plus avant dans le détail des aspects spécifiques des différentes industries. Dans mon étude, j'ai trouvé que le rôle *d'agent de liaison* est particulièrement important dans les activités de conseil, où les contacts et les contrats ont une importance considérable. Stieglitz (1969) ajoute à cela le fait que les directeurs généraux des entreprises financières et de service attribuaient, plus souvent que ceux des entreprises industrielles, de l'importance aux relations externes.

Il existe malheureusement peu de données complémentaires sur l'influence de ces variables; la seule conclusion qu'on puisse en tirer, c'est donc que les variables d'environnement seront importantes dans l'élaboration d'une théorie contingente complète du travail du cadre.

LE TRAVAIL LUI-MEME: NIVEAU ET FONCTION

La plus grande partie des données dont nous disposons sur les différences existant entre postes de cadres a trait au poste lui-même: son niveau dans la hiérarchie et la fonction supervisée. Les recherches ont montré que ces deux facteurs — en particulier la fonction — induisent plus de différence qu'aucun autre. Shartle, par exemple, a trouvé que «les différences entre postes à l'intérieur des organisations navales et à l'intérieur des entreprises étaient plus importantes que celles observées entre organisations navales et entreprises» et qu'une «étude portant sur un certain nombre de variables liées au poste de travail dans une organisation navale a suggéré que moins de la moitié de la performance peut être attribuée à l'homme, un peu plus de la moitié pouvant l'être aux exigences du poste» (1956, pp 90 et 94).

Un certain nombre de conclusions apparaissent fréquemment dans la littérature. Quand on descend dans la hiérarchie, le travail devient plus structuré, les rôles «en temps réel» plus importants, et certaines caractéristiques sont plus prononcées. De plus, la spécialisation des différentes fonctions en termes de rôles est considérablement corroborée par les données d'observation.

Aux niveaux les moins élevés :
l'orientation vers le processus de production

En quoi les postes d'encadrement situés au bas de la hiérarchie diffèrent-ils des postes de direction générale (4)? Nous avons vu au chapitre 3 qu'il existe quelques similarités remarquables. Les uns comme les autres paraissent répartir leur temps de contacts de façon semblable: environ 10% avec les supérieurs, environ 33% avec les subordonnés et environ 50% avec les pairs. Mais qu'en est-il de leurs rôles? Sont-ils différents aux différents niveaux de la hiérarchie?

Katz et Kahn prétendent que oui. Ils présentent trois types de comportement possibles pour le leader: «(1) l'introduction du changement de structure, et la formulation de la politique générale, (2) l'interpolation de la structure, c'est-à-dire l'action qui consiste à compléter la structure formelle quand le besoin s'en fait sentir, ou encore l'improvisation, et (3) l'utilisation de la structure formelle pour maintenir l'organisation en activité et garantir l'efficacité des opérations ou de l'administration» (1966, p. 308). Chacun de ces comportements, prétendent-ils requiert un savoir et un style différents, et chacun est associé à un niveau différent de la hiérarchie :

> «Seuls les niveaux les plus élevés ont en fait la possibilité d'introduire des changements de structure (sauf dans les organisations créées sur une base démocratique). Le travail qui consiste à compléter la structure se rencontre le plus souvent aux niveaux intermédiaires de l'organisation. Et les niveaux d'encadrement les plus bas ont essentiellement la possibilité d'exercer leur leadership en se servant de la structure existante (Katz et Kahn, 1966, p. 311).»

Cependant, Katz et Kahn ne fournissent aucune donnée à l'appui de leur thèse, et il existe des données qui viennent directement à l'appui de la thèse inverse. Sayles (1964) traite précisément de l'introduction de changement de structure à long terme effectué par les cadres de niveau moyen ou bas; Costin (1970) n'a trouvé «aucune corrélation significative entre le niveau d'autorité et l'esprit d'entreprise, comme il était prévu. Il apparaît que les niveaux les moins élevés de l'encadrement sont autant que les plus élevés à la recherche des opportunités» (p. 48).

Cette contradiction paraît refléter une différence de système de référence. Katz et Kahn décrivent le travail du cadre du point de vue de l'organisation dans son ensemble, alors que Sayles et Costin regardent directement l'homme et son travail. La conclusion que nous avons formulée au chapitre 4 est que tous les cadres entretiennent la même relation avec leur unité et l'environnement de celle-ci. En conséquence, chacun d'entre eux est responsable de l'introduction du changement *dans sa propre unité,* et doit rendre la structure complète pour la faire fonctionner. Il est clair que le responsable de production n'assure pas la conception de la structure de l'entreprise dans son ensemble, mais il est aussi préoccupé par la structure de son atelier que le PDG l'est par la structure de son entreprise.

Nous n'avons trouvé aucune donnée montrant que le travail du cadre change de nature lorsque varie le niveau, alors qu'il existe une masse considérable de données établissant qu'alors il change d'orientation. Aux niveaux inférieurs le travail paraît être plus centré sur la maintenance du flux de travail, et ceci amène les cadres à accorder plus d'importance à ce qui se passe «en temps réel». En comparant mon étude sur les directeurs généraux à celle de Sayles sur les cadres de moindre niveau, on trouve que les premiers recherchaient les informations les plus variées pour les utiliser dans l'élaboration de la stratégie au sens large du terme; les cadres de moindre niveau collectaient des informations pour entretenir dans leurs unités un flux de travail régulier. Alors que les directeurs généraux négociaient des acquisitions, les cadres de Sayles négociaient les dates de livraison des commandes.

Chapple et Sayles (1961) présentent d'autres éléments à l'appui de la même thèse: une description de poste de directeurs de département, développée à partir d'une étude empirique de leurs activités. Une section typique se lit comme suit:

> (a) Reçoit chaque jour un état de l'utilisation des machines de son département. Analyse ces états pour déterminer quelles machines ont été en panne pendant combien de temps (b) Si le chef d'atelier n'est pas venu lui indiquer les raisons de la panne, il va le voir pour s'en inquiéter (c) S'il est d'accord avec le chef d'atelier pour attribuer la panne à un problème de matière première, il lui faut prendre un échantillon et l'apporter au responsable du département concerné pour qu'il prenne les mesures appropriées (d) Si la

---

(4) Dans cette section nous contrastons dans une large mesure les postes qui sont près du sommet à ceux qui sont près du bas de la hiérarchie. Les postes situés à un niveau intermédiaire paraissent être plus influencés par des variables liées à la fonction (dont nous discutons dans la section suivante).

> cause est mécanique, aller voir le mécanicien chef pour déterminer si la faute incombe à l'entretien, à l'utilisation faite de la machine ou à un vice de construction (p 49).

Les rôles les plus étroitement reliés aux problèmes opératoires, les rôles «en temps réels» — régulateur et négociateur — paraissent être les plus importants dans le travail de ces chefs de département :

> La fonction première du cadre est d'entretenir ou de stabiliser plusieurs flux de travail reliés les uns aux autres. Il est possible de rédiger des descriptions de poste qui transcrivent clairement ce que sont ces flux de travail, et qui indiquent de plus quelles conditions et quels signaux permettent au cadre de savoir qu'il faut faire quelque chose pour éviter des pannes ou des inefficiences. La plupart de ces «quelques choses» consistent à détecter des déviations et à discuter avec une ou plusieurs personnes dans l'organisation (p 67).

Une analyse complète de la description de poste rédigée par Chapple et Sayles suggère que ces directeurs de départements assumaient neuf des dix rôles décrits au chapitre 4. La seule exception est le rôle de *symbole*. Par contraste, les études portant sur les directeurs généraux (celle de Carlson (1951), Stieglitz (1969) et la mienne) suggèrent la réponse aux pressions sociales et le travail de nature cérémoniale constituent une part significative du travail du cadre dirigeant. Alors qu'il existe sans aucun doute pour chaque cadre une part de travail qu'il effectue en tant que *symbole* (les chefs d'ateliers escortent les visiteurs dans leur atelier et assistent au mariage de leurs subordonnés) la proportion de ce travail décroît probablement aux niveaux inférieurs de la hiérarchie en même temps que toutes sortes de formalités.

A mesure que les rôles changent d'orientation, certaines des caractéristiques du travail varient aussi, ici encore pour refléter la préoccupation qu'a le cadre des problèmes quotidiens liés à la maintenance du flux de travail (5). Comme nous l'avons noté au chapitre 3, les caractéristiques de brièveté et de fragmentation sont accentuées aux niveaux les plus bas de la hiérarchie. Nos directeurs généraux avaient une moyenne de 22 minutes par activité, les chefs d'atelier de Guest 48 secondes.

On trouve aussi des données indiquant qu'aux niveaux les plus bas le travail du cadre est plus orienté vers des questions spécifiques et actuelles de même qu'il est plus «centré» — focalisé sur un nombre réduit de problèmes, avec un horizon temporel plus court. C'est le travail de Martin (1956) qui dans ce

---

(5) Une caractéristique qui change apparemment pour d'autres raisons est celle des horaires de travail. Copeman (Copeman, Luijk et Hanika, 1963) et Burns (1967) ont trouvé que les cadres dirigeants travaillent le plus longtemps, et Horns et Lupton (1965) ont trouvé que les cadres de niveau moyen qu'ils ont étudiés n'étaient pas surchargés de travail. Il est possible que ceci reflète le fait que le temps du cadre confirmé a un coût d'opportunité plus important parce que ce cadre est responsable de plus de ressources ; peut-être la sélection naturelle assure-t-elle simplement que ceux qui sont aux plus hauts niveaux sont plus engagés dans leur travail.

domaine nous apporte les données les plus solides (6), il a étudié (par le moyens d'entretiens, d'observation et d'analyse de la correspondance) des situations de décision à quatre niveaux de la hiérarchie: chef d'équipe, responsable de département, directeur de division, directeur de site. Il a trouvé qu'aux niveaux les plus bas les décisions étaient plus continues, c'est-à-dire qu'elle apparaissaient et étaient traitées en séquences uniques de durées plus réduites,

> alors qu'aux niveaux plus élevés elles avaient tendance à être de caractère discontinu, avec de longues périodes séparant les différentes composantes de la situation décisionnelle: par exemple, entre la phase de recueil des données et la décision elle-même, le problème paraît être sorti de l'esprit et de la vue des membres de l'organisation. Le cadre dirigeant délègue fréquemment à un de ses subordonnés le traitement d'un problème, pour y retourner ultérieurement (p 252).

Comme le montre le Tableau n° 4 l'horizon temps des décisions est plus rapproché pour les niveaux les moins élevés. Les décisions étaient aussi plus fréquentes et leurs limites temporelles moins ambigües et moins élastiques. Ici encore nous voyons l'influence de la perspective «temps réel»: «Ainsi le chef d'équipe doit agir de suite si, par exemple, un tuyau casse» (Martin, 1956, p 253).

Tableau 4. Comparaison des perspectives temporelles des situations de décision à quatre niveaux de l'encadrement*

Durée	Directeur de site (pourcentage)	Directeur de division (pourcentage)	Responsable de département (pourcentage)	Chef d'équipe (pourcentage)
Court terme (0 à 2 semaines)	3,3	54,2	68,0	97,7
Moyen terme (de 2 semaines à 1 an)	46,1	41,4	30,4	2,1
Long terme	50,0	4,3	1,5	0,0
Total	99,4	99,9	99,9	99,8

* Tiré de Martin (1956. p. 251)

Pour conclure cette section il paraît approprié de se poser à nouveau la question du degré de contrôle que le cadre exerce sur son travail: ce degré est-il moins important aux niveaux les plus bas? La conclusion générale du chapitre 3 est la suivante: chaque cadre est exposé de par les exigences de son poste, à un ensemble important de pressions. En conséquence il paraît beaucoup plus réagir qu'agir de son propre chef. Mais si l'on examine les choses de plus près on constate que le cadre dispose en fait de deux marges de manœuvre importantes: la possibilité de développer certains engagements à long terme (par exemple d'établir des canaux d'information ou de prendre l'initiative de projets), et le droit de transformer les obligations à son avantage. En d'autres termes *tous* les postes d'encadrement sont contraignants; seuls les cadres très volontaires contrôlent leur travail, qu'ils soient directeurs généraux ou chefs d'équipe. Il

---

(6) On trouve d'autres données dans Thomason (1967), Dubin et Spray (1965) et Marples (1967).

existe peut-être, quelques exceptions: particulièrement là où la bureaucratie est si rigide que certains postes ne permettent aucune latitude d'action à leur titulaire. Le travail de certains agents de maîtrise et de certains directeurs d'agences bancaires, par exemple, paraissent être de cette nature. Malheureusement nous n'avons que peu de données sur cette importante question (7). En ce qui me concerne, je ne pense pas que les postes d'encadrement soient sujets à de fortes contraintes ou au contraire permettent une latitude d'action importante uniquement en fonction de leur niveau hiérarchique; à un niveau donné, quel qu'il soit, la marge de manœuvre permise dans les différents postes d'encadrement varie fortement, en fonction de la conception du poste et de la capacité des cadres à supporter les pressions (8).

On peut résumer cette section en disant que les cadres de tous niveaux ont des rôles communs, mais que ceux-ci sont pour eux d'importances relatives différentes. Aux niveaux moins élevés le travail est plus «centré», plus «à court terme», et les caractéristiques de brièveté et de fragmentation sont plus marquées; le rôle de *symbole* devient moins important — ce qui reflète le caractère plus informel du travail à ces niveaux — et les rôles de *régulateur* et de *négociateur,* au contraire, prennent plus de relief; la principale préoccupation du cadre est d'obtenir que ce travail se fasse sans interruptions; en conséquence, son travail s'effectue «en temps réel». Mais on ne peut pas en conclure qu'il lui impose plus de pression. A tous les niveaux, les pressions sont importantes; dans la plupart des postes d'encadrement, quel qu'en soit le niveau, c'est le titulaire du poste qui détermine lui-même si c'est lui qui contrôlera son travail ou si c'est son travail qui le contrôlera.

Spécialisation par fonction

On dispose d'une masse considérable de données qui indiquent que la fonction supervisée entre pour une large part dans les variations qui affectent le travail du cadre. Par exemple, Aguilar (1967) a trouvé que «les cadres dirigeants

---

(7) Wikstrom décrit une situation de ce type : l'agent de maîtrise dont le travail est si érodé par les spécialistes qu'on ne lui laisse que peu d'autorité décisionnelle. Il le met en contraste avec le cas de l'agent de maîtrise qui est un «cadre» (c'est-à-dire qui a une réelle fonction d'encadrement) parce qu'il a la responsabilité de coordonner le travail de ces spécialistes.

(8) Une hypothèse présentée par Thomason (1966 et 1967) fournirait un appui considérable à cette conclusion si elle était corroborée par des données d'observation. Il suggère que les cadres placés à différents niveaux se spécialisent dans l'information qu'ils traitent, et que des «constellations de communications» se forment à différents niveaux dans l'organisation pour traiter d'informations et de problèmes spécialisés. On peut par exemple trouver la responsabilité pour la production située à un niveau relativement bas dans une entreprise donnée, alors que la responsabilité pour le marketing est située à un niveau intermédiaire de la hiérarchie et la responsabilité pour la finance tout en haut. C'est ainsi que les cadres situés en bas et au milieu peuvent avoir une marge de manœuvre considérable dans une fonction spécialisée, bien qu'ils puissent être étroitement contrôlés dans d'autres domaines.

de la même spécialité fonctionnelle semblent avoir entre eux des profils plus semblables (en ce qui concerne le type d'information externe qu'ils considèrent comme important) que ne le paraissent des cadres du même niveau hiérarchique» (p 50)(9). Comme nous le verrons plus bas, les cadres de production, les cadres commerciaux et les fonctionnels paraissent consacrer leur temps de façon préférentielle à différents ensembles de rôles.

Les cadres opérationnels de production. Rosemary Stewart (1967) a pu tirer un certain nombre de conclusions sur les caractéristiques du travail des cadres opérationnels de production. Ceux qu'elle a observés, comparés aux autres cadres, passaient plus de temps avec leurs subordonnés, moins de temps seuls, avaient un travail plus varié et plus fragmenté (par exemple des contacts de plus courtes durée). Fait le plus important: dans les cinq cas qu'elle a observés, les cadres de production passaient entre un quart et un tiers de leur temps en inspection, bien que

> ces cinq cas étaient très différents les uns des autres, à la fois par le nombre de subordonnés (de 100 à près de 2000) et par le type de branche d'activité de leurs entreprises. Cette forte proportion de temps consacrée à l'inspection peut avoir été dûe, en partie, à la conception qu'ils avaient de leur travail. Mais ils avaient tous les cinq une chose en commun: leur seule préoccupation était de faire tourner leur usine de façon efficace (p 42).

Pour qualifier l'un des types de postes qu'elle a identifiés Mademoiselle Stewart a utilisé le terme «chasseur de problèmes», et elle a trouvé que cette catégorie contient la plupart des directeurs d'usine, des cadres opérationnels de production et «un certain nombre de directeurs généraux de petites entreprises ou de filiales, qui passaient pratiquement tout leur temps dans leur entreprise et qui avaient pour préoccupation principale la gestion de la production» (p 119)(10). Elle décrit le chasseur de problème de la façon suivante:

> (Ce sont) des cadres dont la structure de travail est la plus fragmentée, comme l'attestent le nombre de choses à faire mentionnées sur leur agenda et la mutiplicité des contacts de faible durée. Cette fragmentation avait pour origine le fait qu'ils avaient, beaucoup plus que les cadres des trois premiers groupes, à faire face à des crises. Même s'ils avaient planifié leur travail avec soin pour éviter les problèmes, c'est à s'occuper de problèmes qu'ils passaient le plus clair de leur temps, problèmes qu'il leur fallait résoudre rapidement. Les répercussions que pouvaient avoir une difficulté non résolue étaient susceptibles d'être plus rapides et plus dramatiques dans leur département que dans aucun autre de l'entreprise (p 118).

---

(9) Pour plus de données voir Hemphill (1959 et 1960) qui présente les résultats de la passation d'un questionnaire auprès de 93 cadres situés à trois niveaux et dans cinq fonctions. Voir aussi Chapple et Sayles (1961) qui comparent le travail de quatre cadres moyens venant de domaines fonctionnels différents.

(10) Cette similarité entre cadres de production et directeurs généraux de petites entreprises (qui doivent faire en sorte que le travail se fasse, en l'absence de groupes fonctionnels et de systèmes de contrôle formels) est aussi suggéré par la comparaison de ces résultats avec ceux de Choran.

Ces observations rejoignent clairement celles de Walker, Guest et Turner qui, dans leur livre sur «L'agent de maîtrise de la chaîne de montage», mettent aussi l'accent sur l'importance des crises. Leur conclusion est que ces cadres passent «beaucoup» de temps à résoudre des difficultés imprévues. Ils citent un agent de maîtrise qui remarquait: «les urgences sont chose normale» (p 76)(11). On peut en conclure que les rôles décisionnels, particulièrement celui de *régulateur* (et peut-être de *négociateur*) paraissent être les plus importants dans les postes d'encadrement opérationnel de production.

Les cadres opérationnels commerciaux. Le conflit permanent entre les cadres de production et de vente se reflète clairement dans leur travail. Bien que l'un et l'autre aient des postes opérationnels de base, ils sont pratiquement à l'opposé l'un de l'autre en ce qui concerne le travail. La préoccupation majeure du responsable de production concerne les rôles de *régulateur* et de *négociateur* (orientation production), celle du responsable des ventes se porte sur les trois rôles interpersonnels (orientation vers les relations). Les contacts externes (rôles d'*agent de liaison* et de *symbole*) ont pour lui une grande importance et il passe également un temps considérable à former et développer son personnel (rôle de *leader*).

Rosemary Stewart a trouvé que les responsables des ventes passent plus de temps que la moyenne hors de l'entreprise, souvent avec des clients, en activités sociales (12). Les activités de relations publiques et de création d'image de marque ont clairement pour lui de l'importance. Le premier des types de cadre de Mademoiselle Stewart — «l'émissaire» — décrit le responsable des ventes:

> Son travail amenait l'Emissaire en contact étroit avec le monde extérieur. Il passait beaucoup de temps hors de son entreprise et à parler à des personnes qui n'étaient pas ses subordonnés. Il passait souvent plusieurs jours en déplacement, visitant d'autres entreprises, assistant à des conférences et des expositions. Il travaillait de plus longues heures que les cadres d'aucun autre type, mais cette durée plus importante résultait essentiellement du temps passé en voyage et en distractions (p 102).

Le livre de Davis «La performance et le développement des responsables de ventes» (1957) nous apporte les meilleurs données dans ce domaine. Il discute d'une étude qu'une entreprise a effectuée sur les activités de plusieurs centaines de responsables de branches : les contacts avec les clients comptaient pour 10% de leur temps, les relations publiques 3 %, l'activité de promotion 7 %, soit en

---

(11) On trouvera d'autres données sur cette question dans Guest (1956).

(12) Cette structure se reflète aussi dans les postes fonctionnels de ces deux domaines. Landsberger conclut, sur la base de ses observations : «Comme on peut s'y attendre les responsable des liaisons commerciales ont le plus fort pourcentage d'interactions horizontales, parce que leur travail consiste à assurer la médiation entre la force de vente et l'usine. Les spécialistes d'ordonnancement et de contrôle des stocks sont aussi des intermédiaires, mais leur pourcentage d'interactions horizontales est plus faible puisque le nombre d'entités entre lesquelles ils assurent la médiation est plus faible pour eux que pour les responsables des liaisons commerciales (p. 314).»

tout 20 % pour les rôles interpersonnels. Au moins 30 % du temps, par ailleurs, était consacré aux activités de leadership: travail dans les agences avec les subordonnés, au bureau avec les vendeurs, entretien d'embauche avec des candidats à des postes commerciaux, déplacement dans les bureaux de districts et les agences sur le terrain, etc. Dans ce contexte, Davis discute des activités des responsables opérationnels des ventes en les répartissant en cinq catégories, décrites ci-dessous accompagnées des rôles qui leur correspondent.

Développement professionnel des vendeurs. Recrutement, sélection, encadrement, formation des hommes (*leader*).

Supervision des vendeurs. Répartition du travail, contrôle des performances et motivation (*répartiteur de ressources, observateur actif, leader*).

Vente. Accompagnement des vendeurs en tournée dans un objectif de formation. Vente directe à des clients (*leader, symbole*)(13).

Gestion du district. Service au consommateur, tenue des comptes, paperasserie, détermination des prix, échanges, corvées administratives, etc.(rôles liés aux informations et aux décisions).

Développement de la réputation et du prestige local. Appels spontanés aux clients, participation aux manifestations et expositions professionnelles, aux affaires publiques locales, résolution des problèmes, incarnation de l'entreprise (*symbole, agent de liaison, régulateur*).

On peut en conclure que les rôles interpersonnels — *symbole, agent de liaison, leader* — paraissent être les plus importants pour le responsable opérationnel des ventes. Son orientation est interpersonnelle, il se préoccupe des personnes et des contacts.

Les responsables fonctionnels. Les responsables fonctionnels, ceux qui ont la responsabilité d'unités dont la fonction est spécialisée et technocratique, apparaissent comme un troisième groupe, distinct des deux premiers. Nous pensons ici à ceux qui dirigent des groupes de comptables, de planificateurs, d'ingénieurs méthodes, de spécialistes du personnel, de relations sociales, de chercheurs, de travailleurs sociaux, et d'autres fonctionnels. Toutes les données suggèrent que ces cadres passent plus de temps seuls (ils sont «relativement solitaires» pour reprendre l'expression de Rosemary Stewart», qu'ils sont plus impliqués dans la paperasse, ont moins que les autres un travail varié et fragmenté, passent plus de temps à conseiller des personnes avec lesquelles ils n'ont pas de relation hiérarchique, et consacrent un temps considérable à la fonction spécialisée de leur unité (14).

---

(13) Davis fait ce commentaire : «Qu'on le veuille ou non, de nombreux responsables des ventes consacrent beaucoup de temps à vendre par eux-mêmes; ce temps doit donc être inclus dans tout inventaire des activités des cadres» (p. 35).

(14) Les données établissant ce point viennent de Stewart (1967), Stogdill, Shartle et al (1956), Hemphill (1959, 1960). Shartle (1956), Chapple et Sayles (1960), etc.

En général ces cadres ont à la fois un rôle d'encadrement et un rôle d'expert. Chacun est responsable d'une unité d'organisation, mais chacun est aussi un fonctionnel. Il passe donc un temps considérable seul au bureau impliqué dans un travail analytique, et en consultation avec les «clients» de son unité.

Il faut *être* un expert pour *gérer* des experts. Les personnes qui constituent l'environnement s'attendent à ce que le responsable d'une équipe de spécialistes incarne l'expertise de son unité, et les subordonnés s'attendent à ce que leur leader soit à leur tête aussi dans le domaine technique. D'où le rôle *d'expert*, dont nous avons discuté au chapitre 4 comme partie du rôle de *porte-parole*; rôle mérite une mention spéciale dans le cas des responsables fonctionnels. Comme le note Shartle (1956):

> «Le conseil de caractère professionnel est une activité qui peut paraître ne pas avoir sa place dans la liste (des quinze activités des cadres). Cependant beaucoup de cadres dirigeants ont une formation professionnelle dans des domaines comme le droit, la comptabilité, l'enseignement, les sciences, ou les arts de l'ingénieur. Dans leur travail quotidien ils sont parfois amenés à agir comme professionnels. Un cadre opérationnel peut être de formation un spécialiste de comptabilité des coûts, et peut être amené à donner son avis dans ce domaine parce qu'il a cette qualification particulière. Parce qu'il intervient souvent dans ce domaine, ceci devient une partie importante de son activité (p. 85).»

De plus, les rôles de traitement de l'information nous paraissent particulièrement importants pour les responsables fonctionnels. Ils doivent servir de «centres nerveux» très élaborés pour un type spécialisé d'information, qu'ils ont à diffuser à leurs subordonnés et à d'autres personnes. Aguilar (1967), dans son analyse des sources externes d'information des cadres, explique cette orientation de la façon suivante:

> «En ce qui concerne les *spécialistes* technique et professionnels, l'importance relativement forte qu'ont pour eux les transferts horizontaux, plutôt que verticaux, d'information, peut s'expliquer en partie par le nombre (faible si on le compare à celui des cadres fonctionnels) de subordonnés placés sous leur responsabilité. On peut aussi faire l'hypothèse selon laquelle ces spécialistes ont tendance à agir plus comme écran que comme source dans la transmission d'informations externes à la direction générale (p. 74).»

Ainsi, les rôles *d'observateur actif* et de *porte-parole* apparaissent-ils, avec celui *d'expert*, comme les plus importants pour les responsables fonctionnels.

Il y a également des données qui indiquent que les rôles liés au contact externe — *agent de liaison et négociateur* — ont aussi un relief particulier. Rosemary Stewart (1967) note que «les postes qui impliquent un service rendu aux collègues sous-entendent aussi un contact plus étroit avec les collègues en question» (p 62). Et elle ajoute:

> Les postes fonctionnels ont souvent une palette plus étendue de contacts. Le succès dans ces postes peut dépendre, dans une large mesure, de la capacité qu'a la personne qui occupe le poste d'influencer et de convaincre un nombre important de personnes (p 68).

Les rôles de *symbole*, de *leader*, de *régulateur* et de *répartiteur de ressources* paraissent être moins importants pour les responsables fonctionnels dans la mesure où leur autorité formelle ne s'exerce pas au-delà d'un groupe restreint de spécialistes. Rosemary Stewart le remarque «Ce sont les cadres de l'usine qui ont besoin d'un «eurosignal», pas ceux de finance ou d'administration» (p 83).

En résumé de cette section, il apparaît clairement que le travail du cadre varie lorsque changent le niveau hiérarchique et la fonction. Les rôles décisionnels sont importants pour les cadres de production, les rôles interpersonnels pour les cadres commerciaux et les rôles liés à l'information pour les responsables fonctionnels.

La personne dans le poste

Dans cette section nous considérons l'environnement du poste et le poste lui-même comme déterminés et nous regardons celui qui occupe le poste. Les données montrent que ses valeurs, sa personnalité et son style contribuent à déterminer le travail qu'il fait.

Deux brèves études réalisées sous ma supervision nous apportent pour commencer quelques éléments de comparaison. Dans l'une d'elles, on observe que le directeur général d'une agence immobilière de taille moyenne préférait les contacts externes et appréciait peu d'entrer dans le détail des opérations. Ses activités étaient dans une large mesure décrites par les rôles *d'agent de liaison*, de *symbole*, et de *porte-parole*. Il laissait à ses subordonnés — en particulier à un vice-président — nombre des activités de *leader* et de *régulateur*. Dans une autre étude, concernant l'équipe de direction d'un établissement de convalescence, le directeur général (c'était une femme) apparaissait comme fermement aux commandes mais, peut-être parce que l'environnement était d'expression française et qu'elle était italienne, la plus grande partie de ses rôles *d'agent de liaison* et de *porte-parole* étaient délégués à un de ses assistants.

Une telle répartition des rôles a été observée dans de nombreuses petites entreprises composées de deux partenaires: l'un s'occupait des problèmes internes, de production («l'homme d'intérieur») et l'autre des contacts extérieurs et de la vente («l'homme d'extérieur»). Shartle (1956) a observé le même phénomène pour les cadres et les assistants:

> Quand on comparait la structure d'activité des sept cadres à celle de leurs principaux assistants, on voyait que le chef qui passait le plus de temps en relations publiques avait pour assistant celui qui consacrait à cette activité le moins de temps parmi les sept; et le chef qui passait le moins de temps en relations publiques avait pour assistant celui qui consacrait le plus de temps à cette activité (p 88).

On trouve, dans l'étude qu'a fait Choran (1969) sur les PDG de petites entreprises, d'autres données sur l'influence des préférences personnelles et du style. L'un de ces hommes conduisait ses affaires d'une façon plus formelle que les autres: moins de contacts informels, des contacts formels plus longs. Un autre consacrait beaucoup de son attention à obtenir des informations (rôle d'*observateur actif*). Le PDG d'une entreprise de restauration choisissait de s'orienter vers les rôles d'*agent de liaison* et d'*entrepreneur* : sa façon préférée de travailler le conduisait à avoir des activités particulièrement brèves et informelles, beaucoup d'entre elles avec des clients.

Ces quelques données éparses nous suggèrent qu'il serait possible d'apprendre beaucoup de choses intéressantes en étudiant l'effet de la personnalité et du style de la personne sur le travail effectué. Malheureusement nous n'avons dans ce domaine que peu d'informations. Beaucoup d'études ont été faites sur le style de management, mais dans une vaste majorité des cas elles n'ont fait que simplement comparer les styles autocratique et participatif. Dans la plupart des cas aucune attention n'a été accordée à l'influence du style sur le travail ; beaucoup de chercheurs ont plutôt essayé de relier directement le style et l'efficacité de la gestion. Dans un domaine, cependant, nous avons quelques éléments sur l'influence de la personnalité et du style sur le travail. C'est vers celui-là que nous nous tournons maintenant.

La répartition des rôles dans les équipes de direction.

Nous avons déjà vu les données qui existent sur le partage informel de poste : un PDG s'occupe pour une large part des questions externes tandis que son adjoint s'occupe des questions internes. Dans les gouvernements, on trouve fréquemment la même relation, établie sur une base plus formelle, entre ministre et secrétaire d'état. De plus, la direction collégiale gagne du terrain. La troïka soviétique et le directoire d'entreprise en sont des exemples.

La répartition des rôles paraît surgir de façon naturelle et informelle dans les organisations formelles, particulièrement au niveau de la direction générale : un poste d'encadrement (la tâche qui consiste à gérer une seule organisation) est réparti entre deux cadres ou plus. L'un gravite autour de certains rôles à cause de sa personnalité et de ses centres d'intérêt, laissant aux autres le reste de ce qui est par essence un poste unique. Hodgson, Levinson et Zaleznik décrivent ce type de situation, et qualifient le regroupement de cadres de «constellation de rôles de direction» :

> Les rôles de direction dans l'organisation ont tendance à se spécialiser, à se centrer sur l'accomplissement de certaines tâches et sur l'expression de certaines émotions. La spécialisation de rôle paraît avoir des racines profondes dans la personnalité des cadres dirigeants, et des conséquences importantes sur leur comportement dans l'organisation. Au sein du groupe de direction générale coexistaient plusieurs rôles spécialisés différents les uns des autres et maintenant dans leur ensemble une complémentarité. Ils formaient ce que nous avons appelé une *constellation des rôles de direction* (1965, p. 477).

Bien que l'hôpital psychiatrique étudié par ces chercheurs ait eu un directeur général, ce dernier était en fait spécialisé et partageait sa tâche avec deux de ses adjoints, tant en ce qui concernait le contenu du travail que son environnement émotionnel. Le directeur reliait l'organisation à son environnement (rôles d'*agent de liaison*, de *symbole*, de *porte-parole*, de *négociateur*) ; il était sûr de lui et il avait vis-à-vis des autres une relation de contrôle. Le directeur clinique faisait fonctionner les services internes (rôles de *diffuseur,* de *régulateur,* de *répartiteur de ressources*) et avait vis-à-vis des autres une relation de support (rôle de *leader*); le directeur adjoint s'occupait des innovations non routinières (rôle d'*entrepreneur*) et avait vis-à-vis des autres une relation reflétant les normes d'amitié et d'égalité (une autre approche du rôle de *leader*). Les chercheurs suggèrent que les groupes de trois sont très instables parce que le troisième est toujours entre les deux autres. Ils pensent que le groupe de deux est plus stable qu'il s'agisse d'égaux (des associés) ou d'un groupe supérieur-subordonné.

Les données présentées jusqu'ici concernent surtout la répartition interne/externe; il existe également des données qui, comme celles que nous avons présentées ci-dessus, suggèrent une division tâche/relations.

> Bales conclut que le groupe élève aux positions de leadership deux types complémentaires de leaders: un «spécialiste de la tâche» et un «spécialiste social-émotionnel». Le spécialiste de la tâche est choisi parce qu'il est le guide le plus actif de la discussion. Il se concentre sur la tâche du groupe, et joue un rôle agressif dans le mouvement du groupe vers la solution. Il a donc tendance à susciter l'hostilité et à ne pas être aimé. Concurremment, un autre homme émerge comme leader. Choisi parce qu'il est très aimé, il est le «spécialiste social-émotionnel» qui se préoccupe de régler les problèmes sociaux et émotionnels du groupe, de résoudre les tensions et les conflits de façon à maintenir l'unité (Krecht, Crutchfield, et Ballachey, 1962, p 433).

Dans un article intitulé «Le concept de co-encadrement», John Senger (1971) nous fournit des données sur la réalité pratique de cet arrangement: «Une étude portant sur des officiers de marine ayant servi dans 312 commandements au cours de leurs carrières, a révélé que dans 60 % des cas les fonctions liées à la tâche et aux aspects sociaux étaient divisées entre l'officier principal et l'officier en second» (p 79).

Stieglitz (1969) traite de la répartition des rôles d'une façon pragmatique. Il décrit quatre variations de ce que peut être «un doublet au sommet»; nous les présentons dans la figure 12 page 134.

Stieglits discute aussi du «bureau de direction», une formalisation du «comité de direction» ou du «cabinet». Dans un modèle, un comité de «directeurs généraux associés» est composé du directeur général et d'un nombre réduit de subordonnés clefs qui gardent leur position de responsables opérationnels ou fonctionnels. Un second modèle dégage ces cadres de responsabilités individuelles, laissant au «bureau» la direction de l'organisation. De tels arrangements, pour Stieglitz, équivalent à reconnaître les difficultés qu'une personne rencontre pour assumer seule la charge d'une entreprise complexe; mais ils peuvent aussi conduire à la confusion et à l'ambiguïté. Mais il pense qu'il existe des cas où ils peuvent être justifiés: quand il faut former de nouveaux cadres de direction générale ou quand les organisations sont face à des environnements complexes ou des relations externes exigeantes.

Pour terminer cette section consacrée aux équipes de direction et à la répartition des rôles, il faut rappeler qu'au chapitre 4 nous avons insisté sur le fait que les dix rôles forment un «gestalt». L'autorité formelle permet au cadre de jouer

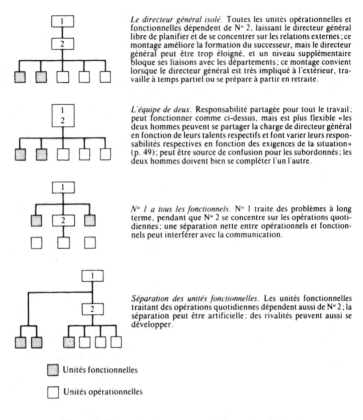

Le directeur général isolé. Toutes les unités opérationnelles et fonctionnelles dépendent de N° 2, laissant le directeur général libre de planifier et de se concentrer sur les relations externes; ce montage améliore la formation du successeur, mais le directeur général peut être trop éloigné, et un niveau supplémentaire bloque ses liaisons avec les départements; ce montage convient lorsque le directeur général est très impliqué à l'extérieur, travaille à temps partiel ou se prépare à partir en retraite.

L'équipe de deux. Responsabilité partagée pour tout le travail; peut fonctionner comme ci-dessus, mais est plus flexible «les deux hommes peuvent se partager la charge de directeur général en fonction de leurs talents respectifs et font varier leurs responsabilités respectives en fonction des exigences de la situation» (p. 49); peut être source de confusion pour les subordonnés; les deux hommes doivent bien se compléter l'un l'autre.

N° 1 a tous les fonctionnels. N° 1 traite des problèmes à long terme, pendant que N° 2 se concentre sur les opérations quotidiennes; une séparation nette entre opérationnels et fonctionnels peut interférer avec la communication.

Séparation des unités fonctionnelles. Les unités fonctionnelles traitant des opérations quotidiennes dépendent aussi de N° 2; la séparation peut être artificielle; des rivalités peuvent aussi se développer.

▨ Unités fonctionnelles

☐ Unités opérationnelles

Figure 12 - Quatre structures permettant le partage du travail

les rôles de *leader* et *d'agent de liaison,* et ceux-ci lui apportent l'information cruciale qui irrigue le centre nerveux et qui est indispensable pour tenir efficacement les rôles liés à l'information et à la décision. Ainsi, les rôles ne peuvent être répartis efficacement que si l'information peut être partagée efficacement. Mais c'est souvent difficile, parce qu'il y a une proportion importante d'information verbale, et parce que les cadres font face à des contraintes de temps sévères. On doit donc conclure que le partage des rôles est une des choses les plus difficile qui soient, parce que son succès dépend pour une large part de la capacité des participants à partager l'information (je reviendrai sur ce point au chapitre 7).

En résumé, les données dont nous disposons sur le partage des rôles sont utiles pour comprendre comment les variables de style et de personnalité influencent le travail. Mais il faudrait dans ce domaine plus de données directes (15).

L'EVOLUTION DU POSTE AU FIL DU TEMPS

Une personne donnée dans un poste donné ne fait pas toujours le même travail. Ce dernier varie en fonction de nombre de facteurs liés à la situation, par exemple le processus budgétaire annuel, les programmes périodiques d'expansion ou les périodes majeures de crise. En outre, à mesure que les cadres accumulent de l'expérience dans leurs postes, ils modifient leurs habitudes de travail; et, à mesure qu'évoluent l'époque et les normes sociales, le travail du cadre doit aussi changer. La variété des facteurs liés au temps et qui influencent le travail du cadre sera discutée sous cinq têtes de chapitre: les structures périodiques, le cycle changement-stabilité, la période de menace, la nouvelle structure du poste et les évolutions sociétales.

Les structures périodiques

Au chapitre 3, nous avons noté que lorsqu'on fait l'analyse des activités des directeurs généraux de mon étude, aucune structure importante de court-terme n'apparaît. Les matins ne paraissent pas être différents des après-midis, ni certains jours de la semaine différents des autres. Un exemple de structure annuelle, cependant, est apparu: la fin de l'année, pour le proviseur, était marquée par une grande importance des fonctions sociales — c'est-à-dire des activités liées au rôle de *symbole* — et par la réception d'un volume faible de courrier.

Rosemary Stewart (1967) est celle qui dans ce domaine a collecté le plus de données, mais de son propre avis pas suffisamment, cependant, pour détecter certaines structures de périodicité; elle nous fait part des observations complémentaires qui suivent:

> «La plupart des postes ont quelques éléments de répétition. Certains, par exemple dans le journalisme, ont une structure cyclique précise. Peu de postes d'encadrement ont un cycle journalier, bien que certaines activités, comme l'inspection, reviennent journellement. Il existe un nombre plus important de postes qui ont un cycle mensuel ou saisonnier. Les cadres qui occupent ce type de poste répartiront leur temps de façons différentes à différentes périodes du cycle (p. 99).»

---

(15) Pour accomplir de réel progrès dans le domaine de l'étude de l'efficacité de différents styles d'encadrement (et on espère qu'à l'avenir ces styles seront décrits à l'aide de plus d'une dimension, comme la dimension autocratie-participation), il est possible que nous ayons à traiter des comportements comme variables intermédiaires. Ponder (1958) a fait une étude de ce type, dans laquelle il a utilisé l'observation structurée pour comparer le travail des agents de maîtrise efficaces et inefficaces. Les premiers avaient «significativement moins d'activités et de contacts différents» (200 contre 270); ils passaient moitié moins de temps sur des questions liées à la production et deux fois plus de temps sur l'administration du personnel; ils passaient plus de temps avec les gens en général (56% contre 45%), spécialement avec les fonctionnels et les membres du département du personnel 32% contre 20%); ils consacraient en moyenne plus de temps à rechercher des informations, plus de temps à en donner lorsqu'on leur en demandait, et plus de temps en communication non directive (Ponder ne fournit pas de données sur ces quatre dernières conclusions).

Le travail de Mademoiselle Stewart contient un certain nombre d'exemples de cadres dont le travail est soumis à variations périodiques. Elle cite le cas du responsable d'un service comptable qui élaborait un rapport chaque mois. Son cycle mensuel de travail comportait «une période d'activité très forte en équipe dans la dernière semaine (avant la date prévue pour la remise du rapport) et du temps pour travailler par lui-même dans la première semaine» (p. 42). Un autre cadre, dans une petite entreprise, rendait visite aux vendeurs et aux clients toutes les six semaines et travaillait seul le reste du temps;le directeur d'une brasserie avait un travail plus marqué par la fragmentation au cours de l'été: lors de la pointe de production, la pression était importante et des changements intervenaient toutes les heures. Il est clair que certains cadres mettent l'accent sur des rôles différents à des époques différentes du mois ou de l'année.

Le cycle changement-stabilité

Dans son livre sur *«Le comportement des Cadres»*, Léonard Sayles fait remarquer que les cadres doivent obtenir dans leur organisation un équilibre entre le changement et la stabilité. Ils peuvent sans doute y parvenir de deux façons: soit en changeant peu de choses à la fois et en laissant le reste constant, soit en alternant des périodes intenses de changement avec des périodes de consolidation et de stabilité. Cette dernière approche conduit, bien entendu, à des variations cycliques dans le travail du cadre. L'un des directeurs généraux de mon étude était, au moment de l'observation, en train de conduire son organisation dans un programme important d'acquisitions. Il était, par conséquent, fortement impliqué dans les activités associées aux rôles *d'entrepreneur* et de *négociateur;* il consacrait presque la moitié de ses contacts à des fournisseurs et des associés. On peut supposer qu'une fois le programme terminé, ce directeur général accordera plus de temps aux rôles de *leader* et de *régulateur* à mesure que lui et ses subordonnés s'efforceront d'asseoir leur contrôle dans les entreprises nouvellement acquises.

Il est probable que cette structure cyclique — des périodes «entrepreneur» suivies de périodes «leader» — existe à tous les niveaux de l'encadrement, même si l'initiative du changement vient du sommet. Katz et Kahn citent Mann, qui suggère que les résultats d'un changement au sommet

> se déplacent comme une vague à travers l'organisation; ils commencent au sommet et diffusent rapidement vers le bas à mesure que les cadres dirigeants formulent les changements majeurs d'objectifs et de politiques, puis s'attendent à ce que les échelons suivants fassent les changements complémentaires qui créeront un nouvel état d'équilibre organisationnel (1966, p. 331).

Un autre aspect du cycle changement-stabilité dans le travail du cadre peut être observé lorsque l'organisation sort de sa période constitutive. Filley et House (1969), parmi d'autres, ont discuté des étapes de la croissance des organisations, faisant de la distinction entre l'étape «entrepreneuriale» (la croissance est rapide, des décisions importantes sont prises facilement) et l'étape administrative (des cadres «professionnels» prennent des décisions plus calculées avec plus de précautions). L'entrepreneur qui crée une entreprise commence sans structure préétablie — la plupart de ce qu'il fait est de l'innovation. Mais à chaque fois qu'il prend une décision, il réduit la flexibilité de son organisation, jusqu'à l'émergence d'une étape dans laquelle les structures établies dominent. Là où les rôles d'*entrepreneur* et de *négociateur* prévalaient, on a maintenant une importance accrue des rôles de *leader* et de *régulateur*.

La période de menace

Beaucoup des perturbations affectant l'organisation sont d'importance mineure, et, bien qu'elles puissent entraîner un réaménagement des activités, elles peuvent être traitées rapidement sans perturbations majeure du flux normal de travail. Dans certains cas, cependant, l'organisation fait face à une forte perturbation et le cadre doit modifier son comportement pour une période de temps substantielle. Dans son étude expérimentale, Hamblin (1958) a trouvé que les gens étaient prêts, en temps de crise, à laisser leur leader avoir sur eux plus d'influence. On trouve un exemple clair de ce phénomène dans l'organisation militaire. En temps de paix, un général a le temps et le loisir d'avoir des activités rattachées aux rôles de *symbole,* de *porte-parole,* et d'*entrepreneur :* passer les troupes en revue, prononcer des discours, améliorer le système dans son ensemble. En temps de guerre, son horizon temporel se raccourcit considérablement, et les rôles de *leader* et de *régulateur* émergent sans aucun doute comme ceux qui sont cruciaux.

Après une période de menace forte, on s'attendrait à trouver une période de récupération. Les liens avec l'environnement sont renouvelés (rôles de *liaison* et de *porte-parole*); les ressources sont remplacées (rôle de *répartiteur de ressources*).

La nouvelle structure de poste

L'expérience est un facteur qui a un effet intéressant sur le travail du cadre. Il existe des données nous indiquant que les cadres adoptent de nouvelles structures de comportement à mesure qu'ils acquièrent de l'expérience. D'abord, celui qui est nouveau dans son poste n'a pas les contacts et l'information qui lui permettraient de jouer efficacement les rôles de *porte-parole* et de *diffuseur*. On s'attendrait par conséquent à ce qu'il passe une bonne partie de son temps à développer ces contacts et à rassembler de l'information (rôles d'*agent de liaison* et d'*observateur actif*). Rosemary Stewart a trouvé que «les cadres qui viennent de prendre leur poste passent généralement plus de temps avec leur patron» (1967, p. 60). Aguilar a comparé le comportement de recherche d'information de cadres nouvellement nommés et de cadres expérimentés; il a trouvé que les premiers prenaient plus appui sur les publications et sur les informations envoyées par des personnes extérieures pour leur propre intérêt (plutôt que pour l'intérêt des cadres destinataires de ces informations).

> «On peut donc conclure qu'une des raisons pour lesquelles les cadres dépourvus d'expérience reçoivent une proportion si élevée d'information qu'ils n'ont pas demandée et qui n'est pas conçue pour leur bénéfice, réside dans les insuffisances de leur propre réseau de communications (Aguilar, 1967, pp. 11-112).»

A mesure que son information et ses contacts se développent, mais alors qu'il est encore très nouveau dans son poste, l'attention du cadre glisse probablement vers le rôle d'entrepreneur; parce qu'il est nouveau, il est sensible à ce qui doit être amélioré, et désireux d'imprimer sa marque sur son organisation. Ceci fait, il pourra se stabiliser et évoluer vers un travail qui fait une part plus équilibrée aux dix rôles. On pourra alors dire qu'il est «expérimenté» dans le poste.

Une question liée à la précédente mérite qu'on s'y arrête un instant : on peut l'appeler «le syndrome du nouveau cadre». D'après mon expérience (sans qu'il y ait à ce propos d'observations scientifiques), certaines personnes qui assument pour la première fois des responsabilités d'encadrement ont au départ une répulsion pour le poste. Ceci paraît être particulièrement courant chez ceux qui viennent de postes où l'on se concentre sur une seule question, comme ceux de professeur d'université ou de spécialiste fonctionnel dans une entreprise. Ils n'apprécient pas dans le travail les nouvelles caractéristiques de variété, de discontinuité et de brièveté; ils ont horreur des interruptions fréquentes; ils trouvent difficile de s'adapter au rythme; et ils sont peu habitués à s'occuper essentiellement de questions actuelles et spécifiques. Ils aspirent à plus de temps pour lire et pour approfondir les questions et haïssent d'avoir à prendre des décisions sur la base d'une compréhension superficielle. Les décisions s'entassent sur leur bureau à mesure qu'ils essayent de prendre chacune d'elles avec soin. L'organisation finit par ralentir et la pression qui s'exerce sur le cadre pour l'amener à décider monte. Ou il apprend à agir sur la base d'un savoir superficiel, ou il retourne au poste qu'il avait auparavant.

Les évolutions sociétales

Le dernier ensemble de facteurs qui affectent le travail de tous les cadres, lentement mais de façon permanente, est l'évolution des valeurs dans la société. A mesure que les normes changent, les cadres doivent varier leur comportement. Deux tendances paraissent évidentes. D'abord, le mouvement vers la démocratisation interne dans les organisations. Les cadres devront probablement être de plus en plus sensibles aux besoins personnels de leurs subordonnés (jusqu'à ce que, sans doute, le mot «subordonné» cesse d'avoir un sens). Une conséquence de cette tendance sera de donner plus de poids au rôle de leader. Dans un environnement autocratique le leadership a relativement peu d'importance : il suffit de donner des ordres. A mesure que l'autocratie devient moins acceptable, il faut accorder plus d'attention aux contacts interpersonnels avec les subordonnés pour des raisons autres que celles liées à la production.

Une seconde tendance est celle qui va vers une taille et une complexité plus importante du système de pouvoir qui contrôle les organisations. Là où les administrateurs contrôlaient les hôpitaux et les universités, là ou les propriétaires avaient la maîtrise des entreprises, nous voyons aujourd'hui les salariés, les étudiants, les organismes gouvernementaux, les syndicats et d'autres groupes de pression exiger du pouvoir sur les décisions de politique générale. Le directeur général, à l'interface entre l'environnement et l'organisation, doit faire face à cette coalition d'intérêts complexe (16). Il doit être préparé à passer plus de temps avec ces groupes : il en résulte que les rôles de *symbole, d'agent de liaison,* de *porte-parole*, et de *négociateur* prennent de plus en plus d'importance dans son travail.

Les facteurs liés à la situation et à l'époque sont nombreux et variés; ils influencent le travail du cadre de multiples façons différentes. Tout ce qu'il a été possible de faire ici c'est de citer un certain nombre d'exemples illustrant l'effet de ces facteurs.

HUIT TYPES DE POSTE D'ENCADREMENT

Ce chapitre a présenté un ensemble de découvertes plutôt diverses sur le travail du cadre. Il se peut cependant qu'il y ait dans cet ensemble des regroupements tels qu'il soit possible de rendre compte de la plupart des variations à l'aide d'un nombre limité de types de postes d'encadrement. Notre analyse nous suggère huit de ces types. Nous les présentons ci-dessous en croyant que l'étude de tels regroupements est peut-être la meilleure façon d'aboutir dans ce domaine à une théorie utilisable. Trois de ces styles ressemblent beaucoup à trois des cinq profils de poste de Rosemary Stewart (1967). A chaque type de poste sont associés un ou plusieurs rôles-clefs, comme l'indique le tableau 5.

Tableau 5. Huit types de postes de cadres

Type de poste	Rôles clef
Homme de contact	Agent de liaison, symbole
Cadre politique	Porte-parole, négociateur
Entrepreneur	Entrepreneur, négociateur
Cadre interne	Répartiteur de ressources
Cadre en temps réel	Régulateur
Cadre équipier	Leader
Cadre expert	Observateur actif, porte-parole
Cadre nouvellement nommé	Agent de liaison, observateur

L'homme de contact. Certains cadres passent la plupart de leur temps hors de leur organisation, en contact avec des gens qui peuvent les aider en leur passant des commandes, en leur apportant des informations privilégiées, en leur faisant des faveurs, etc. De plus, ce type de cadre consacre beaucoup d'efforts à développer sa réputation et celle de son organisation en prononçant des discours ou en faisant lui-même des faveurs à d'autres. On peut l'appeler «homme de contact», et noter la similarité avec les «émissaires» de Rosemary Stewart. Les deux rôles les plus importants pour l'homme de contact sont ceux *d'agent de liaison* et de *symbole.* Beaucoup de responsables des ventes correspondent à

---

(16) Cyert et March (1963) et Lindblom (1965) présentent des théories qui rendent compte de la façon dont il s'y prend pour y parvenir.

cette description, ainsi que beaucoup d'anciens officiers supérieurs qui occupent des postes de direction dans des entreprises ayant dès contacts avec l'armée.

Certains directeurs généraux ont tendance à correspondre à cette description, en particulier dans le secteur des services (17).

Le cadre politique. Il existe un autre type de cadre qui passe aussi une bonne partie de son temps avec des personnes extérieures à l'organisation, mais pour des raisons différentes. C'est le cas du cadre pris dans une position complexe où il lui est demandé de concilier un grand nombre de forces politiques diverses pesant sur son organisation. Ce cadre doit passer une bonne partie de son temps en activités formelles, rencontrant régulièrement les membres du conseil d'administration ou le patron, recevant des groupes de pression et négociant avec eux, expliquant les actions de son organisation à des groupes intéressés. Ses rôles sont ceux de *porte-parole* et de *négociateur.* Cette description est probablement typique de nombreux cadres placés au sommet de leur organisation, dans le cas des organismes gouvernementaux, des hôpitaux, universités et autres institutions, là où la pression politique qui vient du bas est aussi importante que celle qui vient du dehors. Le fait qu'il y ait de plus en plus de forces pesant sur toutes les organisations (comme l'attestent par exemple les attaques de Ralph Nader contre diverses entreprises) nous suggère qu'il y aura de plus en plus de cadres politiques parmi les directeurs généraux d'organisations, publiques comme privées. De plus, on peut trouver quelque chose qui ressemble au cadre politique aux niveaux intermédiaires de certaines grandes organisations. De tels cadres peuvent avoir besoin de consacrer un temps considérable à la politique organisationnelle quand les devoirs de leurs unités sont vagues (de telles sorte que personne ne peut savoir avec certitude quel est leur niveau d'efficacité), quand il y a assez de jeu dans les rouages du système pour permettre une telle activité politique et quand le climat de l'organisation les y incite.

L'entrepreneur. Un troisième type de cadre passe une bonne partie de son temps à rechercher des opportunités et à mettre en œuvre des changements dans son organisation. Son rôle-clef est celui *d'entrepreneur,* mais il doit également passer un temps considérable à assumer le rôle de négociateur, pour la mise en œuvre des changements. On le trouve d'habitude à la tête d'une entreprise petite et jeune, où l'innovation est la clef du succès. On peut aussi le voir (à la tête ou pas) d'une grande organisation qui est en changement rapide. Mais il n'est là que pour peu de temps. Une grande organisation ne peut tolérer des changements importants que pour une courte période, avant qu'intervienne une période de consolidation. Il est alors probable que l'entrepreneur devienne un un «cadre interne» type de poste décrit ci-dessous.

---

(17) On peut aussi mentionner un autre type : le «symbole». Ces individus servent dans une certaine mesure à la même chose, mais seulement en ce qu'ils assurent la promotion de leurs organisations par des activités liées au rôle de *symbole.* Le monarque ou le chef formel de l'Etat dans de nombreuses républiques est une personne de ce type. Malgré leurs titres, ces personnes ne sont pas des cadres car ils n'ont la responsabilité d'aucune partie de l'organisation.

Le cadre interne. Beaucoup de cadres se préoccupent principalement du fonctionnement régulier des opérations internes. Ils passent leur temps à créer la structure, à assurer la formation et le développement professionnel de leurs subordonnés et à superviser les opérations qu'ils développent. Ils travaillent essentiellement au moyen des rôles de *répartiteur de ressources* et, dans une moindre mesure, de *leader.* Le cadre moyen et le cadre supérieur de production sont probablement des cadres internes dans la mesure où ils essayent de construire et d'entretenir un système de production stable. Nous avons vu plus haut que lorsque deux cadres se répartissent les rôles, on a souvent l'un qui est homme de contact, et le numéro deux qui est cadre interne.

On peut aussi ranger dans cette catégorie le cadre qui essaie de reconstruire son organisation après une crise majeure, ou de la stabiliser après une période de changement perturbatrice.

Le cadre en temps-réel. Proche du cadre interne, on trouve un autre type de cadre dont la préoccupation essentielle est aussi la maintenance des opérations internes, mais dont les problèmes et l'horizon temps sont différents. On peut appeler *cadre en temps réel* (Rosemary Stewart utilise l'expression «chasseur de problèmes) cette personne qui fonctionne essentiellement au présent, consacrant ses efforts à faire en sorte que le travail quotidien de son organisation s'effectue sans interruption. Le rôle principal est donc ici celui de *régulateur.* Le travail du cadre en temps réel possède à l'extrême toutes les caractéristiques du travail du cadre: il est très fragmenté, les contacts sont très nombreux et très brefs, peu de temps est consacré au courrier et aux rapports. Ce cadre paraît toujours surchargé de travail, il est partout à la fois, prêt à remplacer n'importe quel salarié, prêt à faire tout travail qui s'avère nécessaire. On trouve généralement le cadre en temps réel dans les postes de production opérationnels de base (agent de maîtrise), à la tête d'une petite entreprise dont il représente à lui seul tout l'encadrement, à la barre d'une organisation qui fait face à une crise sévère, et, en général, dans toute organisation (ou unité d'organisation) opérant dans un environnement dynamique, concurrentiel et de haute pression.

Le cadre équipier. Il existe un autre type de cadre qui est orienté vers l'intérieur, mais avec une préoccupation particulière. Son souci est la création d'une équipe qui fonctionnera efficacement comme une entité unique. On trouve le cadre «équipier» là où le fonctionnement de l'organisation requiert une coordination difficile entre experts de haut niveau. Comme exemples évidents on peut citer entraîneurs d'équipes sportives et les chefs de groupes de recherche et développement qui ont la responsabilité de projets complexes. Le rôle essentiel du cadre «équipier» est celui de *leader.*

Le cadre expert. Dans certaines situations le cadre doit assumer, en plus des rôles habituels d'encadrement, le rôle d'expert. En tant que responsable d'un groupe fonctionnel, il doit servir de centre d'information spécialisée pour l'organisation dans son ensemble. Il conseille les autres cadres et on le consulte sur des problèmes spécialisés. Ses rôles-clefs sont ceux *d'observateur actif* et de *porte-parole,* et les devoirs qui y sont associés comportent la collecte et la dissémination, à l'extérieur, d'information spécialisée. Comme une partie importante de son travail est liée à sa fonction spécialisée, les caractéristiques habituelles du travail du cadre sont moins prononcées pour lui, bien que néanmoins présentes. Il se tient plus dans son bureau, il est plus de temps seul, il lit et écrit plus, il a des activités moins variées et moins fragmentées, agit sous une pression moindre. Il passe plus de temps en relations non hiérarchiques: conseillant les autres par exemple. Rosemary Stewart appelle les membres de ce groupes «les écrivains»; nous les appelons «les cadres experts.»

Le cadre nouvellement nommé. Notre dernier type de cadre est celui qui occupe un nouveau poste. Comme au début il n'a ni les contacts ni les informations, le cadre nouvellement nommé se concentre sur les rôles d'*agent de liaison* et d'*observateur actif* pour tenter de construire un réseau de contacts et une base de données. Les rôles liés à la décision ne peuvent devenir opérationnels que lorsqu'ils possède plus d'information. Quand c'est le cas, il est probable qu'il mettre l'accent pendant un temps sur le rôle d'*entrepreneur,* à mesure qu'il essaye d'apposer sa marque distinctive sur son organisation. Lorsqu'il l'a fait, il peut évoluer et se stabiliser à un autre type: homme de contact, cadre interne ou autre.

PROPOSITIONS SUR LES VARIATIONS EXISTANT ENTRE POSTES D'ENCADREMENT

1. Les variations du contenu et des caractéristiques du travail des cadres peuvent être expliquées à l'aide d'une théorie de la contingence qui fait intervenir quatre ensembles de variables: des variables d'environnement (caractéristiques du milieu, de la branche d'activité, de l'organisation, etc.), des variables liées au poste (le niveau hiérarchique, la fonction, etc.), des variables liées à la personne (la personnalité, le style, etc.) et des variables relatives à la situation, comprenant, elles, un grand nombre de facteurs liés au temps.

2. Le niveau hiérarchique et la fonction supervisée paraissent avoir sur le travail du cadre plus d'influence qu'aucune autre variable.

3. Plus l'environnement de son organisation est dynamique (concurrence, taux de changement, croissance, pression de la production), plus le cadre passe de temps en communication verbale, plus son travail est varié et fragmenté, et plus il a une orientation marquée vers l'action et vers les communications verbales.

4. Comparés aux cadres des organisations privées, les cadres dirigeants d'organisations publiques et d'institutions passent plus de temps en activités formelles (des réunions programmées et minutées, par exemple), et plus de temps à rencontrer les membres du conseil d'administration et des personnes appartenant à des groupes extérieurs à l'organisation. Les cadres dirigeants des organisations de service consacrent plus de temps au rôle d'*agent de liaison* que leurs homologues des organisations de production.

5. Plus l'organisation dans son ensemble est grande, plus le cadre dirigeant passe de temps en communication formelle (mémos, réunions programmées), moins ses activités sont brèves et fragmentées, plus il a de contacts externes, plus son réseau de communication formelle est développé (en particulier le courrier), plus il est impliqué dans des activités extérieures à l'entreprise (cérémonies, participation aux travaux d'autres conseils d'administration), moins il passe de temps à remplacer des subordonnés. Les cadres de petites entreprises consacrent plus de temps aux rôles de *spécialistes* et d'*opérateur remplaçant*.

6. Plus le cadre a un niveau élevé dans la hiérarchie, moins son travail est structuré, spécialisé, et plus il est à long terme; plus les questions dont il s'occupe sont complexes, imbriquées les unes dans les autres, moins son travail est centré sur une question unique.

7. Plus le niveau hiérarchique est bas, plus le travail est informel, et moins le cadre consacre de temps au rôle de *symbole*.

8. Les cadres qui sont aux niveaux les plus bas sont, plus directement que leurs homologues des niveaux plus élevés, orientés vers l'activité dont le but est d'avoir un flux de travail qui fonctionne sans interruption; ils passent donc plus de temps dans les rôles «en temps réel»: *régulateur* et *négociateur*.

9. Plus le niveau hiérarchique est bas, plus les caractéristiques de brièveté et de fragmentation sont prononcées et plus l'accent est mis sur les questions actuelles et spécifiques.

10. Les cadres dirigeants ont tendance à travailler plus longtemps que les autres pendant les heures de travail comme pendant leurs heures de liberté.

11. Les cadres situés à un niveau donné ont tendance à se spécialiser dans le type d'information qu'ils traitent, et à passer beaucoup de leur temps de contact avec une même «clique» de personnes liées à ce type d'information.

12. Les cadres opérationnels de production sont plus orientés vers les problèmes opérationnels, et ont un travail plus marqué par la fragmentation; ils consacrent plus de temps aux rôles décisionnels, en particulier aux rôles de *régulateur* et de *négociateur*.

13. Les cadres opérationnels commerciaux mettent dans leur travail l'accent sur les relations externes et le développement professionnel de leurs subordonnés : ils consacrent plus de temps aux rôles interpersonnels, — *symbole, leader, agent de liaison*.

14. Les responsables fonctionnels passent plus de temps seuls, sont plus impliqués dans la «paperasse» ; ce sont ceux dont le travail est le moins marqué par la variété et la fragmentation; ils consacrent plus de temps à conseiller des pairs et des personnes avec lesquelles ils n'ont pas de relation hiérarchique, et consacrent un temps considérable à leur propre

fonction spécialisée; ils servent comme experts aussi bien que comme cadres, et passent plus de temps dans les rôles liés à l'information: *observateur actif, porte-parole, diffuseur*.

15. Dans certaines organisations les cadres dirigeants créent des équipes de direction deux ou trois membres qui se partagent la responsabilité d'assumer dix rôles d'encadrement; ces arrangements réussissent dans la mesure où l'information cruciale peut être efficacement partagée.

16. On rencontre très couramment le groupe formé de deux personnes, dans lequel le directeur général se concentre sur les rôles externes (*symbole, agent de liaison, porte-parole, négociateur*), laissant à son responsable en second la plupart des rôles internes (*leader, diffuseur, répartiteur de ressources, régulateur*).

17. Les variations dans le temps des postes d'encadrement suggèrent l'existence de structures annuelles et peut-être mensuelles, mais peu de structures hebdomadaires ou quotidiennes.

18. Les postes d'encadrement tendent à refléter un cycle changement-stabilité dans lequel des périodes de changement (plus d'importance accordée, en particulier, aux rôles d'*entrepreneur* et de *négociateur*) sont suivies par des périodes de consolidation du changement (plus de temps pour les rôles de *leader* et de *régulateur*).

19. Des périodes de menace importante exigent du cadre qu'il passe une partie importante de son temps dans le rôle de *régulateur*; ces périodes sont suivies par des périodes de renouvellement des contacts et des ressources: rôles d'*agent de liaison*, de *porte-parole*, et de *répartiteur de ressources*.

20. Un cadre qui prend un nouveau poste a tendance à passer une proportion de temps plus importante que les autres à développer des contacts et à recueillir de l'information (rôles d'*agent de liaison* et d'*observateur actif*); il passe ensuite à une période d'innovation (rôle d'*entrepreneur*), puis, enfin, se stabilise à une structure régulière de travail.

21. Les évolutions sociétales vers une plus grande démocratie organisationnelle et l'extension de la coalition de l'organisation exigeront des cadres qu'ils consacrent plus de temps au rôle de *leader* et aux rôles externes: *symbole, agent de liaison, porte-parole* et *négociateur*.

22. On peut regrouper les postes d'encadrement en huit types de base : l'homme de contact (pour lequel les rôles d'*agent de liaison* et de *symbole* sont les plus importants); le cadre politique (qui met l'accent sur les rôles de *porte-parole* et de *négociateur*); l'entrepreneur (rôles d'*entrepreneur* et de *négociateur*); cadre interne (rôle de *répartiteur de ressources*); le cadre en «temps réel» (rôle de *régulateur*); le cadre «équipier» (rôle de *leader*); le cadre expert (rôles d'*observateur actif* et de *porte-parole*); le nouveau cadre (rôles d'*agent de liaison* et d'*observateur actif*).

6
L'impact de la science sur le travail du cadre

Le millepatte fut très heureux jusqu'au jour où
Sire Crapaud d'esprit farceur dit : « Pouvez-vous,
Si ce vous plaît, me dire quel de vos mille pieds
Avance après quel autre pied, quand vous marchez ?
A cette question, le millepatte pensa si fort
Qu'il en resta dans un fossé, pensif, comme mort,
Se demandant comment faire pour courir.

Mme Edward Craster (1)

Les données présentées dans les trois derniers chapitres, nous indiquent qu'il n'y a jusqu'ici pas de science dans le travail du cadre. C'est-à-dire que les cadres ne travaillent pas en fonction de procédures qui ont été prescrites par l'analyse scientifique. En fait, l'usage du téléphone, de l'avion et du dictaphone mis à part, il est impossible de distinguer le cadre d'aujourd'hui de son homologue des temps passés. Il se peut qu'il cherche des informations différentes, mais il en obtient la plupart du temps de la même façon : le bouche à oreille. Il peut prendre des décisions qui ont trait à la technologie moderne, mais il le fait en utilisant les mêmes procédures intuitives (c'est-à-dire non explicites). Même l'ordinateur, qui a eu un tel impact sur d'autres parties du travail de l'organisation, a apparemment peu altéré les méthodes de travail du cadre généraliste.

Ainsi, l'analyste des sciences de gestion, malgré ses succès dans le domaine de la gestion de la production et du traitement des données, n'a pratiquement rien fait pour aider le cadre à réaliser son travail de cadre. La raison en est simple. Les procédures analytiques ne peuvent pas être appliquées à un travail qui est mal compris. Et nous avons compris peu de choses sur le travail du cadre. Les analystes ont donc concentré leurs efforts ailleurs dans l'organisation, là où les procédures étaient susceptibles d'être quantifiées et d'être changées.

---

(1) Citation tirée de *Cassell'Weekly*, Pinafore Poems (1871)

Dans ce chapitre, je décrirai les deux composantes nécessaires pour que se développe une science de l'encadrement : une description précise du travail du cadre, et une amélioration systématique de ce travail. La première section considère d'une façon générale la question de la possibilité de décrire le travail du cadre à l'aide de programmes, et la seconde section passe en revue quelques tentatives spécifiques faites dans cette direction. Les sections suivantes examinent un certain nombre de moyens par lesquels le spécialiste des sciences de gestion pourrait aider à l'analyse de ces programmes et à l'amélioration du travail du cadre.

PROGRAMMER LE TRAVAIL

L'histoire de la science, est, d'une certaine façon, l'histoire de la tentative faite par l'homme pour décrire le monde dans des termes toujours plus précis, puis pour l'améliorer de façon systématique. Dans *Le Singe Nu,* Desmond Morris décrit cette propension innée de l'homme pour l'exploration et pour l'expérimentation.

> (Les règles de jeu de l'homme) peuvent être formulées comme suit : (1) tu exploreras ce qui ne t'est pas familier ; (2) tu imposeras une répétition rythmique à ce qui est familier ; (3) tu feras varier cette répétition de toutes les manières possibles ; (4) tu sélectionneras les façons les plus satisfaisantes et tu les développeras au détriment des autres ; (5) tu combineras et recombineras ces variations l'une avec l'autre ; et (6) tu feras toutes ces choses pour , elles-mêmes, comme une fin en soi.
>
> Ces principes s'appliquent d'un bout à l'autre de l'échelle, que l'on considère l'enfant jouant dans le sable ou le compositeur travaillant à une symphonie (1967, p. 121).

Frederick W. Taylor, le père de la "gestion scientifique", nous fournit la première expression explicite de ce principe dans le domaine de la gestion. Dans son analyse écrite du travail d'usine, au début du siècle (1911), Taylor présente une procédure en cinq étapes :

> *Premièrement.* Trouver, disons, 10 ou 15 hommes différents (de préférence dans autant d'établissements séparés et de parties différentes du pays) qui ont une habileté particulière pour le travail qu'il faut analyser.
>
> *Deuxièmement.* Etudier la série exacte des opérations ou mouvements élémentaires que chacun de ces hommes utilise pour faire le travail analysé ; considérer aussi les outils que chaque homme utilise.
>
> *Troisièmement.* Etudier à l'aide d'un chronomètre le temps nécessaire pour l'exécution de chacun des mouvements élémentaires, puis sélectionner la méthode la plus rapide pour chacun des mouvements.
>
> *Quatrièmement.* Eliminer tous les faux mouvements, tous les mouvements lents ou inutiles.
>
> *Cinquièmement.* Après l'élimination de tous les mouvements non nécessaires, rassembler en une seule série les mouvements les meilleurs et les plus rapides, ainsi que les meilleurs outils. (1947, pp. 117-118).

En d'autres termes, Taylor commençait par décrire avec précision les procédures (ou programmes) réellement utilisés par ces hommes dans leur travail, puis il "reprogrammait" les procédures, les re-concevait de façon systématique. Une fois que ces nouvelles procédures avaient été rendues explicites, une première étape, nécessaire, avait été franchie dans la voie allant vers leur automatisation.

Au cours de ce siècle, l'élan des sciences de gestion les a amenées à décrire et à reprogrammer des formes de travail de plus en plus sophistiquées de l'organisation. Taylor a commencé au début du siècle avec ses fameux essais pour améliorer le travail des ouvriers : le maniement de la fonte, le pelletage du charbon. Les ingénieurs de méthodes ont, plus tard, utilisé des techniques d'études des temps et des mouvements pour diffuser cet effort à toutes les parties de l'usine et aux emplois de bureau. Quand l'ordinateur est apparu, le domaine de la recherche opérationnelle s'est développé rapidement, avec pour objectif premier la reprogrammation de travaux plus complexes de traitement de l'information situés au milieu de la hiérarchie. Des programmes ont été développés pour l'équilibrage des chaînes de montage, l'ordonnancement de la production et le contrôle des stocks, parmi d'autres choses. Aujourd'hui, la plus grande partie du travail routinier de ceux qu'on appelle les *cadres moyens* (et ici nous pensons au travail des spécialistes situés à un niveau moyen dans l'organisation, et pas à ceux qui ont un rôle d'encadrement (2) est, ou peut être, programmée de façon à être réalisée par l'ordinateur.

Tel est pour l'essentiel le point atteint par les sciences de gestion dans leur marche en avant. Mais il y a de bonnes raisons de croire que l'étape suivante sur l'agenda des analystes est le travail des cadres supérieurs. Du travail de production aux activités complexes de traitement de l'information réalisées par le spécialiste, en passant par le travail de bureau, le pouvoir des sciences de gestion a été démontré. A mesure qu'il accumule les succès dans la reprogrammation des tâches complexes du spécialiste, il est inévitable que l'analyste tourne son attention vers le travail du cadre supérieur, le dernier et le plus grand des défis qui l'attende.

Où en sommes-nous aujourd'hui dans le développement d'une science de la gestion ? Mon étude des cinq directeurs généraux montre clairement que presque rien de ce que font les cadres supérieurs n'est explicitement programmé, c'est-à-dire enregistré de façon formelle comme une série d'étapes à accomplir de façon systématique. La décision du cadre est "non programmée". Mais, au sens strict du terme, il n'existe rien que l'on puisse appeler "décision non programmée". Le cerveau doit bien utiliser une procédure - un programme d'ordre plus élevé - pour réagir à un stimulus quel qu'il soit. Les spécialistes de psychologie cognitive ont déjà eu quelques succès dans leurs essais de programmation des processus de pensée complexe, comme le jeu d'échecs (3). Dans le domaine de la gestion il y a l'étude bien connue de Clarkson (1962), qui a montré

---

(2) Le terme *cadre moyen* est souvent utilisé pour désigner ceux qui travaillent aux niveaux intermédiaires de la hiérarchie de l'organisation, qu'il s'agisse de spécialistes ou de cadres (ceux qui ont des responsabilités hiérarchiques). Ailleurs dans ce livre, le terme cadre moyen n'est utilisé que pour désigner les cadres travaillant à ce niveau.

qu'un processus de décision apparemment complexe — le choix d'un porte-feuille de valeurs mobilières — pouvait être décrit par un chercheur de façon telle qu'il était possible de le simuler avec exactitude sur ordinateur. Il y a donc maintenant une bonne raison de croire qu'il est possible, en théorie au moins, de programmer tout le comportement décisionnel du cadre.

Pour développer une science de gestion, il faut d'abord déterminer quels sont les programmes que les cadres utilisent. Notre typologie des activités et rôles du cadre suggère l'existence d'un certain nombre de programmes de base, comme l'établissement de l'emploi du temps et la négociation des accords. La seconde étape sera la description du contenu de chaque programme - le stimulus qui évoque le programme, l'information utilisée pour son exécution, la suite des étapes réalisées (comprenant les heuristiques ou règles de décision utilisées) et les résultats du programme. La troisième étape consistera à relier ces programmes les uns aux autres pour développer une simulation en grandeur réelle du travail du cadre. La partie normative du travail consistera à faire une étude détaillée des programmes, avec pour objectif de les modifier (et peut-être de les automatiser) pour améliorer l'efficacité du travail.

Tout nous indique que le travail du cadre est si complexe que ce projet représente une entreprise énorme. Peu de programmes du cadre seront faciles à décrire, et nombre d'entre eux peuvent s'avérer être extrêmement complexes. Il est probable que les programmes associés au rôle de *leader* seront les plus difficiles à comprendre. Il se peut que ceux associés aux rôles de *symbole*, de *porte-parole* et de *diffuseur* soient les plus simples. Et ceux associés aux rôles d'*agent de liaison*, au rôle d'*observateur actif* et aux quatre rôles liés à la décision devraient être situés quelque part entre les deux (4). Dans tous les cas, il s'écoulera sans doute longtemps avant que nous développions une simulation raisonnable du travail du cadre. Quoi qu'il en soit, quelques programmes importants sont certainement susceptibles d'être décrits, et ils seront probablement les premiers à attirer l'attention des analystes.

Le reste de ce chapitre est consacré, d'abord, à une présentation de certaines des premières tentatives faites pour décrire le travail du cadre en terme de programmes, et, en second lieu, à une appréciation des domaines dans lesquels le spécialiste des sciences de gestion peut avoir une certaine influence sur le travail du cadre.

LES RECHERCHES SUR LES PROGRAMMES DU CADRE

Nous nous proposons d'examiner deux visions du travail du cadre comme un système programmé, et les résultats de deux autres recherches centrées sur des

---

(3) Voir Feigenbaum et Feldman (1963), Simon (1965) et Newell et Simon (1972).

(4) Noter qu'un rôle n'est qu'une catégorie dans laquelle ont fait entrer des *activités* du cadre ; un programme est, en fait, une description de la *façon dont le cadre s'y prend* pour réaliser une de ces activités.

programmes spécifiques que les cadres paraissent utiliser. Kłahr et Leavitt suggèrent une approche intéressante de la programmation du travail du cadre. Ils font une analogie entre le travail de l'organisation et les programmes d'ordinateur. Ils décrivent le programme informatique complexe comme un ensemble de sous-programmes fermés reliés entre eux par un "maître-programme", et décrivent le travail du cadre comme un de ces programmes-pilotes.

> 1 (Les maître-programmes, ou les cadres dirigeants) regardent à *l'extérieur* du programme (ou de l'organisation) ; ils reçoivent, sous une forme, de l'information venant de l'environnement, et la retransmettent à celui-ci sous une autre forme. Ils observent quelle sorte de travail s'est accumulée, ce qu'il faut faire ensuite, etc...

> 2 Ils regardent à *l'intérieur* du programme (de l'organisation) et ils maintiennent leur contrôle sur ses sous-programmes
> a. Ils *détectent,* regardant ce qui est fait et ce qui reste à faire.
> b. Ils *interrompent.* Ils ordonnent l'arrêt d'un sous-programme et le démarrage d'un autre.
> c. Ils *contrôlent,* s'assurant qu'aucune erreur ou condition intolérable ne s'est produite ou n'est imminente.
> d. Ils *répartissent* les ressources : le temps de calcul, l'espace mémoire, l'utilisation des équipements (l'argent, l'espace de bureau, le personnel, etc...) entre les différents sous-programmes (départements) et ils associent à chaque problème un processus de traitement.
> e. Ils coordonnent. Ils s'assurent que les résultats d'un sous-ensemble de l'activité, une fois ce sous-ensemble terminé, sont correctement transmis au sous-ensemble suivant. Ils assurent l'ordonnancement de l'activité de façon à ce que les sous-parties se suivent dans l'ordre approprié et que leurs résultats soient progressivement intégrés les uns aux autres pour former une entité significative.
> f Ils *"font du ménage".* Ils inspectent et nettoient leurs propres zones de travail. Ils nettoient les zones non utilisées et les rendent disponibles pour de nouvelles informations. Les programmes de ménage initialisent et finalisent les parties de l'activité que les sous-programmes peuvent avoir négligées. Ils maintiennent en bonne forme pour le combat le programme dans son ensemble (l'organisation) (1967, pp. 114-115).

Cette approche est intéressante parce qu'elle associe la description du travail du cadre à un ensemble de sous-programmes déjà spécifiés. Si l'analogie de Klahr et Leavitt s'avère être raisonnablement valide, il sera alors possible de considérer le maître-programme d'ordinateur comme une première simulation du cadre considéré comme un ensemble de programmes.

Liong Wong a utilisé une approche plus directe pour décrire le travail du cadre comme un système programmé. Sa méthode associe la forme d'observation structurée que j'ai utilisée, aux méthodes d'étude des processus de pensée utilisées par Clarkson (1962) et par d'autres. Wong a étudié trois cadres de niveau intermédiaire : un cadre des services municipaux dans une municipalité de taille moyenne, l'assistant du vice-président d'une entreprise de transport, et un professeur d'université qui avait un rôle administratif. En les observant, il a réuni des données sur leur courrier et leurs contacts verbaux, et il a enregistré leurs "protocoles", c'est-à-dire la description qu'ils faisaient verbalement de leurs activités au moment où ils les accomplissaient. Sur la base de ces données, Wong décrit sous la forme de diagramme un certain nombre des programmes que ces hommes paraissaient utiliser pendant leur travail (5).

L'étude de Wong est axée sur les rôles liés à l'information et à la décision, tels que nous les avons décrits au chapitre 4. Pour l'essentiel, elle distingue, (comme dans la Figure 13), quatre parties liées les unes aux autres dans le processus de travail du cadre : la recherche active d'information, la mise en mémoire, la

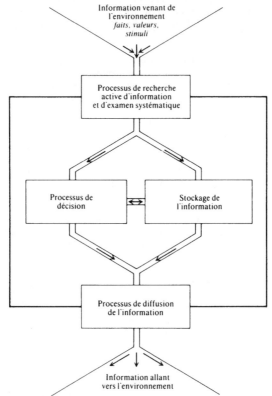

Figure 13 - Quatre processus de travail du cadre
Source : Wong, 1970, p. 13

décision, et la diffusion d'information. L'information, reçue par le premier de ces processus est en partie mise en mémoire, peut-être pour être diffusée plus tard ou pour être utilisée dans les décisions. Une partie d'entre elle est à l'origine

(5) Il faut noter que, bien que Wong soit parvenu à ses descriptions par induction à partir de données recueillies de façon systématique, la validité des programmes qu'il a décrits n'a pas été testée formellement.

d'une activité de décision immédiate. Lorsqu'une décision est prise, les résultats en sont diffusés par le cadre dans l'environnement, avec d'autres informations qui y sont liées.

Deux des programmes décrits par Wong sont présentés sous une forme modifiée dans les Figures 14 et 15. Le programme de mise en mémoire est déclenché par l'arrivée de nouvelles informations reçues par le cadre. Il doit décider ce qu'il faut éliminer, ce qu'il faut garder pour s'en servir plus tard, et ce qu'il faut diffuser immédiatement. On peut distinguer trois modes fondamentaux de mise en mémoire : la *mémoire naturelle* contient des concepts, des idées, des informations sur les valeurs, des modèles de la réalité ; la *mémoire rapide* contient les documents, agendas, mémos, etc... que le cadre doit garder à portée de la main ; la *mémoire officielle* comprend les divers dossiers de l'organisation, l'information contenue sur disques et bandes magnétiques, etc... Le programme présenté dans la Figure 14 est un programme simple ; il suggère que

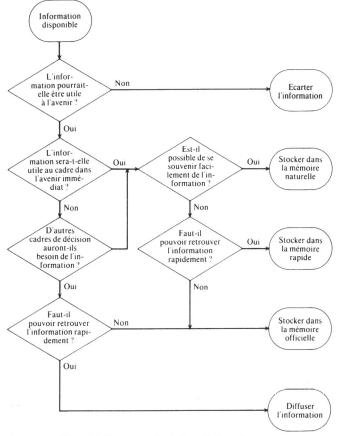

Figure 14 - Programme de stockage d'information
Source : adapté de Wong, 1970, p. 52

les cadres utilisent des règles simples pour décider quelles informations ils mettront en mémoire.

La Figure 15 présente une version adaptée de la conception de Wong sur le processus de négociation. Il décrit la négociation comme le couplage de deux programmes de décision indépendants, le choix final devant être commun aux deux programmes. On trouve ces deux programmes à la partie supérieure de la Figure 15 sous la forme de quatre sous-programmes représentés par des cercles : identification de la décision, développement des objectifs et des contraintes, recherche d'alternatives, et évaluation de celles-ci (les deux étapes du milieu étant conduites en parallèle). Les flèches qui partent du sous-programme d'évaluation suggèrent que si une alternative s'avère inacceptable, le décideur se met à la recherche de nouvelles alternatives, ou révise ses objectifs et ses contraintes.

Dans le cas spécifique décrit dans la Figure 15, les deux décideurs sont le cadre et un candidat à une offre d'emploi. Chacun des deux éxécute d'abord son propre programme de décision. Le candidat trouve l'organisation et exprime son intérêt ; l'organisation trouve le candidat et fait une offre. Dans le processus de négociation (que l'on trouve au bas du diagramme) ils décident d'accepter ou de refuser les termes du contrat. En cas de désaccord les deux, simultanément, révisent leurs contraintes, développent de nouvelles offres et négocient de nouveau. Le processus continue jusqu'à ce qu'ils parviennent à un accord ou que l'une des parties décide de rechercher une autre alternative.

Une version du programme de recherche active d'information (6) que Wong inclut dans son répertoire est présentée par Aguilar (1967) qui a interrogé 137 cadres de 41 entreprises pour savoir comment ils trouvaient leur information (voir Figure 16). Un cadre qui rencontre un problème (phase 2) commence par décider s'il a besoin de plus d'information (phase 3). Si la réponse est non, il prend une décision (phase 16). S'il a besoin d'information, il en recherche en utilisant l'un des trois modes suivants (phases 4 à 13) : il peut s'exposer passivement à un certain type d'information plus ou moins clairement identifié ("regard conditionné", phase 6) ; il peut se mettre à chercher l'information de façon limitée et informelle dans un but précis ("recherche informelle", phase 13). Si l'information complémentaire montre que la question n'est pas pertinente, le cadre retourne à un quatrième mode, "regard non dirigé" (phase 1), qu'Aguilar définit de la façon suivante : "exposition générale à l'information sans autre but précis que, peut-être, l'exploration" (1967, p. 19). Si la recherche d'information n'aboutit pas, ou s'il n'y a pas de procédure appropriée de recherche d'information, le cadre passe à un sous-programme par lequel il peut changer ses règles de recherche d'information.

Le cadre utilise un programme spécifique pour relier ses activités les unes aux autres. Le programme "emploi du temps" est utilisé pour déterminer les priorités entre les tâches et décider quelle tâche exécuter à un moment donné. Ce

---

(6) NdT. Mintzberg utilise. à propos de la recherche active d'information, deux termes qui n'ont pas leur équivalent en français: «scanning», action qui consiste à passer en revue de façon systématique ce qu'on examine. «tranche» par «tranche»; et «monitoring», action qui consiste à assurer le suivi d'un processus et la correction des perturbations qui l'affectent. Ces deux termes se sont frayés. en franglais. une place dans le vocabulaire médical.

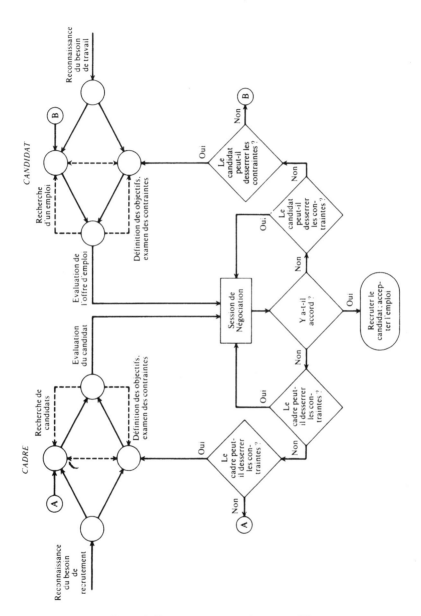

Figure 15 - Négociation entre un cadre et un candidat
Source : adapté de Wong, 1970, p. 108

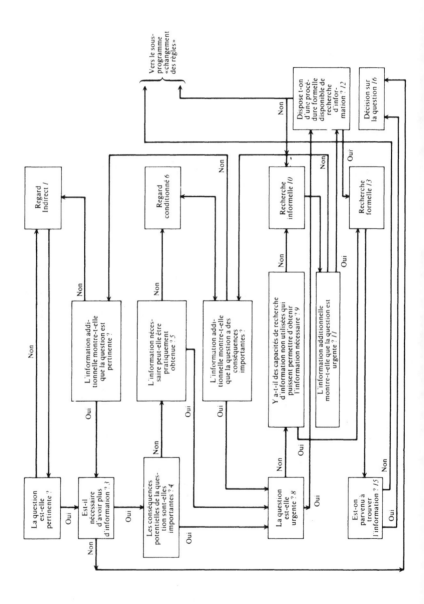

Figure 16 - Le programme de traitement de l'information
Source : Aguilar, 1967, p. 28

programme a des variables d'entrées relativement structurées (tâches spécifiques ; périodes clairement définies) ; il est probablement relativement facile à simuler avec exactitude.

Dans ce qui est sans doute à ce jour la recherche la plus importante effectuée dans ce domaine, Joseph Radomsky (1967) a étudié le comportement de trois cadres de niveau intermédiaire d'une grande entreprise dans le domaine de la détermination de l'emploi du temps. Dans cette recherche, qu'il a intitulée "Le problème de choisir un problème". Radomsky a employé une méthode des plus intéressantes. Il demandait aux cadres de dire ce qu'ils étaient en train de penser au moment même où ils travaillaient, enregistrant l'action et le discours sur bande vidéo, et passait en revue cette bande le lendemain avec le cadre concerné.

Il a trouvé que cette méthode leur permettait de se souvenir d'un nombre considérable de choses, et lui permettait d'obtenir des informations significatives sur les règles qu'ils utilisaient pour déterminer leur emploi du temps.

Radomsky a d'abord analysé l'organisation générale de la journée de travail du cadre, noté l'existence d'agendas préléminaires et de tendances à débuter la journée :

> En déblayant les petits travaux et activités non terminées avant d'entreprendre une série d'activités programmées. A mesure que de nouvelles informations parviennent à l'attention du cadre, le programme de travail est évalué et l'agenda modifié en conséquence... On a ainsi affaire à un processus dynamique de prise de décisions qui dépend des conditions du moment (1967, pp.27-29).

Passant à l'étude du processus par lequel le cadre décide quelle sera la tâche suivante. Radomsky note le processus d'examen des nouvelles informations, de transmission d'une partie d'entre elles à d'autres personnes (en même temps que la responsabilité pour l'exécution de certaines tâches), et d'ordonnancement des tâches restantes. L'ordonnancement de l'ensemble des problèmes "en stock" est un processus complexe ; d'après Radomsky, il comprend les règles implicites suivantes :

> 1. Repérer les activités comportant une marge de manœuvre nulle ou négative, et celles qui doivent être réalisées de suite. Les ranger par ordre de pénalité de retard.
>
> 2. Comparer la durée disponible à celle qui est nécessaire pour la réalisation. En cas de conflit, déplacer ce qui gêne s'il y a une marge de manœuvre. S'il n'y en a pas et si l'obstacle est très visible, résoudre le conflit en faisant passer le travail en cours ou l'obstacle à un subordonné.
>
> 3. S'il n'y a pas d'activité dont la priorité est plus élevée, faire passer la complétion d'un travail partiellement exécuté avant le début d'une nouvelle activité non urgente.

4. Programmer les activités non urgentes en fonction de leur valeur de priorité. Ne pas reconsidérer les obstructions déjà traitées, mais choisir l'activité de valeur la plus élevée qui remplisse le temps disponible.

5 .Utiliser les opérations de courte durée comme remplissage pour les périodes disponibles, pour changer de rythme et pour démarrer la journée.

6. Lorsque le travail en cours n'est pas urgent, considérer chaque nouvelle information immédiatement sur la base "premier arrivé premier servi" (1967, pp. 52-53).

Radomsky représente ce programme à l'aide du diagramme de la Figure 17. Nous venons de présenter quatre tentatives faites pour décrire sous forme de programmes divers aspects du travail de cadre. Il ne s'agit là que de tentatives exploratoires ; elles sont néanmoins d'une très grande valeur. Considérées toutes ensemble, elles suggèrent que le cadre dispose d'un répertoire de programmes généraux, que l'on peut combiner et utiliser à la suite les uns des autres dans des situations particulières et d'un programme spécial, le programme "emploi du temps", qui sert à choisir et à ordonner ces tâches (7). De plus, le cadre peut utiliser un certain nombre d'autres programmes spécifiques pour des activités bien précises (comme par exemple recruter un subordonné). Pour décrire le travail du cadre comme un système programmé (pour prédire avec exactitude le comportement du cadre) il faudra avoir une très bonne compréhension de ces programmes spécifiques et généraux, ainsi que des heuristiques et des mémoires que le cadre utilise dans son travail.

---

(7) On peut probablement ajouter un «programme de contrôle» qui détermine quels programmes et informations seront utilisés dans l'exécution d'une tâche particulière. Comme dans un ordinateur travaillant en temps partagé, le programme «emploi du temps» sélectionne les évènements et travaille sur la variable temps, et le programme de contrôle sélectionne le mode de travail et a une orientation logique.

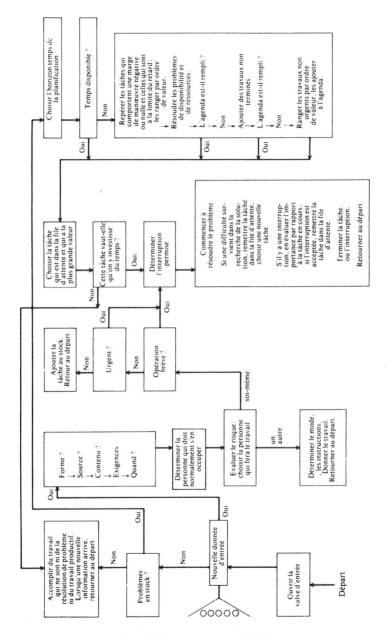

Figure 17 - Le programme emploi du temps
Source : Radomsky, 1967, p. 60

LE ROLE DE L'ANALYSTE
AU NIVEAU POLITIQUE GENERALE.

Au chapitre 3, nous avons examiné diverses caractéristiques du travail du cadre. Le temps est une contrainte sévère pour le cadre ; il ne peut consacrer de longues périodes de travail ininterrompu à aucune question, quelqu'en soit la complexité. Il est attiré vers les aspects concrets et d'actualité des problèmes qu'il traite, même pour ceux qui exigent un travail d'investigation théorique et historique. Le cadre est conduit à préférer les contacts verbaux, bien qu'il ait souvent besoin d'examiner des documents avec soin. Ces caractéristiques montrent clairement que le spécialiste des sciences de gestion a un rôle à jouer : celui de fournir au cadre supérieur un soutien analytique.

Le terme "spécialiste des sciences de gestion", ou "analyste", que nous utilisons ici, désigne tous les fonctionnels dont le travail consiste à appliquer les découvertes de la recherche et les techniques d'analyse aux processus de travail de l'organisation ; il s'agit entre autres des spécialistes de recherche opérationnelle, de planification, d'analyse de systèmes, de conception de systèmes d'information... Leur travail peut venir en complément de celui du cadre. Ils ont le temps, l'habitude de se concentrer sur les problèmes, l'expérience du travail qui consiste à développer de la connaissance à partir de l'étude de documents formels ; ils sont entraînés à mettre en application analyse et théorie. Il est clair que les cadres qui en ont les moyens - c'est-à-dire les cadres supérieurs des grandes organisations - sont à même de bénéficier de l'application des capacités des analystes.

Au cours de ces dernières années, ce besoin a été, de plus en plus, reconnu. Les analystes ont commencé à s'intéresser au travail du cadre et aux problèmes de politique générale rencontrés au sommet de la hiérarchie : les spécialistes de planification stratégique ont concentré leurs efforts sur le processus d'élaboration de la stratégie ; les analystes-systèmes des organisations gouvernementales ont appliqué l'analyse coûts-bénéfices à des décisions très importantes de répartition de ressources ; les concepteurs de systèmes d'information ont utilisé l'ordinateur pour abreuver le cadre d'informations. Mais les progrès ont été lents, et il y a deux raisons à cela.

D'abord, comme nous tous, le spécialiste des sciences de gestion manquait de connaissances sur les processus de travail du cadre. Ceux-ci sont complexes ; ils ne pourront être soumis à l'analyse que lorsqu'ils seront clairement décrits. En second lieu, l'analyste s'est vu implicitement refuser l'accès à une grande partie de l'information du cadre. Ce dernier est le centre nerveux de son organisation ; il a, seul, accès à de très nombreux contacts externes et internes qui lui apportent des informations privilégiées ; mais la plupart sont verbales, et en grande partie elles ne sont ni quantitatives ni même sûres. En conséquence le cadre manque d'une méthode systématique lui permettant de faire passer l'information à l'analyste, et une grande partie ne parvient jamais à ce dernier. Comment l'analyste peut-il concevoir un système d'information efficace pour le cadre, comment le planificateur peut-il élaborer des plans stratégiques, si ni l'un ni l'autre ne dispose des informations du cadre pour lequel ils travaillent ?

L'analyste a donc très fortement un besoin de mettre fin à ce qu'on peut appeler le monopole du cadre sur l'information non écrite. C'est elle qui mène l'organisation, et pourtant l'analyste n'y a accès que de façon limitée. Il faudra au cadre et à l'analyste beaucoup d'efforts si l'on veut que ce dernier atteigne le niveau d'information nécessaire pour lui permettre d'apporter une contribution à la solution des problèmes de politique générale dans les organisations.

S'ils étaient correctement informés, les analystes pourraient, dans la tradition de Frederick Taylor, "reprogrammer" une partie du travail du cadre : analyser les étapes des programmes qu'il utilise, tester des méthodes alternatives pour chaque étape, et suggérer des modifications. Parmi les activités du cadre, beaucoup ne peuvent pas être facilement reprogrammées, tout simplement parce qu'elles exigent des réponses humaines flexibles. Un cadre doit motiver ses subordonnés ; il doit accomplir des activités sociales ; et développer liaisons et contacts avec des pairs. D'un autre côté, il existe un second groupe d'activités, probablement très petit, qui peut dans une large mesure être reprogrammé et automatisé. Certaines activités liées à l'établissement de l'emploi du temps et au classement des informations entrent peut-être dans cette catégorie.

Le groupe qui est probablement le plus grand, cependant, comprend les activités qui se prêtent à une reprogrammation partielle. Le cadre pourrait les accomplir avec le support de l'analyste (ou peut-être de l'ordinateur, dans le cadre d'un système homme-machine). Le cadre apporterait comme contribution ses informations et la compréhension qu'il a de la dynamique de l'environnement, et l'analyste (ou l'ordinateur) fournirait ses capacités analytiques et le temps nécessaire à l'analyse. Beaucoup des activités du cadre liées à la décision et au traitement de l'information entrent probablement dans cette catégorie.

Nous allons maintenant nous tourner vers ces zones dans lesquelles l'activité de l'analyste aura probablement l'impact le plus important : la programmation des activités, le traitement de l'information et l'élaboration de la stratégie. Les vues exprimées ici sont spéculatives, mais elles suggèrent un certain nombre de directions dans lesquelles les sciences de gestion peuvent s'engager.

LA REPROGRAMMATION DE L'EMPLOI DU TEMPS.

Comme nous l'avons noté, le temps du cadre a un coût d'opportunité énorme. Parce qu'il manque de temps, il peut inhiber le développement de l'organisation en imposant un délai à des demandes d'autorisation, des projets d'amélioration, en réduisant la quantité d'information qu'il diffuse, etc... Il apparaît, par conséquent, que les analystes peuvent utilement aider le cadre lorsqu'il établit son emploi du temps. Ils peuvent permettre de réaliser des gains d'efficacité considérables en apportant plus de cohérence dans l'élaboration de l'emploi du temps, en déchargeant le cadre d'une bonne partie de la nécessité de programmer son propre travail, et en utilisant l'analyse systématique pour établir son emploi du temps en fonction de ses besoins et de ceux de son organisation. Il est en fait surprenant qu'il y ait eu si peu d'efforts analytiques réalisés dans cette direction, si l'on considère l'importance des efforts consacrés à l'étude des activités des autres personnes travaillant dans l'organisation.

Un programme permettant d'établir l'emploi du temps comprendrait les phases suivantes : (1) détermination des contraintes de temps du cadre ; (2) définition et rangement en catégories des demandes faites sur le temps du cadre ; (3) développement d'un ensemble de règles adaptables de programmation des activités permettant de contrôler l'usage fait du temps. La première étape peut facilement être réalisée en demandant au cadre de préciser des éléments comme ses horaires de travail et son attitude vis-à-vis du travail effectué le soir et à l'heure du déjeuner. De même, il serait simple de ranger en catégories distinctes les diverses demandes faites sur le temps du cadre : durée à prévoir pour les activités sociales, pour les activités de négociation et la réponse à des demandes d'autorisation, durée à prévoir pour le travail sur les projets d'amélioration, pour la tournée des installations, etc...

On pourrait présenter comme suit un ensemble de lignes directrices utilisables par un cadre dirigeant pour la programmation de ses propres activités :

1. Certaines périodes seraient régulièrement bloquées. Actuellement, une partie très faible de l'activité des cadres est effectuée de façon régulière à des heures fixées à l'avance ; en conséquence il leur faut consacrer une durée considérable à la coordination de leur emploi du temps avec ceux des autres. Les règles pourraient imposer (a) une certaine durée journalière pour le traitement du courrier, (b) des plages de temps régulièrement programmées chaque semaine avec les subordonnés, (c) diverses sessions mensuelles pour passer en revue certaines fonctions, (d) une demi-journée chaque semaine pour l'examen des projets d'améliorations en cours, et (e) un moment fixe pour la tournée des installations et d'autres travaux d'investigation.

2. Certaines autres périodes seraient bloquées pour donner satisfaction à certaines demandes faites sur le temps du cadre. Diverses priorités pourraient être établies ; les demandes d'autorisation, par exemple, pourraient passer avant le reste. D'autres règles pourraient faire en sorte qu'en moyenne une certaine proportion de temps soit consacrée aux contacts personnels, aux devoirs découlant du rôle de symbole, au traitement de l'information, et aux autres activités.

3. Un système global de contrôle des projets d'amélioration serait institué. Comme chaque projet se développe en une suite d'épisodes soumis à divers délais, le système de contrôle gèrerait chacun d'eux, déterminant la période à laquelle chaque épisode doit être programmé, réservant alors le temps nécessaire dans l'emploi du temps. (Ce point est développé plus avant lors de la discussion de l'élaboration de la stratégie).

4. Une règle ferait en sorte que les activités dont l'horaire précis est prévu à l'avance soient réparties au cours de la journée de façon à laisser libres de nombreuses périodes. Ces dernières permettraient au cadre de s'adapter aux conditions dynamiques comme, par exemple, de recevoir des "communications instantanées" de la part des subordonnés, de travailler à résoudre les situations de crise, de répondre aux coups de téléphone.

5. La journée de travail serait conçue dans un esprit d'efficience. En fonction des références du cadre, les activités successives pourraient être programmées de façon à assurer soit la variété soit la continuité. Par exemple, une activité exigeant beaucoup de concentration pourrait être suivie d'un cocktail ou d'une période consacrée au traitement du courrier. Des périodes de repos - période prévue pour tous les salariés de l'organisation sauf les cadres - pourraient être incluses pour augmenter l'efficience. Si le cadre est plus efficace le matin, les activités de traitement de l'information et de répartition des ressources seraient programmées pour le matin, les activités de caractère social et autres pour l'après-midi.

Un tel système, bien qu'apparemment semblable à celui utilisé aujourd'hui par certains cadres occupant de hautes positions, en diffère probablement dans au moins trois domaines :

1. Dans la mesure où le cadre peut formuler de façon explicite les heuristiques qu'il utilise pour l'établissement de son emploi du temps et permet qu'elles soient élevées au rang de règles standard, il n'a pas besoin de se préoccuper de la programmation de son activité. Une partie de son temps s'en trouve donc libérée. Un assistant (peut-être, un jour, un ordinateur) peut faire ce travail pour lui.

2. Le cadre a tendance à programmer ses activités à la demande des autres, laissant ainsi au hasard beaucoup de travaux importants : la recherche active d'informations, le développement de projets d'amélioration, la tournée des installations, la diffusion d'informations. Comme Carlson (1951) le note dans la section citée *in extenso* au chapitre 3, les cadres deviennent "esclaves de leur carnet de rendez-vous", et n'accomplissent plus que les tâches qui parviennent à trouver leur place à des périodes déterminées dans l'emploi du temps figurant dans leur carnet. Simon a suggéré qu'il existe une loi du type loi de Gresham pour le travail du cadre : le travail structuré tend à chasser le travail qui ne l'est pas (1965, p. 67). On pourrait formuler deux corollaires de cette loi : le travail prévu dans l'emploi du temps tend à chasser celui qui n'y est pas prévu, et le travail non important tend à chasser le travail important. En programmant de façon explicite certaines activités moins exigeantes, mais néanmoins importantes, comme celles liées au traitement de l'information et à l'élaboration de la stratégie, le cadre leur accorderait l'attention qu'elles ne recevraient pas autrement.

3. Avec un ensemble de règles explicites - en fait, un modèle de programmation - et les données produites par son utilisation, il serait possible d'entreprendre diverses analyses. De façon spécifique, la répartition du temps entre les activités de base - comme par exemple le développement de projets et les tâches liées au rôle de symbole - pourrait faire l'objet de variations dont les effets sur l'organisation pourraient être mesurée. L'analyste pourrait se demander si le cadre doit passer plus de temps à réunir ou à diffuser les informations dont il dispose. Devrait-il s'occuper de plus ou de moins de projets d'amélioration ?

Peut-il passer moins de temps aux devoirs liés au rôle de symbole, plus de temps aux devoirs découlant de sa position de leader, ou dans les activités liées au rôle d'agent de liaison ? Les réponses à ces questions conduiraient à un meilleur équilibre dans l'emploi du temps des cadres.

REPROGRAMMER LE SYSTEME D'INFORMATION

Le système de traitement de l'information du cadre comporte trois éléments essentiels : l'observation active, la mise en mémoire et la diffusion. Les possibilités de reprogrammation de chacun de ces éléments sont discutées ci-dessous.

Le Système d'Observation Active.

Dans les chapitres 3 et 4 nous avons vu que le système d'information du cadre a tendance à présenter un certain nombre de caractéristiques distinctes. parmi celles-ci, on peut en citer trois :

1. L'information actuelle. Se procurer l'information *rapidement* paraît être plus important pour le cadre qu'obtenir une information qui soit totalement *exacte*. Les bruits, les on-dit, constituent par conséquent une partie importante des informations du cadre. Il faut du temps pour qu'une rumeur devienne un fait établi, et plus de temps encore pour que ce fait trouve son chemin jusqu'à un rapport quantitatif.

2. L'information-stimulus. Le cadre préfère undubitablement avoir son information sous la forme de stimulus concrets, plutôt que d'agrégats généraux. Pour reprendre les termes de Neustadt, le cadre a besoin de "détails tangibles", pas "d'amalgames insipides" (1960, p. 153). Il souhaite entendre parler d'événements, d'idées et de problèmes spécifiques.

3. L'information verbale. L'information qu'il recherche conduit le cadre à devoir s'appuyer dans une large mesure sur le moyen verbal de communication. Le courrier contient peu de choses pouvant donner lieu à une action, alors que les réunions et le téléphone lui apportent l'information-stimulus, l'information d'actualité dont il a besoin.

Ces caractéristiques mettent le cadre en conflit direct avec la plupart des systèmes d'information formalisés. Ces derniers lui donnent essentiellement le contraire de ce qu'il cherche : des informations agrégées, précises et historiques. De plus, le cadre a soif d'informations externes et par le système d'information formalisé, celle qu'il reçoit est dans une large mesure interne. Le système formel traite d'informations utiles pour le contrôle et la régulation (programmes de production, rapports sur les ventes, coûts standards) qui est surtout utile au spécialiste placé aux échelons inférieurs et moyens de l'organisation. Il exclut la plupart des informations dont les cadres supérieurs ont besoin pour leurs décisions non programmées.

En conséquence, le cadre doit souvent ne pas tenir compte du système d'information formalisé. En ses lieu et place il conçoit son propre système, qui lui apporte les informations dont il croit avoir besoin. Il développe des contacts externes, souscrit des abonnements à des périodiques, adhère à des organisations professionnelles, et encourage les subordonnés à passer outre les circuits normaux de communication pour lui apporter des informations.

Mais le cadre est-il obligé de concevoir son propre système d'observation active, et de faire lui-même le tri de ses informations ? Bien qu'il donne au cadre ce dont il a besoin, un tel système est fruste et inconsistant. Il est soumis aux contraintes de temps du cadre, qui sont sévères, et, parce qu'il est essentiellement verbal, n'assure pas une couverture complète de l'information. Le cadre manque simplement du temps nécessaire pour diffuser verbalement à ses subordonnés toute l'information dont ils ont besoin. Il ne peut maintenir correctement informés qu'un petit nombre de proches subordonnés ; le système tombe en panne quand l'information doit atteindre ceux qui ne sont pas à portée de ses contacts verbaux routiniers.

L'analyste qui s'occupe d'information possède le temps et la connaissance de la théorie de l'information qui lui permettent d'aider à concevoir et en partie à faire fonctionner un système d'observation active qui serait plus efficace que celui du cadre. L'analyste pourrait commencer par trouver de quelle information un cadre donné a besoin, non pas en le lui demandant, mais en étudiant ce qu'il recherche, ce qu'il reçoit et ce qu'il utilise (8). Diffuse-t-il beaucoup d'information externe à ses subordonnés ? Passe-t-il beaucoup de temps à faire la tournée des installations pour trouver les problèmes ? Assiste-t-il à beaucoup de conférences professionnelles ? Les rapports technologiques sont-ils pour lui d'un grand intérêt ? Utilise-t-il ces périodiques pour rechercher des informations sur les tendances de l'industrie ? Par quel type de rumeur professionnelle est-il intéressé et comment l'obtient-il ? L'analyste conclura sans aucun doute que beaucoup des sources d'information demeureront accessibles au cadre et à lui seul : il a, lui, le statut nécessaire. Mais l'analyste peut être utile dans un certain nombre de domaines : l'information sur la technologie, les tendances du marché, les opérations internes. Il peut entreprendre une recherche approfondie des autres sources apportant la même information et il peut mettre en place dans ces domaines un système d'observation active soigneusement conçu ; celui-ci non seulement couvre un champ plus étendu, mais fait pour le cadre une bonne partie de la recherche et du filtrage de l'information. L'analyste peut alors présenter au cadre les faits pertinents : les idées, les problèmes, les éléments de rumeur, les événements.

_____

(8) On entend souvent parler de la frustation de l'analyste spécialisé dans le domaine de l'information, qui n'arrive pas à comprendre pourquoi les cadres ne veulent pas utiliser les informations qu'ils devraient, selon lui, utiliser. Il n'est pas rare non plus de rencontrer l'analyste qui a essayé de résoudre le problème en demandant au cadre de quelles formations il a besoin, et qui, ce faisant, n'a rien compris. Quelques données recueillies nous indiquent que les cadres ont des difficultés à décrire leur travail à un niveau d'abstraction utile pour l'analyste. De plus, les cadres n'ont aucune raison de croire que l'homme à l'ordinateur désire entendre parler des informations d'actualité, incertaines, de type «stimulus», qu'ils utilisent. Pour apprendre quelque chose sur les besoins d'information du cadre, l'analyste devra aller sur le terrain et étudier quel usage les cadres font, en pratique, de leurs informations.

Une Banque de Données Publiques

Aujourd'hui le cadre est la véritable banque de données organisationnelles. Malheureusement, cette banque de données marche et parle, mais n'écrit pas. C'est là qu'est le problème. Quand le cadre est occupé, l'information cesse de circuler. Quand il part, la banque de données part avec lui.

Il faut rendre l'information du cadre plus accessible aux membres de son organisation. Une part de cette information est écrite et peut être facilement mise à disposition. Une bonne partie, cependant, n'existe que dans la mémoire du cadre et ne peut être diffusée que par lui et verbalement. Il paraît désirable, cependant, de transcrire une bonne partie de cette information jusqu'ici non écrite, et de la transférer dans les "mémoires officielles" de l'organisation, là où elle peut être plus facilement mise à la disposition de ses subordonnés. (Pratiquement, cela signifie probablement une séance hebdomadaire au cours de laquelle l'information importante de la semaine peut être enregistrée, puis ultérieurement transcrite dans des rapports). En mettant en mémoire les informations de cette nature, et en les combinant à celles que l'analyste peut réunir dans le cadre d'un système d'observation active reprogrammé, on obtient une banque de données contenant les informations nécessaires pour l'élaboration de la stratégie (9).

Le Système de Diffusion

L'existence d'une banque de données permettrait le développement d'une diffusion systématique de l'information. On déterminerait quels sont les besoins spécifiques des différents membres de l'organisation dans le domaine de l'information, et on transmettrait les informations à chacun en fonction de ses besoins à partir de la banque de données.

Un tel système de diffusion, fondé sur une base de données explicites, éliminerait beaucoup des faiblesses d'un système que le cadre est seul à faire fonctionner. La quantité d'information transmise ne serait pas fonction du temps libre dont dispose le cadre. De plus, ceux qui travaillent à distance du cadre, là où la communication verbale est difficile (à l'étranger par exemple), ne seraient pas nécessairement désavantagés par rapport à leurs collègues du siège, qui ont avec le cadre un contact verbal. Une base de données explicite continuerait aussi d'exister quand le cadre quitte l'organisation, de telle sorte que l'information nécessaire serait toujours disponible pour ceux qui en ont besoin.

On a beaucoup discuté sur le rôle de l'ordinateur au niveau de la direction générale (10). Nos données suggèrent que son utilité serait marginale dans un système d'information reprogrammé. Beaucoup des informations seraient qua-

---

(9) Un problème évident qui se pose à propos d'une telle banque de données est la menace qu'elle fait peser sur la sécurité. Il faut cependant évaluer ce risque en tenant compte des avantages à avoir des subordonnés mieux informés. (Cette question sera discutée plus avant au chapitre 7).

(10) On trouve dans Myers (1967) un ensemble de vues diverses sur l'utilisation de l'ordinateur au niveau de la direction générale.

litatives et imprécises, et beaucoup ne demanderaient qu'un simple transfert ; le compte rendu d'une réunion transmis d'un cadre à un autre par exemple. Le coût d'une analyse informatique portant sur ce type de données serait probablement prohibitif dans la plupart des situations. De plus, le nombre de cadres dirigeants impliqués dans un système typique de cette nature ne serait probablement pas très grand. le coût de codage de l'information serait sans doute élevé, comparé aux économies permises par l'impression informatique. En d'autres termes il se peut tout simplement qu'il ne soit pas économique de faire passer ce type d'information par un ordinateur (11).

Dans les grandes organisations, on trouve aujourd'hui deux systèmes d'information : le système formel qui est informatisé, et le système informel conçu par les cadres. Les organisations ont un besoin très important de systèmes intermédiaires, systèmes formels d'informations de gestion qui traiteraient de façon systématique l'information dont l'ordinateur ne s'occupe pas, mais dont les cadres ont aujourd'hui besoin. Ce seraient les analystes qui feraient fonctionner, en partie, ces systèmes intermédiaires ; mais ceux-ci ne seraient probablement pas automatisés (12).

REPROGRAMMER LE SYSTEME D'ELABORATION DE LA STRATEGIE

Le travail le plus complexe, mais le plus lucratif, auquel l'analyste peut aujourd'hui s'atteler est celui qui consiste à reprogrammer le système par lequel les décisions importantes de l'organisation sont prises et reliées les unes aux autres, autrement dit le système d'élaboration de la stratégie. Cette section commence par une comparaison de deux approches de l'élaboration de la stratégie décrites dans la littérature. Dans l'une, il est dit que la stratégie émerge à mesure que le cadre réagit aux pressions de l'environnement ; dans l'autre, la stratégie doit être créée par des planificateurs au terme d'une analyse formelle. Ces deux points de vue sont présents dans ce qu'on peut appeler "le dilemme de la planification" : les cadres ont l'autorité et l'information, les planificateurs ont le temps et les techniques. Nous allons examiner ce dilemme, puis nous pencher sur sept domaines dans lesquels cadres et planificateurs pourraient travailler ensemble à la reprogrammation du système d'élaboration de la stratégie.

---

(11) Si on veut spéculer sur ce que pourrait être l'utilisation de matériels sophistiqués de traitement de l'information, on peut se représenter l'organisation du futur avec des consoles dans le bureau de chaque cadre dirigeant. Alors la transmission de «communication instantanée» se ferait automatiquement et correspondrait aux besoins réels du cadre. Un cadre dirigeant qui a une information toute fraîche déciderait simplement quels cadres doivent la recevoir ; alors il taperait sur le clavier les codes permettant d'ouvrir les canaux de communications appropriés, et le message apparaîtrait de façon simultanée dans les bureaux correspondants. Peut-être, comme dans les bureaux des quotidiens d'information, l'urgence de la nouvelle serait-elle signalée par un tintement de cloche répété une, deux, ou trois fois !

Le Dilemme de la planification

Un débat fondamental est apparu dans la littérature traitant de l'élaboration de la stratégie entre ceux qui décrivent une approche adaptable ou flexible, et ceux qui proposent un processus grandiose de planification (13). Au chapitre 2, lorsque nous traitions de l'école de la théorie de la décision, nous avons passé en revue le travail des "incrémentalistes" (14). Les données du chapitre 4, où nous avons examiné les rôles du cadre liés à la décision, ont tendance à corroborer cette description de l'élaboration de la stratégie comme un processus complexe d'adaptation. La stratégie paraît évoluer au cours du temps à mesure que les cadres prennent des décisions de répartition de ressources qui sont nombreuses et variés. Les cadres ont tendance à scinder leurs projets d'amélioration en suites de décisions, parce qu'ils ont besoin d'informations en retour et parce que, dans une action, le moment de l'action est important. Ni la recherche ni l'évaluation d'alternatives ne paraissent être conduites en fonction d'un plan systématique, et les valeurs de l'organisation sont appliquées aux décisions d'une façon qui demeure mystérieuse. Le processus d'élaboration de la stratégie ne semble être intégré que dans la mesure où le cadre, grâce aux nombreuses informations dont il dispose et grâce aux vagues plans qu'il a développés dans sa tête, peut relier les unes aux autres les décisions qu'il prend. Ainsi, la pratique courante de l'élaboration de la stratégie ne peut être qualifiée de "planification grandiose". Bien que les incrémentalistes minimisent le rôle de l'esprit d'entreprise, sous-estiment le pouvoir du cadre et la capacité de l'organisation à s'imposer à elle-même des changements importants, il y a peu de doutes qu'ils présentent la meilleure description du comportement le plus courant dans le domaine de l'élaboration de la stratégie.

---

(12) Un débat s'est fait jour entre théoriciens de la gestion pour savoir si l'ordinateur a un effet centralisateur ou décentralisateur sur les structures d'organisations (voir par exemple Leavitt et Whistler, 1958). De la discussion qui précède, il ressort que tout système (informatisé ou non) qui rend l'information du cadre plus disponible pour ses subordonnés a un effet *dé*centralisateur sur la structure de l'organisation. Aujourd'hui chaque cadre garde en tête beaucoup des informations importantes pour son organisation; il est incapable d'en diffuser une bonne partie, et ce qu'il en diffuse n'est transmis qu'à un nombre réduit de personnes. Il maintient, par conséquent, un contrôle centralisé sur les décisions importantes de son organisation, à cause de la compréhension globale qu'il a de la situation. Si les moyens permettent la diffusion efficace de l'information, le cadre sera encouragé à partager la responsabilité pour ces décisions puisque ses subordonnés partagent une base de données communes plus riche. Par conséquent, l'autorité sur la décision sera transférée vers le bas de la hiérarchie et il y aura un effet décentralisateur général.
Cet arguement repose cependant sur une hypothèse essentielle: le système d'information sera reprogrammé mais pas le système d'élaboration de la stratégie. Ceci peut être vrai à court terme, parce que le système d'information est plus simple et plus facile à reprogrammer. A long terme, cependant, l'analyste pourrait être capable de reprogrammer l'élaboration de la stratégie. Un jour, peut-être, grâce à des programmes puissants de planification et l'accès à l'information nécessaire, le département de planification pourrait être capable de *re*centraliser la structure de l'organisation en prenant des décisions meilleures que celles qui peuvent être prises par un groupe de cadres informés (Galbraith, 1967, dans *Le Nouvel Etat Industriel*, suggère que tel est déjà le cas. Ce que nous avons trouvé, et qui est exposé dans les chapitres 3 et 4, suggère que nous n'en sommes pas encore là). Il apparaît ainsi que nous aurons de la décentralisation dans la mesure où nous concevons des systèmes de traitement de l'information efficaces, et de la centralisation dans la mesure où nous concevons des systèmes efficaces d'élaboration de la stratégie.

Mais cette élaboration doit-elle rester un processus subjectif que le cadre est seul à conduire ? Il y a au moins trois bonnes raisons pour lesquelles la réponse est non :

1. Le cadre est soumis à des contraintes de temps alors que ce n'est pas le cas pour son équipe de planificateurs. Ce qui n'est pour le cadre qu'une partie du travail peut être un travail à plein temps pour le planificateur. Un sénateur américain disait :

> Vous savez ce qu'est une semaine habituelle de la vie d'un membre du Cabinet : sept discours officiels, sept discours non officiels, sept auditions à l'Assemblée, sept cocktails officiels, sept dîners. C'est un rythme qui ne laisse aucun temps pour le type de réflexion nécessaire à une planification créative. Ce qu'ils peuvent faire, ce qu'ils devraient faire, ce qu'ils doivent faire, et tout ce qu'on devrait leur demander de faire, c'est de donner leur jugement sur des questions bien définies de politique générale...
>
> ...Je suis convaincu que nous n'aurons jamais le type de politique générale et de planification dont nous avons besoin si nous nous attendons à ce que les officiels de haut rang participent au processus de planification. Ils n'ont tout simplement pas le temps, et de toute façon ils n'ont pas les capacités nécessaires pour faire de bons planificateurs. Ils ne peuvent explorer les questions en profondeur et de façon systématique. Ils ne peuvent pas argumenter et développer à loisir avantages et désavantages dans le type de négociation qui est nécessaire si on veut atteindre avec d'autres une compréhension en profondeur des points d'accord et de désaccord (cité par Anthony, 1965, pp. 46-47).

2. A mesure que les organisations grandissent et que leurs décisions deviennent plus complexes, le coût relatif de l'analyse décroît, alors que les méthodes intuitives du cadre, qui ne peuvent être améliorées que lentement, deviennent de moins en moins acceptables. De plus, à mesure qu'il devient de plus en plus économique de transcrire l'information, l'approche formelle devient plus intéressante. Comme l'écrit Charles J. Hitch :

> On ne trouve presque jamais une personne qui ait une compréhension intuitive de toutes les disciplines touchant un problème de défense nationale donné qui soit important. On peut rassembler un groupe d'experts, dont chacun a une bonne compréhension de chacun des facteurs intervenant dans la réponse à l'une des nombreuses sous-questions, et obtenir après discussion une réponse à peu près exempte d'ambiguïté. Mais en général, et tout particulièrement quand le choix n'est pas entre deux alternatives mais entre de nombreuses alternatives, l'analyse systématique est essentielle. ... Et quand les facteurs pertinents sont nombreux et complexes, comme c'est généralement le cas dans les problèmes de défense, l'intuition est à elle seule incapable de les soupeser et d'aboutir à une décision saine (1965 p. 56).

---

(13) Voir Mintzberg (1967).

(14) Voir, en particulier, les travaux de Cyert et March (1963) et Braybrooke et Lindblom (1963).

3. Il est difficile de relier entre elles des décisions qui sont prises "à la marge" au sein d'un processus adaptable. Il est plus facile d'intégrer une stratégie planifiée de façon explicite.

Les partisans de la planification envisagent d'utiliser des programmes analytiques pour développer des stratégies audacieuses et intégrées. Typiques de ce groupe, on trouve H. Igor Ansoff (1965) et George A. Steiner (1969) qui décrivent, dans leurs ouvrages sur la planification, des procédures détaillées ayant pour but l'élaboration de stratégies organisationnelles ; et Hitch et mc Kean (1960) qui, dans leur ouvrage intitulé *"L'économie de la défense à l'âge nucléaire"* présentent le système de planification-programmation-budgétisation dont Robert Mc Namara a inauguré l'emploi au ministère de la défense aux Etats-Unis (15). Ces approches analytiques sont issues des conceptions de "la prise de décision rationnelle" développées par les économistes. Comme la chose est généralement présentée dans la littérature, le processus de planification stratégique commence avec l'étude des valeurs et des objectifs de la direction générale, des forces et des faiblesses de l'organisation, et des opportunités et problèmes rencontrés. Des plans stratégiques sont alors conçus pour résoudre les problèmes et tirer parti des opportunités ; ils s'appuyent sur les points forts de l'organisation et essayent d'atteindre ses objectifs. Sont spécifiés ensuite un certain nombre de projets et de budgets à court et long terme, qui sont autant d'opérationnalisations du plan.

Les critiques de cette approche rationnelle de l'élaboration de la stratégie suggèrent qu'elle est exagérément simplifiée et quelque peu stérile si on considère la complexité à laquelle fait face celui qui élabore la stratégie. Dans son ouvrage *«Une stratégie de la décision»*, Lindblom (avec Braybrooke, 1963) développe l'argument selon lequel l'approche "synoptique" ne peut marcher parce qu'elle n'est pas adaptée à la capacité limitée de l'homme à résoudre des problèmes, au caractère inadéquat de l'information, à l'incapacité dans laquelle se trouve l'analyste de spécifier des buts opérationnels, au besoin manifesté par le cadre de scinder ses actions en plusieurs parties, et au caractère complexe et ouvert des situations stratégiques auxquelles le cadre fait généralement face. Lindblom note de plus que l'analyse coûte cher. Bien qu'il s'intéresse là à ce qui se passe dans le secteur public, la plupart des arguments de Lindblom s'appliquent aussi à la planification dans les entreprises. Pour les petites entreprises, la planification est coûteuse. Pour les grandes, l'environnement stratégique est complexe.

Nous nous trouvons donc face à un "dilemme de la planification" (16). Le cadre, qui a l'information et la flexibilité lui permettant de travailler dans un environnement dynamique, n'a pas le temps de se concentrer intensément sur des questions complexes. Le planificateur, qui a le temps et la compétence nécessaires pour procéder à une analyse systématique, n'a pas la flexibilité et l'information qui sont nécessaires. Le cadre comprend qu'il soit nécessaire de s'adapter à ce qui se passe aujourd'hui ; le planificateur est prêt à intégrer à son plan ce qui se passera demain.

---

(15) NdT. Ce système est relativement connu en France sous son acronyme américain : P.P.B.S. (initiales de Planning-Programming-Budgeting System). La rationalisation des choix budgétaires, encore nommée R.C.B. est un équivalent français.

(16) Pour un traitement plus approfondi de cette question, voir Hekimian et Mintzberg (1968).

Une approche purement incrémentale, dans laquelle le cadre est à la poursuite des opportunités quand il n'est pas poursuivi par des crises, dans laquelle les projets d'amélioration sont considérés de façon intermittente et indépendamment les uns des autres, et dans laquelle les plans n'existent que dans l'esprit du cadre, est une approche de plus en plus inadéquate. mais la nature dynamique et ambigüe de l'environnement transforme la planification formelle en un rituel stérile et encourage l'adoption d'une approche adaptable de l'élaboration de la stratégie. Il est clair qu'il est nécessaire de coupler les capacités du cadre aux aptitudes de l'analyste.

Sept zones de coopération possible entre cadre et analyste

Pour reprogrammer de façon efficace l'élaboration de la stratégie, il faudrait utiliser d'une part l'accès du cadre à l'information, sa capacité à réagir aux problèmes et aux opportunités non prévus, et d'autre part les capacités d'analyse du spécialiste fonctionnel. Un tel montage reconnaîtrait à la fois que la responsabilité de la décision est en dernier ressort celle du cadre, et aussi qu'il faut intégrer les décisions de façon systématique. Il reflèterait aussi le fait que le cadre a des contraintes de temps sévères, alors que l'analyste a le temps d'étudier en profondeur les questions stratégiques.

Il apparaît que dans une variété de domaines, cadres et analystes pourraient coopérer. Sept de ces domaines font l'objet d'une discussion ci-dessous, avec des hypothèses sur ce que pourraient être diverses reprogrammations du processus d'élaboration de la stratégie. Les domaines discutés incluent la découverte des problèmes et des opportunités, l'évaluation des coûts et des bénéfices des projets proposés, l'élaboration de modèles, la planification pour diverses contingences, l'analyse "en temps réel", le suivi des projets d'amélioration, et le développement de plans adaptables.

Découverte des problèmes et des opportunités. Dans son rôle d'*entrepreneur,* le cadre est à la recherche de problèmes et d'opportunités qui appellent l'action. L'analyste peut faire une partie de ce travail. Il a plus de temps et, si on lui donne quelques lignes directrices, il peut identifier pour le cadre certains types de problèmes et d'opportunités. Il peut analyser les forces de l'organisation et les "trous" dans les activités, conduire des études de marché, et procéder à des études de planification (17). Les analystes font aujourd'hui certaines de ces choses ; nous proposons qu'ils le fassent non pas parce qu'un cadre les a chargés d'une étude spécifique, mais parce qu'on leur demande de chercher au sens le plus large du terme les situations qui appellent les décisions. Le rôle de l'analyste serait ici non de fournir au cadre des données sur les tendances et les changements, mais d'en déduire quels sont les problèmes et opportunités que ces données suggèrent.

---

(17) Dans le domaine de la prévision, l'analyste travaillant au niveau de la direction générale serait probablement amené à consacrer la plupart de son temps à prévoir des contingences (par exemple des percées technologiques ou des changements de la législation dans le domaine du commerce international), et des changements sociaux (par exemple les goûts des consommateurs, l'orientation du gouvernement), et non à faire des projections dans l'avenir des paramètres économiques ou d'autres paramètres quantitatifs.

L'analyse coût-bénéfice. L'élaboration des choix stratégiques est la prérogative du cadre. C'est lui qui comprend le mieux quel est le système de pouvoir et quelles sont les valeurs de l'organisation. Bien que les économistes aient beaucoup écrit sur les pris pour l'organisation. Bien que les économistes aient beaucoup écrit sur les fonctions d'utilité et de préférence, et que les théoriciens aient demandé de façon répétée que des buts explicites soient fixés dans les organisations, il reste très douteux que ce puisse être fait d'une façon qui soit utile. Comme le suggère Lindblom, le système de valeur de beaucoup d'organisations peut être tout simplement si dynamique et si complexe que les buts ne peuvent être formulés autrement que dans les termes les plus généraux (et non opérationnels). En l'absence de buts explicites opérationnels, le cadre doit conserver par devers lui toute la responsabilité des choix ; le rôle de l'analyste doit être d'augmenter la capacité du cadre à faire ces choix.

L'analyse coût-bénéfice (ou analyse du rendement des investissements) est une méthode grâce à laquelle l'analyste peut améliorer la prise de décision ; par cette méthode l'analyste évalue avec soin et de façon systématique les coûts et les bénéfices associés à différentes solutions d'un problème. En prenant le temps nécessaire pour extraire et mettre en ordre les données dont le cadre a besoin pour effectuer ses choix, l'analyste peut améliorer la qualité des décisions prises par le cadre. Il peut étudier une situation et en faire le diagnostic, développer différentes solutions et procéder de façon systématique à l'analyse des conséquences qu'elles ont pour chacun des cadres.

Malgré le développement puis l'abandon de l'analyse coût-bénéfice au Département de la Défense de Robert Mc Namara, nous assisterons probablement à une utilisation de plus en plus marquée de cette approche importante de questions de politique générale. Le concept initial de recherche opérationnelle - dans lequel une équipe interdisciplinaire d'analystes habiles s'attelait en profondeur à un problème - était un concept des plus puissants. Il est dommage que la tendance récente de ce domaine se soit portée vers l'application de techniques spécifiques sophistiquées. Pour l'analyse appliquée à la politique générale, il y a un besoin de retourner à cette approche fondamentale.

L'élaboration de modèles. L'analyste peut fournir au cadre le résultat d'analyses spécifiques. De plus, il peut développer pour lui la capacité analytique permettant de prendre en général de meilleures décisions. Au chapitre 4, nous avons suggéré que les cadres élaborent pour eux-mêmes des modèles implicites qui les aident à faire des choix. Les analystes peuvent formaliser ce processus, avec pour objectif de développer de meilleurs modèles pour le cadre.

Il se peut que les analystes soient capables de développer certains modèles informatiques simulant de façon explicite certaines situations auxquelles les cadres doivent faire face. Par exemple, des modèles de dynamique industrielle pourraient être conçus pour simuler le système de production et les circuits financiers de l'organisation (Forrester, 1961) ; des tableaux entrées/sorties pourraient être conçus pour décrire les échanges entre industries. Des modèles informatiques pourraient être développés pour des situations spéciales : par exemple un cadre qui entame une négociation syndicale pourrait trouver utile un programme qui calcule en temps réel le coût de propositions d'augmentation salariale. Bien qu'une telle approche soit très séduisante, il pourrait n'y avoir que peu de domaines de politique générale pour lesquels des modèles informatiques efficaces peuvent aujourd'hui être construits. Il est difficile concilier l'exigence d'une exactitude suffisante et celle d'une flexibilité qui soit assez forte pour permettre l'adaptation à de nouvelles informations.

Il existe une seconde approche du développement de modèles ; elle est moins ambitieuse mais probablement plus pertinente. Les cadres réunissent et assemblent des bouts d'information divers ; graduellement des structures apparaissent dans leur esprit, qui se combinent en modèles décrivant divers aspects de l'environnement. De tels modèles sont, par essence, des conceptions simples de la réalité. Parfois ils sont très puissants et conduisent à des décisions efficaces ; parfois ils sont grossiers et conduisent à des erreurs flagrantes. Par exemple, la validité du modèle qu'un Président des Etats-Unis a du comportement de l'ennemi ou du fonctionnement de son propre pays déterminera dans une large mesure l'efficacité de ses décisions militaires ou économiques. Nous avons vu suffisamment d'exemples de décisions prises à ce niveau sur la base de modèles simplistes pour apprécier la valeur des bons modèles.

Exposer de façon systématique le cadre aux meilleures analyses conceptuelles disponibles des situations auxquelles il fait face est une façon d'améliorer ses modèles. L'analyste pourrait avoir comme rôle-clef de mettre les bons modèles dans la tête du cadre, de lui présenter des descriptions simples mais puissantes de phénomènes complexes : comment se comportent ses consommateurs, comment ses concurrents réagissent aux événements, comment les marchés de son organisation sont affectés par les changements de technologie, comment les flux financiers parcourent son organisation. On peut trouver quelques-unes de ces descriptions dans la littérature contemporaine, quelques-unes peuvent avoir déjà été développées par des analystes. Le point essentiel à considérer est que le cadre développe des modèles de cet ordre de toute façon ; en se concentrant sur eux de façon explicite l'analyste peut faire en sorte que les modèles soient les meilleurs possibles.

Planifier pour des contingences. Tout cadre doit de temps à autre faire face à une perturbation majeure dont il savait qu'elle avait une certaine probabilité - faible - de se produire. La banque supprime la possibilité de découvert, un fournisseur important n'effectue pas certaine livraison à la date prévue, une usine est détruite par le feu, un subordonné-clef quitte l'entreprise.

Les cadres, souvent, ne peuvent pas prendre le temps d'anticiper tous ces événements ; ils doivent simplement réagir à beaucoup d'entre eux comme à des crises. L'analyste, par contre, a le temps d'étudier leur probabilité et l'effet qu'ils peuvent avoir sur l'organisation. Quand la contingence représente, si elle survient, une menace considérable pour l'organisation, l'analyste peut convaincre le cadre d'agir en avance à titre préventif. Dans d'autres cas, l'analyste peut élaborer un plan (ou plusieurs), de telle sorte que si les événements se produisent et que la pression s'intensifie, le cadre a immédiatement à sa disposition un ensemble de mesures mises au point dans des circonstances plus calmes.

L'analyse en temps réel. Quels que soient les plans, fussent-ils les meilleurs, des événements imprévus se produiront. Parfois des opportunités se présentent soudainement ; à d'autres moments des crises surgissent. En partie les crises reflètent simplement les conséquences imprévues de l'innovation ; il est difficile d'imaginer une organisation en bonne santé qui puisse éliminer toutes les crises. Plutôt que de condamner "la gestion par crises" comme l'analyste a eu tendance à le faire, il serait plus avisé de développer des méthodes par lesquelles le cadre qui est confronté à une crise peut faire appel à ses services.

L'analyste d'aujourd'hui n'est souvent pas préparé à travailler sur des décisions "en temps réel". Les méthodes qu'il utilise ont tendance à avoir un coût de démarrage élevé et à consommer beaucoup de temps. Il a été formé dans la tradition du "choix rationnel" des économistes. Il préfère rechercher toutes les alternatives et leurs conséquences, et quantifier coûts et bénéfices chaque fois qu'il le peut. De plus, il est orienté vers l'utilisation de techniques élégantes qui impliquent souvent le recours à des mathématiques sophistiquées. Ces approches prennent du temps, et souvent tellement de temps que le cadre est nécessairement exclu de la décision en temps réel. L'analyste doit développer une capacité à conduire des "analyses en temps réel", c'est-à-dire à donner au cadre des réponses alors même que le problème est d'actualité.

Avec une compréhension approfondie de l'environnement du cadre et la capacité de réagir rapidement, l'analyste serait capable de mettre en œuvre son approche analytique pour aider le cadre sous pression. Il serait préparé à prévoir à l'aide de mathématiques simples, à conduire des études de marché brèves sans souci de validité statistique, et à procéder à des études coût-bénéfice utilisant des estimations grossières et un nombre limité d'alternatives.

> En partie, le planificateur a fait ce que le cadre pourrait faire s'il en avait le temps. Mais il l'a fait plus en profondeur et en étant beaucoup moins pressé par le temps. Le cadre a continué à faire son travail comme il doit le faire, en prêtant attention au courrier et aux personnes qui l'appellent, pendant que le planificateur se concentre sur le problème. La clef de ce système est l'effet de levier. Le cadre peut passer une heure à définir la question pour le planificateur et une heure à écouter, une semaine plus tard, ses recommandations. Pendant cette semaine le planificateur et son équipe de huit collaborateurs peuvent consacrer en tout plus de l'équivalent de deux mois de travail au problème (Hekimian et Mintzberg, 1968, p. 16).

L'analyse faite "à la va-vite" peut ne pas être élégante, mais elle améliorerait beaucoup la capacité du cadre à faire face à la pression.

Le suivi des projets. Le cadre est personnellement responsable de la conception de beaucoup des projets d'amélioration les plus importants de son organisation, et il travaille de façon intermittente à ces projets. Le cadre dirigeant typique peut superviser, à un moment donné, cinquante projets de cette nature, ou plus, situés les uns et les autres à diverses étapes de leur développement. Garder le contrôle dans ce domaine est une tâche difficile, particulièrement pour le cadre qui a d'autres choses à faire. Un rôle évident pour l'analyste est le suivi de ces projets : se maintenir informé de l'évolution de chacun d'eux, programmer les diverses séquences d'actions (on peut imaginer l'analyste travaillant dans une vaste salle de commandement militaire en temps de guerre, entouré de murs couverts de diagrammes PERT ou de Gantt). Dans ce système, le cadre continue de superviser ces projets, mais il est libéré de la tâche difficile qui consiste à garder en mémoire l'état d'évolution de chacun d'eux.

La planification adaptable. Un plan stratégique formel est simplement, en un sens opérationnel, la formulation explicite d'un ensemble de projets d'amélioration intégrés les uns aux autres et mutuellement complémentaires. Le développement d'un tel plan cependant, s'avère être une entreprise extrêmement difficile. L'organisation doit être capable de collecter une immense quantité de matériaux fiables, de les rassembler puis de les comprendre suffisamment pour pouvoir les intégrer en un document unique qui ait un sens. Lorsque la majorité des informations importantes est écrite, lorsque l'environnement est suffisamment prévisible et stable pour que des plans élaborés aujourd'hui puissent avoir quelque signification demain ; et lorsque l'organisation est assez grande pour pouvoir se payer ce qui pourrait être un exercice coûteux, alors il est probablement sensé pour elle d'entreprendre l'élaboration d'un plan stratégique global.

De façon typique, un plan est présenté sous la forme d'un ensemble de décisions déterminées devant être mises en œuvre telles quelles. Mais les cadres, même ceux qui sont dans un environnement stable, ont besoin de plans qui puissent être mis en œuvre de façon flexible. Ils ont besoin de pouvoir choisir *quand* mettre en œuvre tel ou tel projet, et dans certains cas ils ont besoin de pouvoir décider *comment* les mettre en œuvre, de pouvoir choisir entre différentes alternatives. Si on veut que les plans soient utiles il faut prévoir y tenir compte d'événements incertains et d'une programmation flexible. Par exemple, un cadre peut désirer se garder la possibilité d'attendre, pour se décider définitivement sur un projet d'expansion, d'être en mesure d'évaluer l'humeur du gouvernement dans le domaine de la politique monétaire ; ou il peut préférer attendre, pour choisir une nouvelle structure d'organisation parmi plusieurs possibles, de voir les résultats de plusieurs changements attendus dans le domaine du personnel.

En fait, les cadres ont besoin de plans adaptables qui leur permettent de fonctionner comme il le faut dans des environnements dynamiques. Le planificateur doit élaborer plusieurs plans, et tenir compte du facteur temps ; il doit produire des plans sous forme d'arbres de décision. On peut, à la suite de Schlesinger (18), dire que le plan rigide de la figure 18 b est à l'image d'un voyage organisé dont toutes les étapes sont fixées dès le départ, alors que le plan à options de la figure 18 a est à l'image d'un voyage organisé dans lequel, à chaque étape, le client peut choisir entre plusieurs possibilités de parcours.

Ceci complète les quelques commentaires que nous voulions faire sur les sept domaines dans lesquels l'analyste peut jouer un rôle dans l'élaboration de la politique générale. Pour conclure, laissez-moi revenir à Frederick Taylor, qui écrivait, il y a plus de cinquante ans :

---

(18) James Schlesinger «Organizational Structure and Planning», The Rand Corporation, p 3316, 25 Février 1966.

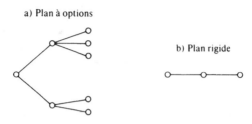

Figure 18. Planification rigide et planification adaptable

Il est vrai que, chaque fois que des hommes intelligents et instruits trouvent que c'est à eux qu'incombe la responsabilité de faire progresser l'un quelconque des arts mécaniques, plutôt qu'aux ouvriers qui, eux, font le travail, ils commencent presque toujours à s'engager sur la voie qui mène au développement d'une science là où, auparavant, n'existait tout au plus qu'un savoir traditionnel ou empirique. Lorsque des hommes, à qui leur éducation a donné l'habitude de généraliser et de rechercher partout des lois, se trouvent eux-mêmes confrontés à une multitude de problèmes ayant entre eux un air de famille, comme c'est le cas dans chaque métier, il est inévitable qu'ils cherchent à rassembler ces problèmes en certains groupes logiques, puisqu'ils cherchent quelques lois ou règles générales les guidant dans leur solution. ... Tout le temps de l'ouvrier, chaque jour, est consacré à faire le travail de ses mains, de telle sorte que, même s'il avait l'éducation nécessaire et l'habitude de généraliser, il manquerait du temps nécessaire pour développer ces lois (1947, pp. 103-104).

Aujourd'hui, gérer reste un art, et non une profession fondée sur une discipline scientifique. C'est le cas bien que tous les cadres paraissent avoir les mêmes rôles de base. Pour assumer ces rôles, les cadres utilisent de l'information non écrite difficile à transmettre, et des méthodes intuitives difficiles à comprendre. Pour ces raisons les cadres reçoivent peu d'aide de la part des analystes. En conséquence certaines activités importantes liées au traitement de l'information et à l'élaboration de la stratégie ont tendance dans chaque organisation à être centralisées entre les mains de la personne qui est à la tête de l'organisation.

Tout indique que l'analyste peut commencer à être efficace au niveau de la politique générale, tout comme il l'a été au niveau des opérations il y a plus de cinquante ans. Les conditions pour qu'il en soit ainsi sont claires : description des programmes que les cadres utilisent, rédaction des informations qui sont dans leurs têtes, et un retour à l'analyse flexible centrée et fondée sur la résolution de problèmes plutôt que sur l'utilisation de techniques élégantes.

Les organisations modernes grandissent très rapidement, à la fois en taille et en complexité, dans une large mesure à cause d'une meilleure technologie de production. Les développements des sciences sociales, en particulier des sciences de gestion, doivent suivre au même rythme. Surtout dans le secteur public. les décisions des organisations modernes deviennent trop importantes par leurs conséquences pour que nous puissions nous contenter des méthodes de gestion traditionnelles.

PROPOSITIONS POUR UNE SCIENCE DE LA GESTION

1. Il n'y a jusqu'ici pas de science dans le travail du cadre. Celui-ci ne suit pas des procédures prescrites par l'analyse scientifique, et l'analyste n'a eu aucun impact sur la façon dont il travaille. Pour l'essentiel, les cadres travaillent aujourd'hui comme ils l'ont toujours fait.

2. Pour développer une science de gestion, il faudra identifier les programmes des cadres, spécifier leurs contenus, les relier les uns aux autres en une simulation du travail du cadre ; il faudra aussi que l'analyste examine de façon systématique les programmes spécifiques, puis les améliore (les reprogramme).

3. Bien que presque rien dans le travail du cadre ne soit explicitement programmé, la recherche suggère que tout le comportement de prise de décision des cadres peut être décrit à l'aide de programmes complexes.

4. Le cadre a dans son répertoire un certain nombre de programmes précieux qui peuvent être appliqués à une grande variété de situations. Il combine ces programmes et les utilise tour à tour en fonction des besoins d'une situation particulière. Parmi les programmes généraux que l'on peut identifier, on compte la recherche active et la diffusion d'information ainsi que la négociation. De plus, d'autres programmes existent, comme un groupe de programmes de leadership, qui sont plus difficiles à isoler.

5. Le cadre utilise un programme spécifique - le programme emploi du temps - pour contrôler toutes ses activités, pour déterminer la suite des tâches, pour définir quand chacune d'elle sera exécutée et combien de temps lui sera consacré. De plus il utilise probablement un grand nombre d'autres programmes spécifiques pour des besoins spécifiques (pour recruter un subordonné par exemple).

6. Malgré un récent intérêt porté à l'utilisation des sciences de gestion au niveau de la politique générale, les progrès ont été lents et continueront à l'être jusqu'à ce que soit développée une compréhension claire des processus de travail du cadre et jusqu'à ce que l'analyste puisse avoir accès aux informations jusqu'ici non écrites du cadre.

7. Un certain nombre de programmes du cadre (peut-être la programmation de ses activités) peuvent être susceptibles d'automation complète. Beaucoup d'autres (comme ceux qui sont associés au leadership) exigent des réponses humaines flexibles et seront difficiles à reprogrammer. Ce qui est probablement le groupe de programmes le plus nombreux se prêtera à une reprogrammation partielle, de telle sorte que le cadre les fera fonctionner au sein d'un système homme-machine ou cadre-analyste.

8. Au niveau le moins sophistiqué, une équipe d'analystes avertis peut jouer un rôle utile en reprogrammant l'activité par laquelle le cadre établit son emploi du temps. Le cadre donne quelques-unes des règles qu'il utilise ; l'analyse de ses habitudes de travail fournit les autres. Une fois que ces règles sont explicitées, elles peuvent être appliquées aux demandes faites sur le temps du cadre et peuvent être utilisées dans le développement d'une journée de travail plus productive.

9. Les systèmes d'information traditionnels n'ont pas été conçus pour le cadre. Ils fournissent des données internes, historiques, précises, agrégées, et de références, alors que le cadre cherche pour une large part des données externes, actuelles, incertaines qui ont la nature d'un stimulus. Le cadre est donc forcé de s'appuyer sur son propre système d'information, d'une facture nécessairement grossière. En comprenant comment le cadre utilise réellement l'information, l'analyste peut aider à concevoir et à faire fonctionner un système plus efficace de recherche active d'information. Il s'agirait d'un système "intermédiaire" - formel mais probablement non informatisé - qui fournirait au cadre la plupart des informations dont il a besoin.

10. En transcrivant les informations du cadre de façon à ce que d'autres puissent y avoir accès, on créerait une banque de données formelle de quelques-unes parmi les informations les plus importantes de l'organisation. Cette banque de données serait la base d'un système de diffusion de l'information. Elle aurait aussi l'avantage de rester en place quand le cadre quitte l'organisation. L'existence d'une telle base de données explicites est une condition nécessaire pour la reprogrammation efficace de l'élaboration de la stratégie.

11. Le travail le plus difficile (mais il est lucratif) auquel l'analyste peut s'atteler est la reprogrammation de l'élaboration de la stratégie. Les pratiques actuelles qui sont largement en accord avec la vision "incrémentale" de l'élaboration de la stratégie présentée dans la littérature, deviennent de moins en moins adéquates à cause des contraintes de temps du cadre, de la complexité croissante des décisions organisationnelles, et de la difficulté d'intégrer les unes aux autres des décisions prises petit à petit. Malheureusement, la planification stratégique, telle qu'elle est généralement présentée dans la littérature, est une procédure simpliste qui ne peut faire face à la complexité de l'environnement dans lequel s'élabore la politique générale.

12. Le "dilemme de la planification" suggère que les cadres sont informés et comprennent la dynamique de l'environnement, et que les analystes ont le temps et le goût pour l'analyse systématique qu'exigent les décisions stratégiques complexes. Il y a au moins sept domaines (présentés ci-dessous) dans lesquels cadres et analystes peuvent coopérer pour reprogrammer l'élaboration de la stratégie.

13. L'analyste peut entreprendre une *recherche systématique des opportunités et problèmes* qui appellent l'action. Son travail consisterait, non à abreuver le cadre de données sur les tendances et les changements, mais à en déduire les problèmes et les opportunités que ces données suggèrent.

14. L'analyste peut conduire des *analyses coût-bénéfice* pour clarifier les questions de politique générale auxquelles le cadre fait face. Cette approche importante sera probablement de plus en plus employée ; elle requiert une habileté à la résolution de problèmes et à l'interdisciplinarité plutôt que l'emploi de techniques sophistiquées.

15. Le cadre a besoin de modèles simples mais puissants pour l'aider à faire des choix. Les analystes peuvent entreprendre la *construction de modèles* dans les domaines dans lesquels les données sont disponibles et où on peut élaborer des programmes informatiques suffisamment flexibles pour fournir au cadre une simulation actuelle et exacte. Mais il pourrait être plus efficace de voir l'analyste présenter au cadre de façon systématique des descriptions puissantes des phénomènes complexes auxquels il fait face, afin que les modèles que le cadre développe dans son esprit soient fondés sur la meilleure compréhension conceptuelle disponible.

16. L'analyste peut prendre le temps de prédire des événements qui risquent de survenir et qui, s'ils se produisaient, auraient un effet perturbateur sur l'organisation ; ceci fait, il peut s'atteler à développer des *plans d'actions* faciles à mettre en œuvre si un événement particulier se produit.

17. Quand opportunités et crises surgissent sans qu'on les ait prévues, l'analyste averti qui est prêt à sacrifier l'élégance de ses techniques, peut entreprendre des *analyses en temps réel*. Les analystes qui ont une compréhension approfondie de l'environnement du cadre, qui sont capables d'agir rapidement et qui sont prêts à abandonner l'usage de techniques exhaustives qui prennent du temps pour utiliser des méthodes imparfaites mais rapides, devraient s'avérer d'une énorme utilité pour les cadres qui ont à faire face à une situation à haute pression.

18. L'analyste peut assumer la responsabilité du suivi des projets. Les cadres dirigeants supervisent généralement un grand nombre de projets d'amélioration qui sont à des étapes différentes de leur développement. L'analyste peut en assurer le suivi, garder en mémoire le stade de développement de chacun, et programmer leurs différentes étapes de façon à ce que le cadre les réalise.

19. Dans certaines situations, la planification formelle globale peut être justifiée : dans les environnements relativement stables et prévisibles, où les données sont écrites et fiables, et là où l'organisation peut supporter le coût. Mais les plans devraient être conçus de telle façon que le cadre puisse disposer d'une flexibilité dans leur mise en œuvre. Le planificateur peut entreprendre une *planification adaptable*. Ceci permettrait au cadre de s'ajuster à son environnement et de prendre la décision convenue seulement quand il sent que le moment est approprié ; dans certains cas, le cadre pourrait choisir entre plusieurs alternatives.

7
Devenir du travail du cadre

Maintenant ce n'est pas la fin Ce n'est même pas le début de la fin. Mais c'est, peut-être, la fin du début.

Winston Churchill

Dans ce dernier chapitre, nous commençons par passer en revue de façon systématique ce que nous avons trouvé, et qui est exposé dans les chapitres 3 à 6. Mais, alors que nous avons considéré quatre analyses distinctes des données empiriques disponibles, nous changeons ici l'ordre de présentation pour montrer les relations logiques qui existent entre elles. Partant d'une définition de ce qu'est un cadre et de ce que sont, à la base, ses objectifs, nous en déduisons les dix rôles qu'il met en œuvre dans son travail. Ces rôles indiquent la responsabilité considérable du cadre dans son organisation, responsabilité qui confère à son travail un certain nombre de caractéristiques. C'est à cause de ces caractéristiques qu'une science traitant de l'activité d'encadrement, n'a pas encore émergé. La seconde section de ce chapitre décrit le cadre dans un "cercle vicieux".

Ce résumé descriptif est suivi de quatre sections qui présentent quelques conclusions normatives de ces découvertes. La troisième section concerne le cadre lui-même ; elle contient une liste de questions par lesquelles le cadre peut pratiquer l'analyse de sa propre situation, ainsi que dix points dont il pourrait tenir compte pour améliorer son efficacité. Dans la quatrième section, nous considérons les conséquences de ce que nous avons trouvé pour ceux qui forment les cadres. particulièrement dans le domaine du développement des aptitudes, et nous examinons brièvement dans la cinquième section, les conséquences pour les analystes.

La dernière section contient quelques suggestions pour des recherches futures. Ces quatre sections sont présentées de façon à suggérer l'ordre dans lequel le changement affectera le travail du cadre. Les cadres d'aujourd'hui peuvent effectuer des changements immédiats dans la façon dont ils travaillent, alors que la formation n'affectera que la prochaine génération de cadres. Le spécialiste des sciences de gestion peut aider aujourd'hui le cadre de diverses façons, mais il faudra un temps considérable pour développer une véritable science de la gestion. Enfin, c'est au chercheur qu'il incombera de développer une compréhension approfondie de ce qu'est le travail du cadre, compréhension dont tous les participants — cadres, formateurs, analystes — auront besoin s'ils veulent pouvoir effectuer des changements importants dans le travail d'encadrement.

UNE DESCRIPTION GLOBALE DU TRAVAIL DU CADRE

Je présente ci-dessous un résumé des propositions fondamentales concernant le travail du cadre et qui ont été développées dans les chapitres 3 à 6. Il faut noter que ces propositions ont des supports empiriques de qualités différentes : certaines ne sont que de simples hypothèses, d'autres sont puissamment corroborées par des données empiriques. Le lecteur peut se tourner, pour plus de détail, vers les sections appropriées des chapitres précédents. Ces propositions sont présentées ici sous la forme d'une description globale pour montrer quelles relations mutuelles existent entre les raisons d'être du cadre, ses rôles et les caractéristiques de son travail, et quelle influence ces trois éléments exercent sur le développement d'une science de la gestion.

Définition et objectifs fondamentaux. On appelle cadre toute personne qui a la responsabilité d'une organisation formelle ou d'une de ses sous-unités. Il est investi d'une autorité formelle sur sa propre unité, et ceci conduit à ses deux objectifs fondamentaux. D'abord, le cadre doit faire en sorte que son organisation produise de façon efficace les biens ou services qui lui sont spécifiques. Il doit concevoir les opérations de base et en assurer la stabilité ; il doit adapter, de façon contrôlée, son organisation à un environnement changeant. Ensuite, le cadre doit faire en sorte que l'organisation serve les objectifs des personnes qui la contrôlent (les "sources d'influence"). Il doit interpréter leurs diverses préférences et les combiner pour parvenir à des formulations des préférences de l'organisation qui guident les décisions prises. A cause de son autorité formelle, le cadre a deux autres raisons d'être. Il doit servir de lien de communication clef entre son organisation et l'environnement de celle-ci, et assumer la responsabilité du fonctionnement du système statutaire.

Dix rôles professionnels. Dix rôles, reliés les uns aux autres et assumés par tous les cadres, constituent la transcription opérationnelle des objectifs présentés ci-dessus. Ces rôles forment trois groupes : trois rôles *interpersonnels,* qui sont issus de l'autorité et du statut du cadre, trois rôles liés à l'*information,* qui proviennent des rôles interpersonnels et de l'accès à l'information qu'ils permettent, et quatre rôles liés à la *décision,* qui viennent de l'autorité et de l'information du cadre.

En tant que *symbole,* le plus simple de ses rôles, le cadre doit accomplir un certain nombre de devoirs de caractère social, cérémonial ou légal. Il doit, de plus, être à la disposition d'un certain nombre de personnes ou d'organisations qui demandent à traiter avec lui à cause de son statut et de son autorité. C'est aux niveaux les plus élevés de l'organisation que le rôle de symbole est le plus important.

Le rôle de *leader* définit les relations interpersonnelles entre le cadre et ses subordonnés. Il doit mettre en phase leurs besoins et ceux de l'organisation pour créer un milieu dans lequel ils travailleront de façon efficace. Le cadre motive ses subordonnés, sonde leurs activités pour les maintenir en éveil, et assume la responsabilité du recrutement, de la formation et de la promotion de ceux qui sont les plus proches de lui. L'évolution de la société vers plus de démocratie dans les organisations amènera les cadres à consacrer plus de temps à leurs rôles de *leader.*

Le rôle d'*agent de liaison* est axé sur les relations entre le cadre et des personnes extérieures à son unité. Il développe un réseau de contacts dans lequel informations et faveurs sont échangées au bénéfice mutuel des partenaires. Le cadre consacre un temps considérable à ce rôle, d'abord en prenant un certain nombre d'engagements qui établissent ces contacts, puis en accomplissant un certain nombre d'activités pour les entretenir. Pour certains cadres, ce rôle est d'importance primordiale. Dans quelques cas, par exemple, on voit le directeur général concentrer son travail sur les contacts extérieurs, et son adjoint axer le sien sur les opérations internes (notamment par les rôles liés à la décision et par le rôle de *leader*). Les cadres opérationnels commerciaux, parce que leur orientation est externe et interpersonnelle, prêtent une attention toute particulière à ce rôle, ainsi qu'aux deux autres rôles interpersonnels.

Par les rôles de *leader et d'agent de liaison,* le cadre a accès à des informations privilégiées et émerge comme le "centre nerveux" de son organisation. Il est le seul à pouvoir formellement contacter tous les membres de son organisation, et il a un accès unique à une variété de personnes extérieures, dont beaucoup sont les centres nerveux de leur propre organisation. Dans le domaine de l'information et pour l'organisation, le cadre est donc le généraliste, celui qui est le mieux informé des opérations internes et de l'environnement.

En tant qu'*observateur actif,* le cadre reçoit continuellement et est perpétuellement à la recherche d'informations internes et externes qui lui viennent d'une variété de sources ; par là il cherche à développer une compréhension approfondie de son milieu. Par ce qu'une bonne partie de cette information est verbale et d'actualité, le cadre doit assumer lui-même au premier chef la responsabilité de la conception de son propre système d'information, qui est nécessairement informel. Les cadres qui débutent dans un poste, en particulier, consacrent un temps considérable aux rôles d'*observateur actif* et d'*agent de liaison* de façon à créer leur système d'information et à parvenir au niveau de connaissance nécessaire pour l'élaboration de la stratégie.

Comme *diffuseur,* le cadre transmet une partie de son information interne et externe à ses subordonnés. Ainsi il est le seul lien permanent qu'ils aient avec certaines informations privilégiées. Une partie de cette information a trait à des faits, une partie aux valeurs des sources d'influence qui pèsent sur l'organisation.

Comme *porte-parole,* le cadre transmet des informations à des individus extérieurs à son unité organisationnelle. Il est à la fois agent de relations publiques et défenseur de son organisation ; il informe les sources d'influences pesant sur son organisation, communique au public des données sur la performance de celle-ci, et fait passer des informations utiles aux personhes avec lesquelles il est en contact en sa qualité d'*agent de liaison.* De plus le cadre doit servir, vis-à-vis de l'extérieur, d'expert dans la branche d'activité ou la fonction qui sont celles de son organisation. Les responsables fonctionnels, parce que leurs unités sont très spécialisées et qu'elles sont orientées vers l'analyse, consacrent plus de temps que les autres aux rôles liés à l'information et passent un temps considérable dans le rôle d'expert.

A cause de l'autorité formelle dont il est investi et des informations spéciales dont il dispose, le cadre doit assumer la responsabilité du système par lequel est élaborée la stratégie de son organisation, c'est-à-dire des moyens par lesquels les décisions importantes de son organisation sont prises et reliées les unes aux autres. La stratégie est élaborée au travers de quatre rôles décisionnels.

En tant qu'*entrepreneur,* le cadre doit prendre l'initiative et assurer la conception d'une grande partie du changement contrôlé de son organisation. Il cherche en permanence à détecter nouvelles opportunités et nouveaux problèmes, et il prend l'initiative de projets d'amélioration pour en tirer parti ou y faire face. Un projet d'amélioration, une fois démarré, peut impliquer le cadre de trois façons différentes. Il peut déléguer toute responsabilité à un subordonné, gardant implicitement le droit de le remplacer ; il peut déléguer la responsabilité du travail de conception mais garder celle de l'autorisation du projet avant sa mise en œuvre ; ou encore, il peut superviser lui-même le travail de conception. Les cadres dirigeants paraissent maintenir, à un moment donné, leur supervision sur un nombre important de tels projets. Ils travaillent sur chacun d'eux de façon périodique, chaque étape étant suivie d'un délai au cours duquel le cadre attend soit un retour d'information, soit l'arrivée d'un événement.

Il est demandé au cadre, dans son rôle de *régulateur,* de prendre les choses en mains lorsque son organisation est confrontée à une perturbation majeure. Comme chaque subordonné a la responsabilité d'une fonction spécialisée, seul le cadre peut intervenir lorsque l'organisation fait face à un nouveau stimulus, qui n'est relié à aucune fonction en particulier et pour lequel il n'y a pas de réponse programmée. En fait, le cadre agit encore comme le généraliste de son organisation : celui qui résout les problèmes et peut s'occuper de toutes les sortes de stimulus. Les perturbations peuvent refléter une insensibilité aux problèmes mais elles peuvent aussi provenir de conséquences inattendues d'innovations audacieuses. On peut donc s'attendre à trouver des perturbations dans le travail des cadres d'organisations innovatrices et d'organisations insensibles. On peut s'attendre à ce que le rôle de *régulateur* ait une importance particulière à la suite de périodes d'innovation intense ; une période de changement important doit être suivie d'une période au cours de laquelle celui-ci est consolidé. De plus, les patrons de petites entreprises et les cadres opérationnels de production, particulièrement aux niveaux les moins élevés de la hiérarchie, sont probablement amenés à porter la plus grande attention à leur rôle de *régulateur* (ainsi qu'aux autres rôles décisionnels) parce qu'ils ont tendance à être extrêmement impliqués dans le travail quotidien effectué pour assurer le flux de production.

En tant que *répartiteur de ressources,* le cadre supervise la répartition de toutes les ressources de son organisation, et par là maintient le contrôle sur le processus d'élaboration de la stratégie. Il réalise ceci de trois façons. D'abord, lorsqu'il établit son emploi du temps, le cadre décide implicitement de priorités organisationnelles. Les questions qui ne parviennent pas à l'atteindre ne peuvent avoir son support. Ensuite, le cadre conçoit dans ses grandes lignes l'organisation du travail et programme le travail de ses subordonnés. Il décide de ce qui sera fait, par qui, au sein de quelle structure. En troisième lieu le cadre maintient un ultime contrôle en autorisant, avant leur mise en œuvre, toutes les décisions majeures de son organisation. Les décisions d'autorisation sont difficiles à prendre ; les questions sont complexes mais le temps qui peut y être consacré est faible. Le cadre peut réduire le problème en choisissant l'homme plutôt que la proposition. Mais, quand il doit décider de la proposition elle-même, le cadre utilise de vagues modèles et de vagues plans qu'il développe implicitement sur la base des informations que sa position de centre nerveux lui apporte. Les modèles décrivent de façon conceptuelle une grande variété des situations internes et externes auxquelles le cadre fait face. Les plans - sous la forme de projets d'amélioration non encore mis en chantier - tiennent lieu pour lui de vision de buts possibles pour l'organisation. De tels plans servent de structure de référence commune par rapport à laquelle il peut évaluer, et par conséquent relier les unes aux autres, toutes les propositions.

Enfin, en tant que *négociateur,* le cadre prend les choses en mains lorsque son organisation doit conduire des négociations importantes avec une autre organisation. Parce qu'il est *symbole* il représente son organisation, parce qu'il est porte-parole il parle en son nom, et parce qu'il est *répartiteur de ressources* il échange des ressources en temps réel avec l'autre partie.

En résumé le cadre doit concevoir le fonctionnement de son organisation, observer activement son environnement interne et externe, prendre l'initiative de changements lorsque c'est désirable, et la ramener à un état stable lorsqu'elle fait face à une perturbation. Il doit amener ses subordonnés à travailler de façon efficace pour l'organisation et il doit leur fournir des informations spéciales dont il acquiert une partie grâce au réseau de contacts qu'il développe. De plus, il doit remplir un certain nombre de devoirs, parmi lesquels l'information de personnes externes, la conduite de négociations majeures et les devoirs liés au rôle de *symbole*.

Ainsi la vision populaire qui décrit le cadre comme celui qui doit voir les choses d'en haut, accomplir le travail non programmé et soutenir le système là où il est imparfait est une conception qui n'est que partiellement correcte. Les cadres doivent aussi faire leur part du travail régulier et s'impliquer dans certaines des activités courantes de l'organisation.

Les caractéristiques fondamentales du travail. On a noté que le cadre doit assumer la responsabilité du fonctionnement du système d'élaboration de la stratégie, qu'il est le seul à pouvoir trouver et traiter une partie significative de cette information importante, et qu'il a aussi un certain nombre de devoirs à remplir. Il n'y a dans le travail du cadre aucune borne précise, aucun signe indiquant que rien de plus ne peut être fait pour le moment ; il y a toujours la pensée obsédante que quelque chose pourrait être amélioré si seulement on pouvait trouver le temps. Le fardeau des responsabilités du cadre est donc, par essence, important.

Son problème est d'autant plus aigu que la diffusion de l'information verbale prend du temps, et qu'une grande partie de l'information du cadre est verbale parce qu'elle est à la fois d'actualité et pleine d'incertitude. Le cadre est donc face à un "dilemme de la délégation". Il dispose d'un accès privilégié à beaucoup d'informations importantes, mais manque de moyens formels efficaces pour les diffuser. Il en résulte que le cadre trouve difficile de déléguer certaines tâches en confiance, puisqu'il n'a ni le temps ni les moyens de faire passer toutes les informations nécessaires.

Il résulte de tout ceci que le temps du cadre a un coût d'opportunité élevé. Il assume cet important fardeau de responsabilité, et pourtant il ne peut pas facilement déléguer ses tâches. A mesure que les organisations deviennent de plus en plus grandes et complexes, ce fardeau va en s'accroissant, particulièrement pour les cadres dirigeants. Malheureusement ces hommes ne peuvent pas augmenter de façon significative leur temps de travail ni améliorer de beaucoup leurs capacités à gérer. Les dirigeants des bureaucraties complexes de grande taille courent donc le risque réel de devenir des points de blocage majeur dans le flux des décisions et des informations.

Ces points expliquent un certain nombre des caractéristiqus particulières observées à propos du travail des cadres. Le cadre se sent obligé d'accomplir une grande quantité de travail à un rythme soutenu. Il paraît avoir peu de temps libre au cours de sa journée de travail et prendre peu de pauses. Les cadres dirigeants paraissent être incapables d'échapper à leur travail parce qu'ils en emmènent chez eux et parce qu'ils ont perpétuellement l'esprit tourné vers lui.

Les activités du cadre sont caractérisées par la brièveté, la variété et la fragmentation. La plupart sont brèves, de l'ordre de plusieurs secondes pour les cadres subalternes, de l'ordre de plusieurs minutes pour les cadres dirigeants. Les activités sont très variées, sans structures évidentes. Il n'est pas rare de voir des activités importantes et des activités sans conséquence se succéder : le cadre doit donc changer de registre souvent et rapidement. La fragmentation du travail est importante et les interruptions habituelles. Les caractéristiques de brièveté et de fragmentation, apparemment présentes dans tous les postes d'encadrement, sont plus prononcées pour ceux qui sont les plus proches de "l'action" - les dirigeants de petites organisations, les cadres des niveaux les moins élevés de la hiérarchie, particulièrement dans les postes de production, et les cadres travaillant dans les environnements les plus dynamiques.

Il est intéressant de constater que le cadre paraît préférer la brièveté et les interruptions dans son travail. Sans aucun doute, sa charge de travail finit-elle par le conditionner. Il prend conscience du coût d'opportunité de son propre temps et vit en pensant que, quoi qu'il fasse maintenant, il y a d'autres choses, peut-être plus importantes, qu'il pourrait faire et qu'il doit faire. le plus grand risque qu'il court est la superficialité.

En choisissant ses activités, le cadre est attiré, là où c'est possible, vers les éléments les plus actifs de son travail : ce qui est d'actualité, bien défini, non routinier. Les informations les plus actuelles - les bruits, les on-dit, les rumeurs - ont sa faveur ; pas les rapports routiniers. L'emploi du temps reflète une concentration sur ce qui est défini et concrêt, et les activités ont tendance à traiter des questions spécifiques plutôt que des questions générales. On rencontre clairement ces caractéristiques dans les activités des directeurs généraux, et la plupart d'entre elles sont encore plus prononcées aux niveaux les plus bas de la hiérarchie. Le travail du cadre n'est pas de ceux qui produisent des planificateurs et des penseurs ; il produit plutôt des personnes adaptables, des manipulateurs d'information qui préfèrent un milieu du type stimulus-réponse.

Le travail du cadre est essentiellement de la communication, avec cinq moyens de base : le courrier, le téléphone, les réunions non programmées, les réunions programmées et la tournée des installations. Les cadres préfèrent clairement les trois moyens verbaux, et beaucoup d'entre eux passent de l'ordre de 80 % de leur temps en contacts verbaux. Certains cadres, les responsables fonctionnels par exemple, passent relativement plus de temps seuls. mais, pour presque tous les cadres, la proportion la plus importante de leur temps est consacrée à la communication verbale. Les moyens verbaux de communication sont préférés parce qu'ils sont actifs : ils apportent des informations d'actualité et permettent d'obtenir une réponse rapide. Le courrier, qui va lentement et contient peu de matériau "vivant" lié à l'action, est traité rapidement, souvent comme une corvée.

Les moyens informels de communication - le téléphone et les réunions non programmées - sont généralement utilisées pour des contacts brefs entre personnes qui se connaissent bien, et quand informations et requêtes doivent être transmises rapidement. Par contraste, les réunions programmées permettent des contacts plus formels, de durée plus longue, avec des groupes nombreux, et en dehors de l'organisation. L'information, souvent importante, obtenue incidemment au début et à la fin des réunions programmées est spécialement intéressante. Les réunions programmées sont utilisées pour des objectifs particuliers, entre autres les manifestations à caractère social, l'élaboration de la stratégie, et la négociation. Les cadres des grandes organisations et les dirigeants des organisations publiques consacrent plus de temps que les autres aux réunions programmées et aux autres activités formelles ; par contre, le travail des cadres situés soit aux niveaux les moins élevés de la hiérarchie soit dans des environnements dynamiques, tend à être moins formel.

La tournée des installations permet au cadre d'observer l'activité de façon informelle. Les cadres paraissent pourtant consacrer peu de temp à cette activité, peut-être parce qu'elle n'est ni spécifique ni orientée vers l'action.

Le cadre est situé à la charnière entre son organisation et un réseau important de contacts. Parmi ces derniers on peut trouver les clients, les fournisseurs et les associés de son organisation, ses pairs et collègues ainsi que leurs supérieurs et subordonnés. Les relations non hiérarchiques sont une partie significative du travail de chaque cadre ; il y consacre en général entre un tiers et la moitié de son temps de contacts. Les cadres des grandes organisations paraissent avoir une palette plus étendue de contacts de cette nature, et de meilleures structures de communication. Une partie importante de leurs communications horizontales, cependant, paraît être consacrée aux contacts avec des groupes peu nombreux de collègues, qui servent de centres d'information spécialisés. Le cadre passe entre le tiers et la moitié de son temps en contacts avec des subordonnés, une grande variété de subordonnés qu'il n'hésite pas contacter en court circuitant les circuits hiérarchiques afin d'obtenir l'information qu'il désire. Enfin, les données suggèrent que les cadres passent relativement peu de temps avec leur supérieur, environ 10 % de leur temps de contact.

Nombre des conclusions qui précèdent suggèrent que le cadre est dans une large mesure conduit par son travail. Les données sur la personne qui prend l'initiative des contacts du cadre et sur les types de contacts dans lesquels il s'engage paraissent corroborer cette hypothèse. Néanmoins, le cadre qui a une forte personnalité et débute dans un poste donné peut contrôler son travail par des moyens subtils (sauf si ce poste est extrêmement structuré). D'abord, il est responsable de beaucoup des engagements initiaux qui l'enfermeront par le suite dans un ensemble continu d'activités. Ensuite le cadre qui a une forte personnalité peut tourner à son avantage les activités dans lesquelles il doit s'engager ; il peut en retirer des informations, défendre les causes qui sont les siennes, ou mettre en œuvre des changements.

· Une analyse des rôles permet de voir dans le travail du cadre un ensemble de droits et de devoirs. Les devoirs viennent avec les rôles de *symbole*, de *porte-parole*, de *régulateur* et de *négociateur*. Mais dans les rôles de *leader*, d'*entrepreneur* et de *répartiteur de ressources*, le cadre a l'occasion d'imprimer sa marque et de donner le ton.

La science et le travail du cadre. Les données d'observation suggèrent qu'il n'y a pas de science dans le travail du cadre ; c'est-à-dire que les cadres ne travaillent pas en suivant des procédures prescrites par l'analyse scientifique. Le cadre moderne paraît pour l'essentiel impossible à distinguer de son homologue des temps passés. Les informations qu'il cherche peuvent être différentes, mais il en obtient la plupart de la même bonne vieille façon, de bouche à oreille. Les décisions qu'il prend peuvent avoir trait à une technologie moderne, mais il se sert des mêmes procédures intuitives (c'est-à-dire non explicites), des mêmes "programmes" pour les prendre.

Les cadres utilisent dans leur travail un répertoire complet de programmes à vocation générale. Lorsqu'il a à faire une tâche particulière, le cadre choisit, combine et arrange dans un ordre précis un ensemble de programmes pour accomplir cette tâche. On peut identifier un certain nombre de ces programmes à vocation générale concernant par exemple la diffusion des informations, le choix entre alternatives, et la négociation. Il en est d'autres qu'il est plus difficile d'isoler, tels que ceux associés au rôle de *leader*. Le cadre a, en outre, quelques programmes à vocation spécifique. Il utilise un de ces programmes - le programme "emploi du temps" - pour contrôler ses propres activités et déterminer la suite des tâches qu'il doit accomplir.

Aujourd'hui, ces programmes sont tous dans l'esprit du cadre, ils ne sont pas encore décrits par les spécialistes des sciences de gestion. Il ne pourra y avoir aucune science de la gestion avant que ces programmes ne soient identifiés, que leur contenu ne soit spécifié, que, pris tous ensemble, ils ne soient reliés les uns aux autres en une simulation du travail du cadre, et que certains de ces programmes ne soient soumis à une analyse systématique permettant ensuite de les améliorer.

LE CADRE DANS UN "CERCLE VICIEUX"

Pour résumer, nous trouvons que le cadre est surchargé de travail particulièrement quand il est cadre dirigeant. Et il est amené à le devenir de plus en plus, avec la complexité croissante des organisations modernes et leurs problèmes. Il est conduit à la brièveté, la fragmentation et la superficialité dans son travail, et pourtant il ne peut pas le déléguer facilement à cause de la nature de son information. Et il peut faire peu de choses pour accroître le temps qu'il consacre à l'organisation ou améliorer de façon significative sa capacité à gérer. De plus, il est amené à se concentrer dans son travail sur ce qui est tangible et d'actualité, alors même que les problèmes complexes auxquels font face de nombreuses organisations exigent réflexion et perspective de long terme.

Ce sont précisément ces caractéristiques du travail qui freinent les tentatives faites pour l'améliorer. Le chercheur a eu d'immenses difficultés à décrire un travail de cette nature. La brièveté, la fragmentation et l'importance des communications verbales qui sont des comportements adoptés par le cadre pour faire face aux pressions et aux complexités de son travail, sont des obstacles pour les efforts que fait le chercheur pour comprendre ce travail. Aussi n'avons-nous presque rien appris sur la façon dont les cadres s'y prennent pour assumer leurs rôles, sur la nature et le contenu des programmes qu'ils utilisent.

Le développement qu'ont connu les autres professions nous montre que l'analyste doit assumer une responsabilité essentielle : amener la science à s'appliquer à la façon dont le cadre fait son travail. Le praticien est occupé ; son rôle est de faire le travail, pas de l'analyser. Le spécialiste des sciences de gestion a jusqu'ici effectué peu de changement dans le travail du cadre. Incapable de comprendre ce travail, de décrire les programmes qu'il utilise et d'avoir accès à ses informations, l'analyste a concentré ses efforts ailleurs dans l'organisation, là où les activités sont explicites, structurées, routinières, susceptibles d'être analysées.

Le cadre continue donc à travailler comme il l'a toujours fait, et à recevoir peu d'aide de la part de l'analyste. Mais, à mesure que les problèmes organisationnels sont devenus plus complexes, particulièrement dans le secteur public, les caractéristiques du travail - comme la fragmentation et l'insistance sur les activités concrètes et les moyens verbaux de communication - sont devenues plus prononcées. De telle caractéristiques, à leur tour, rendent le cadre moins capable de faire face à des problèmes difficiles, et réduisent d'autant la capacité de l'analyste à l'aider. En fait, le cadre est pris dans un "cercle vicieux" — les pressions du travail conduisent à des caractéristiques plus prononcées du poste, qui elles-mêmes entraînent un accroissement des pressions — et il n'a pas pu y faire grand chose. La société y perd, parce qu'elle attend de ses cadres dirigeants la solution de ses problèmes majeurs.

D'une façon ou d'une autre il faut briser ce cercle vicieux. D'abord, les cadres doivent mieux comprendre la nature de leur travail et les problèmes qu'elle pose, et ils doivent modifier leurs habitudes de travail pour en tenir compte. Ensuite il faut utiliser la formation pour enseigner les qualités nécessaires pour faire un travail de cadre ainsi que pour développer la compréhension de ce qu'est ce travail ; et il faut employer de meilleurs moyens pour faire face à sa complexité. En troisième lieu, l'analyste doit apporter son aide en consacrant son énergie aux domaines dans lesquels la science peut s'appliquer au travail du cadre. Et finalement, le chercheur doit développer une compréhension suffisamment précise de ce qu'est ce travail pour permettre au cadre, au formateur et à l'analyste de faire faire des progrès significatifs à son exécution.

CONSEQUENCES POUR LE CADRE

Aujourd'hui le travail du cadre est un art, pas une science. La plupart des méthodes que les cadres utilisent sont mal comprises ; elles ne sont donc ni enseignées ni analysées quelque soit le sens formel qu'on peut donner à ces termes. Il s'en suit que les cadres ne risquent pas d'être, à court terme, dépassés par les techniques propres à leur art. Le travail du cadre requiert d'abord et avant tout un ensemble de qualités innées. Jusqu'ici les sciences de la gestion ont peu fait pour y ajouter leur contribution.

L'inexistence d'une base scientifique dans ce domaine a imposé de sévères pressions sur le cadre. Fondamentalement, il est chargé de concevoir son propre système d'information et de faire fonctionner le système par lequel il élabore la stratégie de son organisation. A mesure que les organisations deviennent plus grandes et plus complexes, les pressions s'accroissent, mais, faute de moyens systématiques pour diffuser l'information, la charge de travail augmente. Le cadre court le risque réel de devenir un obstacle majeur dans le flux des décisions et des informations.

Le cadre peut alléger le poids de ces problèmes de diverses façons. D'abord, il peut analyser son propre travail et arriver à connaître l'impact qu'il a sur son organisation. On trouvera ci-dessous un certain nombre de questions l'aidant dans cette démarche et lui permettant de procéder à une autoanalyse. En second lieu le cadre peut effectuer des changements dans la façon dont il exécute son travail. Dans ce contexte, nous examinerons dix caractéristiques d'un travail efficace du cadre, que nous avons déduites de nos recherches.

Auto-analyse

Par dessus tout, notre étude suggère que la façon dont le cadre travaille et les choses spécifiques qu'il choisit de faire ont un impact profond sur son organisation. Mieux il comprend son propre travail et mieux il se comprend lui-même, plus il sera sensible aux besoins de son organisation et meilleure sera sa performance.

Cette compréhension peut venir de l'étude des résultats de la recherche, (par exemple ceux présentés dans les chapitres 3 et 4). Mais, de façon plus importante, le cadre peut étudier son propre travail, de façon formelle ou informelle. Une étude formelle consiste à recruter un chercheur ou un fonctionnel pour observer le cadre au travail, enregistrer le détail de son courrier et de ses activités, analyser les résultats et lui en faire en retour une présentation. L'analyse informelle peut être entreprise par le cadre lui-même (peut-être à l'aide de sa secrétaire). Il peut prendre note de ses propres actions et essayer de comprendre de façon spécifique ce qu'il fait et pourquoi il le fait. peut-être pourrait-il réunir des données sustématiquement par la méthode de l'agenda.

Pour encourager les cadres à analyser leur propre travail et les aider dans ce processus d'autoanalyse, nous présentons ci-dessous quinze groupes de questions qui peuvent servir de guide :

1. D'où est-ce que j'obtiens mes informations et comment ? Puis-je faire plus usage de mes contacts pour obtenir de l'information ? Y-a-t-il d'autres personnes qui puissent faire à ma place une partie de la recherche active d'information ? Dans quels domaines mon savoir est-il le plus faible, et comment puis-je obtenir que d'autres m'apportent l'information dont j'ai besoin ? Est-ce que je dispose de modèles mentaux suffisamment puissants des choses qu'il m'est nécessaire de comprendre dans mon organisation et dans mon environnement ? Comment puis-je développer des modèles plus efficaces ?

2. Quelle information est-ce que je diffuse dans mon organisation ? A quel point est-il important que mes subordonnés obtiennent mes informations ? Est-ce que je garde trop d'informations pour moi-même parce que sa dissémination prend du temps ou parce qu'elle est peu pratique ? Comment puis-je transmettre à d'autres plus d'informations de façon à ce qu'ils puissent prendre de meilleures décisions ?

3. Est-ce que j'équilibre action et collecte de l'information ? Ai-je tendance à agir prématurément avant d'avoir reçu suffisamment d'information ? Ou bien est-ce que j'attends, trop longtemps, d'avoir "toute" l'information, de telle sorte que les opportunités "me passent sous le nez" et que je deviens un goulet d'étranglement dans mon organisation ?

4. Quelle vitesse de changement est-ce que je demande à mon organisation de tolérer ? Ce changement est-il équilibré, de façon à ce que nos opérations ne soient ni excessivement statiques ni trop perturbées ? Avons-nous suffisamment analysé l'impact de ce changement sur le futur de notre organisation ?

5. Suis-je suffisamment informé pour juger des propositions faites par mes subordonnés ? Est-il possible de laisser, pour certaines d'entre elles, le choix entre les mains des subordonnés ? Avons-nous des problèmes de coordination parce qu'en fait des subordonnés prennent trop de ces décisions indépendamment les uns des autres ?

6. Quelle est ma vision de la direction à prendre pour cette organisation ? Ces "plans" existent-ils avant tout dans mon esprit sous une forme approximative ? Devraient-ils être explicités de façon à mieux guider les décisions des autres dans l'organisation ? Ou ai-je besoin de flexibilité pour pouvoir les changer à volonté ?

7. Avons-nous trop de perturbations dans cette organisation ? Y en aurait-il moins si on ralentissait le rythme de changement ? Est-ce que les perturbations reflètent l'existence de délais dans les réactions aux problèmes ? Avons-nous peu de perturbations parce que nous stagnons ? Comment est-ce que je traite les perturbations ? Pouvons-nous en prévoir certaines et développer pour y faire face des plans susceptibles d'être mis en œuvre lorsqu'elles se produisent ?

8. Quel type de leader suis-je ? Comment mes subordonnés réagissent-ils à mon style de direction ? A quel point est-ce que je comprends bien leur travail ? Suis-je suffisamment sensible à leurs réactions ? Est-ce que je trouve un équilibre approprié entre encouragement et pression ? Est-ce que je décourage leurs initiatives ?

9. Quels types de relations externes ai-je ? Comment est-ce que je les entretiens ? Y a-t-il certains types de personnes que je devrais mieux connaître ? Est-ce que je passe trop de temps à entretenir ces relations ?

10. Y a-t-il des éléments systématiques dans la méthode que j'utilise pour établir mon emploi du temps, ou bien est-ce que je ne fais que réagir aux pressions du moment ? Est-ce que j'ai un ensemble équilibré d'activités ou est-ce que j'ai tendance à me concentrer sur une fonction particulière juste parce que je la trouve intéressante ? Suis-je plus efficace, dans certains types de travail, à un moment donné de la journée ou de la semaine ? Si oui, est-ce que mon emploi du temps le reflète ? Est-ce qu'une autre personne (en dehors de ma secrétaire) peut prendre la responsabilité d'établir une bonne partie de mon emploi du temps, et le faire de façon plus systématique ?

11. Est-ce que je travaille trop ? Quel effet ma charge de travail a-t-elle sur mon efficacité ? Devrais-je me forcer à prendre des pauses ou à réduire le rythme de mon activité ?

12. Suis-je trop superficiel dans ce que je fais ? Est-ce que j'arrive réellement à changer de registre aussi rapidement et aussi fréquemment que l'exigent les structures de mon travail ? Devrais-je essayer de faire baisser le niveau de fragmentation et d'interruption de mon travail ?

13. Est-ce que je m'oriente de façon trop marquée vers les activités courantes et tangibles ? Suis-je esclave de l'action et de l'excitation qui découlent de mon travail, à tel point que je ne suis plus capable de me concentrer sur les problèmes ? Est-ce que les problèmes-clefs reçoivent l'attention qu'ils méritent ? Devrais-je passer plus de temps à lire, et m'intéresser à fond à certaines questions ? Pourrais-je réfléchir plus ?

14. Est-ce que j'utilise les différents moyens de communication de façon appropriée ? Est-ce que je sais tirer le meilleur parti des communications écrites ? Est-ce que je m'appuie trop sur les communications de face à face, mettant ainsi tous mes subordonnés ou presque dans une situation défavorable dans le domaine de l'information ? Est-ce que je programme suffisamment mes réunions de façon régulière ? Est-ce que je consacre assez de temps aux tournées dans mon organisation pour observer l'activité directement ? Suis-je trop détaché du cœur de nos activités, voyant les choses seulement de façon abstraite ?

15. Est-ce que j'équilibre droits et devoirs ? Mes obligations consomment-elles tout mon temps ? Comment puis-je me libérer suffisamment des obligations pour faire en sorte d'être sûr de conduire cette organisation où je veux la conduire ? Comment puis-je faire tourner mes obligations à mon avantage ?

Certaines de ces questions peuvent paraître rhétorique. Aucune n'est pourtant élaborée dans cet esprit. Il n'y a aucune solution simple aux problèmes complexes posés par le travail du cadre. Ce livre peut faire une chose : poser quelques unes des bonnes questions ; mais si le cadre veut améliorer son travail aujourd'hui, il doit apporter ses propres réponses à ces questions. C'est pour cette raison qu'il est crucial que le cadre développe une meilleure compréhension de son travail.

Dix éléments pour un travail plus efficace du cadre.

Notre étude suggère qu'il existe un certain nombre de domaines dans lesquels les cadres peuvent concentrer leur attention de façon à améliorer leur efficacité. Dix domaines de cet ordre sont examinés ci-dessous. Nous les présentons parce que nous croyons que les cadres doivent être sensibles aux difficultés-clefs qui existent dans leur travail et chercher à développer leurs propres moyens permettant de faire face à chacune.

Partager l'information. Le cadre reçoit une quantité appréciable d'information privilégiée. Son statut lui donne accès à des contacts spéciaux situés en dehors de l'unité organisationnelle dont il est responsable et qui lui apportent des informations de premier ordre. La position qu'il occupe au sommet de son unité lui permet également une connaissance unique de ce qui se passe à l'intérieur de son organisation. Mais, parce qu'une grande partie de son information importante est verbale, il manque au cadre un moyen pratique permettant de la diffuser. Il en résulte une hésitation à faire circuler largement l'information (ce qui peut apparaître comme un désir de pratiquer la rétention de l'information). Seul un nombre limité de subordonnés qui sont "à portée de voix" du cadre obtiennent une partie importante de son information.

Le cadre doit donc prêter attention de façon consciente à cette diffusion vers ses subordonnés. Il doit comprendre qu'il leur est impossible de capter beaucoup de sources d'information auxquelles il a, lui, facilement accès, qu'ils dépendent de lui pour beaucoup des informations importantes sans lesquelles ils ne peuvent prendre de décisions efficaces.

Les subordonnés ont besoin d'une bonne partie des informations dont le cadre dispose régulièrement de façon verbale : la nouvelle idée d'un client, l'indiscrétion d'un fournisseur. Ils ont aussi besoin, de sa part, de deux types d'informations particuliers. D'abord celles qui concernent les valeurs et les buts de l'organisation. Il doit établir l'équilibre clef entre profit, croissance, protection de l'environnement et bien-être des salariés. En second lieu, les subordonnés se tournent vers le cadre pour trouver une direction, un plan. S'il n'est pas prêt à leur donner dans ce domaine des lignes directrices explicites, alors le cadre doit accepter le fait qu'il sera incapable de déléguer la responsabilité d'aucune décision majeure de peur que le résultat ne corresponde pas aux buts et aux plans qu'il n'a pas su extérioriser.

Tant que les informations-clef du cadre demeurent confinées dans sa mémoire, leur dissémination sera difficile. Le cadre doit faire un effort marqué pour mettre son information par écrit de façon à rendre sa diffusion efficace, même vers ceux qui ne peuvent être facilement contactés verbalement (par exemple ceux qui sont à l'étranger). En consacrant régulièrement des sessions de travail à coucher ses informations par écrit, le cadre peut créer une banque formelle de données qui sera ensuite à la disposition de ceux qui en ont besoin.

Deux objections pourraient être opposées à une telle fluidité dans la circulation des informations. D'abord une partie d'entre elles est confidentielle, et en la mettant par écrit, on en permettrait l'accès à des gens qui ne doivent pas les connaître. En second lieu l'information c'est du pouvoir et la partager c'est dissiper le pouvoir. La seconde des objections ne mérite qu'un bref commentaire. Le cadre qui pratique la rétention d'information échange pouvoir contre efficacité. Cete attitude lui apportera à long terme des difficultés. La question de confidentialité est plus importante : une liberté dans la circulation de l'information apporte l'efficacité mais fait courir le risque de voir ces informations accessibles à l'extérieur. Face à ce dilemme le choix est peut-être trop souvent fait de façon à protéger la confidentialité. Certaines informations doivent, sans aucun doute, rester privées et non écrites. mais les risques que fait courir la diffusion la plus large possible des informations doivent être soupesés face aux avantages importants qui proviennent du fait qu'on a des subordonnés bien informés qui peuvent prendre des décisions efficaces et compatibles.

La superficialité consciente. La superficialité est le plus important des risques professionnels du cadre. Le travail est disjoint et fragmenté ; les activités sont caractérisées par la variété et la brièveté ; les décisions majeures sont prises par petites étapes successives. Il est extrêmement facile, dans ce contexte, de rester superficiel en permanence et de traiter toutes les questions rapidement, comme si aucune n'exigeait beaucoup d'attention.

Le cadre doit faire face de façon consciente aux pressions qui l'induisent à être superficiel. Un équilibre doit être trouvé, dans lequel certaines questions reçoivent la concentration et l'approfondissement nécessaires, et dans lequel celles qui demandent un engagement marginal du cadre ne reçoivent pas plus. Les questions peuvent être traitées de trois façons différentes.

D'abord un grand nombre d'entre elles peut être délégué, même si le cadre sait qu'il pourrait en traiter beaucoup plus efficacement que personne d'autre, s'il avait le temps de le faire. Mais le fait est qu'il n'a pas le temps. Lorsqu'une question a peu d'importance, lorsqu'un subordonné spécialisé est mieux équipé pour la traiter, lorsque l'information nécessaire peut être diffusée, alors le cadre doit déléguer.

En second lieu, le cadre doit s'occuper lui-même de certaines questions, mais de façon marginale. C'est-à-dire qu'il doit se limiter à autoriser la proposition finale. Il doit le faire de façon à assurer la compatibilité de la proposition avec les autres changements intervenant dans l'organisation, de façon à être prêt à assumer la responsabilité de l'engagement des ressources. mais dans ces cas le cadre doit réaliser qu'il n'a besoin que d'une compréhension superficielle de la question et que malgré sa connaissance générale il peut en savoir bien moins qu'un subordonné sur les détails spécifiques de la proposition. La décision finale doit refléter à la fois la connaissance générale du cadre sur la situation, et la connaissance spécifique qu'en a le subordonné. par dessus tout, le cadre doit reconnaître qu'un *non* donné rapidement à une proposition qu'il ne comprend pas parfaitement peut décourager un subordonné par ailleurs enthousiaste.

Un troisième groupe de questions requiert une attention spéciale de la part du cadre. Il s'agit de celles qui sont les plus importantes, souvent les plus complexes et les plus délicates : la réorganisation de la structure, la réalisation d'une expansion, le traitement d'un conflit majeur. Cependant, la nature du travail du cadre est telle qu'il ne peut donner beaucoup de temps de façon ininterrompue à aucune question. Chaque question complexe doit donc être traitée par intermittence, au cours d'une longue période. mais, faire progresser une question par étapes successives de peu d'importance, c'est risquer de manquer l'objectif sans s'en apercevoir. Le cadre peut s'impliquer dans la dernière étape à un point tel qu'il peut oublier le problème global dans toute sa complexité. Il n'y a à cette difficulté aucune panacée, bien que le cadre qui en est plus conscient devrait être capable de mieux y faire face. Une chose que les cadres peuvent faire c'est mieux utiliser les spécialistes qui peuvent les abreuver de rapports sur les problèmes considérés dans leur contexte le plus large. Le spécialiste des sciences de gestion n'a probablement pas été suffisamment utilisé pour la réalisation d'études systématiques des questions de politique générale. L'opinion non biaisée d'un analyste, qui a le temps et le goût d'analyser des questions de politique générale en les prenant à la base. peut rappeler au cadre quelle est la perspective d'ensemble.

Partager le travail si l'information peut être partagée. Partager le travail est une solution au problème posé par la lourdeur de la charge de travail du cadre, particulièrement aux niveaux les plus élevés des grandes organisations. Un groupe de deux ou trois personnes est créé, peut-être nommé "équipe de direction" ou "bureau de direction générale", dans lequel deux ou trois cadres se partagent un poste d'encadrement unique. Cette méthode a deux avantages évidents : elle réduit la charge de travail qui pèse sur une personne et elle permet à des individus de se spécialiser dans certains rôles. On trouve de façon particulièrement commune l'arrangement de deux personnes où l'une se concentre sur les rôles externes (*agent de liaison, symbole, porte-parole, négociateur*) et l'autre se consacre au travail interne de leadership et de prise de décision. Quand ce partage fonctionne, il est probablement la meilleure réponse aux pressions du travail du cadre. Mais quand il ne fonctionne pas, il aggrave les pressions.

Nous avons soutenu, au chapitre 4, que les dix rôles forment un *gestalt*, un ensemble total. L'autorité et le statut donnent accès à l'information, et c'est elle qui permet au cadre de remplir les rôles décisionnels. Elle est l'élément-clef liant les différentes facettes du travail du cadre. L'efficacité du partage des rôles dépend donc de la capacité qu'ont les cadres de partager l'information. Le rôle d'*observateur actif* ne peut pas être partagé : chacun des membres doit disposer de toute l'information. Dans le mode de partage le plus commun, par exemple, si "l'homme d'extérieur" ne peut pas partager son information externe avec "l'homme d'intérieur", ce dernier ne peut pas prendre des décisions efficaces. De même, si "l'homme d'extérieur" ne peut pas avoir une connaisance adéquate des questions internes, il ne peut être ni un *porte-parole*, ni un *agent de liaison*, ni un *négociateur* efficace pour son organisation.

L'inconvénient principal du partage des rôles est le temps considérable qu'il faut pour simplement transmettre les informations qui doivent être partagées. Il se peut que les membres de l'équipe aient à passer tellement de temps à communiquer les uns avec les autres qu'ils manquent du temps nécessaire pour d'autres travaux, et il peut être plus efficace de retourner à la méthode du cadre unique.

D'autres facteurs entrent en jeu dans le succès du partage des rôles. Les équipes de directions doivent être composées d'individus complémentaires, qui sont prêts à faire des travaux de types différents de façon à ce que tous les rôles d'encadrement soient assumés. Mais cette complémentarité doit aller de pair avec une certaine compatibilité. En particulier, les cadres en question doivent pouvoir communiquer facilement et avec efficacité, et ils doivent avoir la même vision de la direction dans laquelle ils veulent conduire l'organisation. S'il peuvent pas se mettre d'accord avec une précision raisonnable sur ces "plans", alors ils tireront dans différentes directions et l'équipe (ou l'organisation) cassera.

Il nous faut donc conclure que le partage des rôles est difficile à réaliser de façon efficace, mais qu'il mérite qu'on en fasse, avec précaution, l'essai dans les poste d'encadrement les plus exigeants.

Tirer le meilleur parti des obligations. Le cadre doit passer tellement de temps à remplir des obligations que, s'il ne les considérait que comme des obligations, il ne lui resterait que peu de temps pour imprimer sa marque à son organisation. Dans une large mesure par conséquent, il ne réussit pas parce qu'il peut faire ce qu'il veut, mais parce qu'il peut tourner à son avantage ces choses qu'il est obligé de faire.

Le cadre qui ne réussit pas a tendance à faire porter à ses obligations la responsabilité son échec. S'il n'y avait pas eu les crises, les personnes qui demandent à le voir, et les devoirs de nature cérémoniale, il aurait fait mieux. Mais ce qui est une obligation pour une personne est une opportunité pour une autre. En fait chaque obligation fournit au cadre qui sait la saisir l'occasion de réaliser ses propres objectifs. Une crise peut être, simplement, résolue ; mais le chaos qui en résulte peut fournir l'occasion de réaliser quelques changements désirables. Un devoir de nature sociale peut être une perte de temps, mais il peut fournir l'occasion de défendre une cause. L'obligation de rencontrer une personne (découlant du rôle de *symbole*), peut donner l'occasion de capter une nouvelle source d'information. L'obligation d'assister à une réunion d'information peut donner au cadre une occasion d'exercer son leadership. Dans chacune de ses activités, le cadre a l'occasion d'obtenir des informations ; Chaque fois qu'il rencontre un subordonné il a l'occasion de l'influencer car il est son *leader*. Pour une large part, le cadre réussira dans la mesure où il retourne ses obligations à son avantage.

Il faut aussi noter que beaucoup des obligations du cadre découlent en fait d'engagements initiaux qu'il prend clairement lui-même au moment où il a encore une faible ancienneté dans le poste. C'est lui qui établit beaucoup des contacts et de liens qui lui servent ensuite de canaux d'information : il adhère à des institutions et à des groupements qui, par la suite, lui demandent sa participation ; c'est lui qui prend l'initiative de beaucoup des projets d'amélioration qui consomment ensuite une partie appréciable de son temps. Un certain nombre de ces engagements initiaux sont peut-être pris par inadvertance ou, à tout le moins, sans que le cadre réalise pleinement ce que seront réellement leurs effets. Les cadres doivent reconnaître l'importance de ces engagements initiaux et en tenir compte lorsqu'ils les contractent.

Se libérer des obligations. Tirer le meilleur parti de ses obligations est pour le cadre une condition nécessaire, mais elle n'est pas suffisante s'il désire acquérir le contrôle de son travail. Il doit pouvoir se libérer de façon à ce qu'une partie de son temps soit consacrée aux questions auxquelles selon lui (et peut-être personne d'autre) il *faudrait* prêter attention.

Le cadre doit chercher un équilibre entre le changement et la stabilité dans son organisation. Il a une double responsabilité : faire en sorte que son organisation produise aujourd'hui biens et services de façon efficace, et qu'elle puisse s'adapter demain à son nouvel environnement. Mais les pressions d'aujourd'hui peuvent ne laisser aucun temps pour penser aux changements de demain. Pris entre le courrier, les appels et les crises sans mentionner les subordonnés sans cesse là à attendre un moment libre, le cadre passif ne trouvera aucun temps libre pour traiter des questions qui sont d'importance majeure mais qui peuvent attendre.

Le cadre n'a pas naturellement de "temps libre" ; pour en dégager, il doit faire des efforts, il doit en programmer dans son emploi du temps. Comme nous l'avons noté plus haut, beaucoup de cadres souffrent d'un "complexe du carnet de rendez-vous" : ce qui n'est pas programmé n'est pas fait. Essayer de garder un peu de temps pour la réflexion et pour la "planification" générale est une tactique qui ne marchera pas. Le cadre n'est pas un planificateur, si on prend ce terme au sens de "penseur qui planifie", et aucune admonestation ne l'amènera à le devenir. Son milieu est un milieu de type stimulus-réponse. Il doit inscrire dans son emploi du temps les activités spécifiques qu'il veut faire. Il sera alors obligé de les faire. S'il veut innover, il doit prendre l'initiative d'un projet et y impliquer d'autres personnes qui lui feront en retour un rapport ; s'il veut faire la tournée des installations, il doit s'y engager vis-à-vis des autres de façon à ce qu'ils s'attendent à ce qu'il le fasse. Il servira alors les objectifs plus généraux de son organisation en continuant de faire son travail comme il le doit.

Mettre l'accent sur le rôle correspondant à la situation. Bien qu'il leur faille assumer chacun des dix rôles de base, la plupart des cadres doivent prêter une attention particulière à certains rôles dans certaines situations. Une variété de facteurs déterminent sur quels rôles un cadre donné doit mettre l'accent. Parmi ces facteurs figurent entre autres la branche d'activité, la taille de l'organisation, le niveau dans la hiérarchie, la fonction supervisée, la situation du moment et l'expérience du cadre (1).

Le poste lui-même et l'environnement peuvent suggérer certains besoins évidents. Les cadres des organisations gouvernementales peuvent avoir à consacrer plus de temps aux rôles d'*agent de liaison* et de *porte-parole* ; les cadres de production peuvent avoir besoin de se concentrer sur le rôle de *régulateur* pour faire en sorte que le flux de production s'écoule sans heurt ; les cadres des organisations placées dans une situation vivement concurrentielle peuvent devoir mettre l'accent sur le rôle d'*entrepreneur* pour garder de l'avance vis-à-vis de la concurrence. Il est clair que le cadre doit étudier son poste et ajuster son travail en conséquence.

Le choix des rôles sur lesquels mettre l'accent doit aussi refléter la situation courante. Le travail du cadre a une nature dynamique et requiert un ajustement continuel pour répondre aux besoins du moment. Dans chaque poste de cadre (pour paraphraser l'Eclésiaste) il y a un temps pour le changement et un temps pour la stabilité ; un temps pour mettre l'accent sur le leadership et un temps pour construire une base de données ; un temps pour traiter les perturbations et un temps pour reconstituer les ressources.

Notre étude suggère l'existence de certaines structures. Lors de sa prise de poste, le cadre estime probablement qu'il manque de contacts externes et de l'information qui sont nécessaires pour prendre et mettre en œuvre des décisions efficaces. Le cadre doit clairement, dans ce cas, consacrer un temps considérable à développer ses propres circuits d'information, à collecter des informations sur sa nouvelle organisation et son environnement. Plus tard, lorsqu'il se sent plus sûr de son savoir, il peut graduellement donner plus d'importance à son rôle d'entrepreneur pour tenter de modeler l'organisation en fonction de ses désirs.

---

(1) Voir le chapitre 5 pour une analyse de ces facteurs.

Le besoin d'équilibrer stabilité et changement peut aussi influencer la nature des rôles sur lesquels le cadre met l'accent. Les cadres peuvent trouver efficace, dans certaines circonstances, d'alterner les périodes de changement marqué avec les périodes de consolidation du changement, plutôt que d'adopter une conduite marquée par un changement lent et permanent. En d'autres termes le cadre met pour un temps l'accent sur son rôle d'*entrepreneur* et réalise en une seule fois tous les changements qu'il considère comme nécessaires. L'organisation subit en une fois toute la perturbation. Quand aucun changement de plus ne peut être toléré, le cadre consolide alors les gains et ramène la stabilité - en mettant l'accent sur les rôles de *leader* et de *régulateur*. Puis, quand tout est normal, un nouveau cycle peut commencer.

Voir une image d'ensemble par ses détails. Le cadre fait face aux mêmes difficultés que celui qui fait un puzzle. Bien qu'il travaille toujours avec des petits morceaux, il ne doit jamais oublier l'image d'ensemble. Le cadre doit s'informer en associant les uns aux autres des détails tangibles. Il a besoin d'information spécifique pour développer une compréhension de son environnement et pour découvrir les opportunités et les problèmes spécifiques.

Un cadre efficace doit donc établir les canaux qui lui amèneront l'information sous forme brute. L'observation directe (tournées des installations) et la discussion avec les personnes aussi nombreuses que possible sont des moyens puissants pour obtenir cette information.

Cependant le danger existe de voir le cadre incapable d'apercevoir les problèmes d'ensemble au travers de cette recherche de détails tangibles. Il doit savoir comment prendre du recul vis-à-vis de ses données de façon à pouvoir, lorsque c'est nécessaire ne pas voir une quantité de détails mais un ensemble de modèles puissants et amples (de descriptions conceptuelles) qui lui donnent des images simples mais exactes de divers aspects de sa réalité. Car c'est la puissance de ces modèles mentaux qui détermine dans une grande mesure l'efficacité de ses décisions. Si le modèle qu'a le cadre de l'ouvrier d'usine est fondé sur l'hypothèse suivant laquelle l'ouvrier est motivé par l'argent, et si en fait celui-ci n'est motivé que par la qualité de son travail, le cadre prendra dans le domaine du leadership des décisions de piètre qualité. De même, le responsable gouvernemental qui croit que l'inflation peut être arrêtée par une politique monétaire stricte peut rencontrer des problèmes si l'économie ne fonctionne pas en fait selon ce modèle.

Les modèles du cadre sont dans une large mesure construits à partir des données qu'il rassemble lui-même ; mais le cadre doit être à même de reconnaître la valeur des modèles élaborés par d'autres personnes — des autres descriptions conceptuelles des situations auxquelles il fait face. Les économistes écrivent des livres qui contiennent des modèles de l'économie ; les chercheurs en marketing développent des modèles du comportement des consommateurs, et les psychologues décrivent la motivation des salariés ; les spécialistes de recherche opérationnelle formulent des modèles informatisés des processus de production. Le cadre doit prendre connaissance de ces modèles-là et d'autres encore, les comparer tous avec les siens, et garder à l'esprit les modèles les plus efficaces de la situation à laquelle il fait face.

Reconnaître sa propre influence sur l'organisation. Le subordonné est très sensible aux actions de son supérieur. Il réagit à ses priorités, à ses décisions, à ses attitudes, à ses états d'esprit. Dans la petite organisation, l'influence du patron est apparente pour tous. mais, même dans la grande organisation où les niveaux hiérarchiques sont nombreux, l'influence du directeur général peut être puissante, peut-être souvent bien plus forte qu'il ne l'imagine. Des choses étranges filtrent et diffusent vers le bas de la hiérarchie. Ce qui est trivial pour lui — un commentaire hâtif, une idée rapidement repoussée, un élément d'information imprudemment diffusé — peut avoir un impact profond sur l'organisation. Les cadres doivent être conscients de ce fait lorsqu'ils agissent.

Il faut dans ce contexte dire quelques mots des priorités. Par la façon dont il programme son propre temps, en déterminant ce qu'il fait, le cadre exerce une influence marquante sur son organisation. S'il favorise une fonction — marketing ou production par exemple — les subordonnés s'adapteront à son comportement et iront dans le sens de cet intérêt. Si le choix d'un domaine privilégié n'est pas fait en fonction de besoins réels, l'organisation peut souffrir d'un déséquilibre. Les cadres doivent établir leur emploi du temps de façon consciente comme si, ce faisant, ils établissaient les priorités de leur organisation — car c'est en fait ce qu'ils font.

Faire face à une coalition toujours plus nombreuse. Toute unité organisationnelle existe parce que certaines personnes (les "sources d'influence") l'ont créée et que d'autres sont prêtes à lui apporter son appui. C'est au cadre qu'échoit la tâche difficile de maintenir réunie la coalition de sources d'influence. Il doit faire en sorte que les bénéfices correspondent pour chacun à l'influence qu'il a, et il doit être capable de les convaincre de renoncer à leurs bénéfices pendant les périodes de crise.

Ce travail de jongleur est relativement facile pour les cadres qui font face à des coalitions simples. Le PDG qui avait un conseil d'administration homogène, ou le cadre de niveau intermédiaire qui était dominé par son supérieur, avaient peu de difficultés en ce qui concerne les questions de pouvoir. Mais, aujourd'hui, la société subit deux changements majeurs qui modifieront la coalition de façon significative et affecteront en profondeur le travail de chaque cadre.

D'abord, la société occidentale élargit sa conception de la démocratie. Non contents de définir la liberté simplement comme le droit de voter périodiquement pour élire les dirigeants politiques, les individus recherchent toujours plus de liberté dans leur travail et de contrôle sur leur travail. Ils le font parfois au détriment de l'efficience de la production (quelles que puissent être à ce propos les théories de ceux des spécialistes du comportement qui prétendent que la satisfaction des ouvriers et la productivité vont toujours de pair). Mais dans une société démocratique, et particulièrement si elle est aisée, les individus ont indéniablement le droit de faire ce choix. En Yougoslavie, beaucoup d'ouvriers aujourd'hui élisent leurs cadres, et en Europe de l'Ouest les ouvriers exigent d'avoir plus d'influence sur les questions de politique générale. Aux Etats-Unis, l'enthousiasme pour la productivité a jusqu'ici maintenu les syndicats à l'écart de la plupart de ces questions de politique générale ; ces derniers ont choisi de combattre dans le domaine des salaires et des avantages sociaux. Mais les pressions en faveur de la démocratisation augmentent même aux Etats-Unis, particulièrement parmi les spécialistes fonctionnels de niveau intermédiaire.

Le cadre aura donc à faire face à un nouvel ensemble de sources d'influence, situées cette fois hiérarchiquement au-dessous de lui. Elles demanderont un travail qui soit en lui-même plus satisfaisant, et exigeront d'avoir un certain contrôle sur les actions de leur leader — et même peut-être sur le choix du leader.

Certains cadres peuvent avoir horreur de ces changements, mais ils feraient bien de les comprendre car ils affecteront leur travail de façon significative. Quand le pouvoir est représenté par le niveau dans la hiérarchie, comme c'est le cas dans la forme autoritaire d'organisation, le rôle de *leader* est un rôle simple. Le cadre donne simplement à ceux qui sont hiérarchiquement au-dessous de lui des ordres dictés par le souci d'atteindre l'efficience la plus grande. A mesure que le rôle de *leader* change pour s'adapter à la nouvelle structure de pouvoir, il deviendra significativement plus complexe. Le cadre devra apprendre à tenir compte des exigences de subordonnés qui seront de plus en plus sensibles à l'influence qu'il a sur eux.

La coalition est, également, attaquée de l'extérieur. Là où jadis les hommes d'affaires pouvaient se contenter de chercher à satisfaire les actionnaires et les présidents d'universités répondre de leurs actes surtout vis-à-vis des administrateurs (2), ils doivent aujourd'hui réagir à un ensemble divers de sources d'influence. De fait, les dirigeants de grandes entreprises en viennent de plus en plus à ressembler à des dirigeants politiques impliqués dans des actions visant à équilibrer les pressions venant de groupes de toutes sortes. Mettre en question la légitimité de ces pressions n'aidera en rien le cadre. Ces pressions sont réelles, et elles reflètent le fait qu'une société d'abondance exige plus de ses organisations que l'efficience. Les questions sociales viennent au premier plan : la pollution, le traitement des groupes minoritaires, les attitudes vis-à-vis des consommateurs. Là où le pouvoir est concentré, dans la grande organisation par exemple, il y a une tendance naturelle chez les individus d'analyser l'usage qui est fait de ce pouvoir et de s'attendre à ce qu'il soit explicitement utilisé dans le sens du bien public.

L'influence de cette tendance sur le travail du cadre dirigeant sera profonde. Il sera forcé d'accorder plus d'attention aux rôles externes, *agent de liaison, porte-parole* et *symbole*, de façon à entretenir les relations avec divers groupes de pression, et au rôle de *négociateur* de façon à faire face à leurs exigences antagonistes. Il s'ensuit qu'il devra déléguer vers le bas une partie plus importante du travail associé aux opérations internes.

Utiliser le spécialiste des sciences de gestion. Les grandes organisations ont eu tendance à utiliser les compétences des experts en gestion pour les aider à traiter des problèmes de plus en plus complexes. Clairement, la complexité des problèmes auxquels font face les cadres dirigeants exigera qu'ils aient de plus en plus recours à l'analyste.

---

(2) NdT. L'auteur traite ici des universités privées qui ont un statut d'organisation à buts non lucratifs.

Mais pour qu'une telle coopération réussisse, les cadres et les analystes devront apprendre à travailler ensemble. Ces derniers devront apprendre à travailler dans un système dynamique, et devront développer des méthodes qui, bien que moins élégantes que celles qu'ils utilisent actuellement, seront mieux adaptées aux problèmes de politique générale. Ces méthodes doivent être adaptables, et les cadres doivent fonctionner en "temps réel", pendant que les problèmes sont actuels.

Le cadre doit apprendre à fonctionner de façon efficace avec l'analyste, qui travaille dans le domaine des situations d'ensemble. Jusqu'ici les caractéristiques du travail du cadre ont été telles qu'il y avait peu de place pour l'analyse. Mais si le cadre aide l'analyste à comprendre son travail et ses problèmes, et s'il laisse l'analyste avoir accès à sa base de données constituée d'informations verbales, alors le cadre peut attendre de sa part une aide significative.

On peut envisager le développement de systèmes sophistiqués de programmation des activités du cadre, ce dernier définissant ses priorités et l'analyste développant le système qui assurera une programmation efficace de façon systématique. De plus, on a des raisons de croire que l'analyste peut faire pour le cadre une partie appréciable de la recherche d'information (analyse de périodiques et de rapports) et peut filtrer et mettre par écrit une bonne partie de ce qui est reçu.

Dans le domaine de l'élaboration de la stratégie, le spécialiste des sciences de gestion s'avèrera probablement des plus utiles. Les questions stratégiques sont complexes et pourtant le cadre n'a pour les analyser qu'un temps limité. L'analyste peut aider le cadre dans la recherche des opportunités, dans l'analyse des coûts et bénéfices des alternatives, et dans le développement de meilleurs modèles pour la prise de décision. Il peut concevoir des plans permettant de prévoir des crises et procéder à des analyses "à la va vite" pour le cadre qui fait face à une situation de haute pression. Il peut assurer le suivi des projets que le cadre doit superviser. Et il peut développer pour l'organisation des plans stratégiques explicites mais flexibles (3).

La participation du cadre à l'élaboration de la stratégie repose sur la résolution de ce que j'ai appelé le "dilemme de la planification". Les cadres ont l'information et l'autorité, les analystes ont le temps et la technologie. D'une certaine manière, l'information doit être transmise à l'analyste de façon à ce qu'il puisse rendre utiles son temps et ses compétences.

Par conséquent nous terminerons cette section là où nous l'avons commencée. Pour tirer parti de l'aide que les spécialistes des sciences de gestion peuvent fournir, le cadre, doit d'une façon ou d'une autre partager son information avec eux. Il pourrait en résulter la création de façons de faire entièrement nouvelles et plus efficaces.

---

(3) Voir le chapitre 6 pour un traitement détaillé de ce domaine.

CONSEQUENCES POUR LES FORMATEURS

Nous pourrions très bien commencer cette section en nous demandant si gérer est en fait une profession et si on peut l'enseigner. On reconnaît une profession à deux critères : d'une part un ensemble commun de rôles et de programmes utilisés dans le travail, et d'autre part la possession d'un savoir particulier. Les données montrent clairement que tous les postes d'encadrement exigent que leurs titulaires assument un même ensemble de rôles, mais il y a en fait peu de données prouvant qu'un apprentissage formel est nécessaire pour assumer l'un quelconque de ces rôles. A quel étudiant en gestion apprend-on à développer des contacts et liaisons, à traiter les perturbations qui surgissent inévitablement, à négocier avec d'autres organisations, à innover dans son organisation ? Quelques notions de leadership sont généralement données, mais le fait est qu'en règle générale nous savons très peu de choses sur l'enseignement des rôles de cadre.

Nos écoles de gestion et nos écoles de commerce ont élaboré leurs programmes dans d'autres buts. Elles ont été à une certaine époque très concentrées sur l'enseignement par la méthode des cas, sans doute parce qu'on croyait que les futurs cadres tireraient bénéfice d'une pratique de la décision non structurée (je devrais dire du choix non structuré, puisque les problèmes et les données étaient fournis, pas trouvés). Mais notre étude nous donne des raisons de croire que ce type de formation ne développe pas la variété importante de talents dont les cadres ont besoin.

L'usage de la méthode des cas s'est probablement développé parce que les écoles de gestion reconnaissaient tacitement qu'elles n'étaient pas capables d'enseigner de façon explicite les aptitudes à gérer. Elles pouvaient seulement espérer accélérer un apprentissage qui autrement se ferait "sur le tas". La salle de formation devint donc un lieu où l'on pratique la simulation de la réalité.

Dans les années soixante, de nombreuses écoles de gestion se sont détournées de la philosophie de la méhode des cas, portant à la place leur attention vers l'enseignement de la théorie. Il est intéressant de noter qu'une bonne partie de cette théorie a trait, non pas au travail du cadre en lui-même, mais aux disciplines sous-jacentes : économie, psychologie et mathématiques. Ces écoles enseignent aussi la théorie appliquée, mais elle est, cette fois encore, peu directement reliée au travail du cadre. Il s'agit de la théorie des fonctions spécialisées : recherche marketing, recherche opérationnelle, analyse des investissements, etc... Tout ce savoir sera utile aux futurs cadres, mais presque rien n'y est directement relié aux choses qu'il lui sera demandé de faire comme cadre. Quels qu'aient été ses objectifs, par conséquent, l'école de gestion a été plus efficace pour former des technocrates au traitement de problèmes structurés plutôt qu'à former des cadres au traitement de problèmes non structurés. Le seul cours où l'on aurait pu enseigner le processus de gestion — le cours de politique générale — a été soit absent du programme de l'école de gestion moderne, soit le plus souvent, quand il y figurait, enseigné par la seule méthode des cas.

Pour conclure, nous devons reconnaître que, bien que l'école de gestion décerne des diplômes aux étudiants, elle ne leur enseigne pas en fait à gérer. Ces diplômes peuvent donc à peine être considérés comme indispensables pour assumer un poste de cadre, et le monde est rempli de cadres très compétents qui n'ont jamais passé un jour dans un cours de gestion.

Le développement des aptitudes

L'école de gestion ne pourra affecter de façon significative les pratiques des cadres que lorsqu'elle deviendra capable d'enseigner un ensemble spécifique d'"aptitudes" associées au travail du cadre. Tout comme l'étudiant en médecine doit apprendre le diagnostic, et l'élève ingénieur la conception des machines, l'étudiant cadre doit apprendre le leadership et la négociation, il doit apprendre à traiter les perturbations, et acquérir d'autres aptitudes encore.

les aptitudes peuvent être apprises de trois façons. Dans l'*apprentissage cognitif,* l'étudiant est exposé au savoir le plus récent en lisant des ouvrages ou en assistant à des cours sur l'aptitude en question. *L'apprentissage par simulation* consiste à pratiquer l'aptitude en étant placé dans une situation artificielle comportant un retour d'information sur les performances (comme par exemple dans le jeu de rôle). Et dans *l'apprentissage en situation,* l'étudiant met l'aptitude en œuvre dans le cadre naturel de son travail ; il bénéficie de l'introspection consciente et des commentaires de ceux qui l'entourent.

L'étude cognitive est utile mais généralement stérile. L'apprentissage est le plus efficace lorsque l'étudiant met réellement l'aptitude en pratique dans une situation aussi réaliste que possible puis analyse de façon explicite ce qu'il a fait. On ne peut pas apprendre à nager en se contentant de lire des ouvrages sur la natation. Il faut se mettre à l'eau, remuer, éclabousser, et mettre en pratique diverses techniques avec l'aide de quelqu'un qui connaît les aptitudes nécessaires pour nager. Au bout d'un temps, éventuellement, avec suffisamment de conseils, il apprend à nager. Il en va de même pour de nombreuses aptitudes nécessaires pour assumer un poste d'encadrement. L'étudiant doit être immergé dans le milieu ; il doit pratiquer l'aptitude ; et il doit recevoir des commentaires constructifs de la part d'une personne qui comprend l'aptitude.

La littérature commence à reconnaître la nécessité d'enseigner les aptitudes à la gestion. Livingston (1971) dans un article de la *Harvard Business Review* intitulé *"Le Mythe du Cadre Bien Formé"* soutient que beaucoup de ceux qui accèdent aux plus hautes positions dans la gestion des entreprises ont développé des aptitudes qui ne sont pas enseignées dans les programmes de formation à la gestion, aptitudes que, peut-être, les personnes ayant reçu une formation supérieure peuvent avoir des difficultés à acquérir "sur le tas". Il se fait l'avocat de l'enseignement des aptitudes, du remplacement d'un enseignement fondé sur des données de "seconde main" par un autre qui aide les étudiants à apprendre directement à partir de leurs propres expériences.

Radosevich et Ullrich, dans leur anlyse de la formation professionnelle supérieure, demandent qu'on "fournisse aux étudiants des occasions de mettre en pratique les aptitudes nouvellement acquises", et ils ajoutent :

> «Ceux qui ont un diplôme professionnel doivent être des "faiseurs" aussi bien que des penseurs. A la différence d'autres disciplines académiques, la formation professionnelle requiert de la situation de formation qu'elle produise un effet à la fois intellectuel et sur les comportements... Un cours

standard portant sur la Théorie Y de Mc Gregor, par exemple, ne développe ni l'empathie, ni les aptitudes qui sont nécessaires pour que réussisse une application de la Théorie Y, à une situation de travail (1971, pp. 23-24)(4)».

Une façon de déterminer quelles aptitudes sont nécessaires pour les cadres consiste à analyser les rôles qu'ils doivent assumer. L'étude des dix rôles présentée au chapitre 4 suggère huit ensembles fondamentaux d'aptitudes qui pourraient être enseignés. Nous en discutons tour à tour ci-dessous.

L'Aptitude aux relations avec les pairs. Nous entendons ici l'aptitude à créer et maintenir de façon efficace des relations non hiérarchiques. On peut y inclure un certain nombre d'aptitudes. Le cadre doit être capable de développer avec des tiers des contacts implicites servant les besoins mutuels. Il doit savoir comment construire et entretenir un réseau nombreux de contacts qui lui apporteront faveurs et informations, et savoir communiquer avec des égaux sur une base formelle et sur une base informelle. Une aptitude spécifique à ce type de situation est l'aptitude à négocier, à échanger des ressources en temps réel. Importante également, particulièrement pour les cadres fonctionnels, est l'aptitude à la relation de conseil, l'aptitude à gérer une situation de relation entre expert et client. Enfin, il y a un ensemble d'aptitudes "politiques" associées au conflit et aux luttes internes dans les grandes bureaucraties.

Les psychologues sociaux nous apportent une certaine compréhension des aptitudes aux relations entre pairs. Les relations contractuelles entre individus ont été étudiées et le concept de groupe de diagnostic a été développé ; il est peut-être aujourd'hui la méthode spécifique dont nous disposons pour développer l'aptitude à la relation entre pairs dans un environnement simulé (devrions-nous dire réel ?). L'étude empirique du comportement de négociation des cadres devrait conduire à la description de méthodes ou de programmes qui peuvent être enseignés. La théorie des jeux et les "cas de confrontation" peuvent être d'autres véhicules utiles pour l'enseignement des aptitudes aux relations entre pairs.

Ces aptitudes se prêtent bien elles-mêmes à l'enseignement par expérience. Dans les programmes de formation continue à la gestion, les cadres peuvent aisément faire appel à leurs expériences des relations avec des pairs, et les étudiants dans l'université sont certainement exposés à de nombreuses situations de relations avec des pairs. On trouve dans les deux cas, des occasions d'examiner de façon systématique des situations réelles.

---

(4) Dans son cours de politique publique à la Kennedy School of Governement, Richard Neustadt donne aux étudiants une série de brefs mémos dans lesquels il discute de quelques aptitudes spécifiques (par exemple l'aptitude à mener des réunions d'information, à motiver). Bien qu'il soutienne que les aptitudes sont acquises dans le travail et pas en salle de classe, Neustadt introduit dans son cours certains exercices pour donner aux étudiants un «premier contact» avec les aptitudes dont ils pourraient avoir besoin dans les postes qu'ils sont susceptibles d'occuper dans les premières années de leur carrière (l'information est tirée de la notice de présentation du cours de «Politique Publique 240» et de la John Fitzgerald Kennedy School of Government, Harvard University).

Les aptitudes au leadership. Les aptitudes au leadership ont trait à la capacité du cadre à interagir avec ses subordonnés : de les motiver, de les former, de les aider, de faire face aux problèmes liés à l'autorité et à la dépendance, etc... Nous disposons sur les aptitudes au leadership d'une littérature considérable, bien qu'une partie importante de celle-ci ne traite que du contraste entre le style de gestion autocratique et le style participatif. Nous avons aussi un certain nombre de programmes de formation aux aptitudes au leadership, comme la Grille Managériale de Blake et Mouton (1964).

Les aptitudes au leadership, peut-être plus que les autres, exigent une formation participative. Comme pour la natation, on ne peut pas apprendre le leadership en lisant des ouvrages qui y sont consacrés. Les aptitudes au leadership, cependant, sont si étroitement liées à la personnalité innée qu'il peut être difficile d'avoir un impact significatif sur les comportements dans la salle de classe.

Les aptitudes à la résolution des conflits. On trouve ici l'aptitude interpersonnelle à assurer la médiation entre individus en conflit, et l'aptitude décisionnelle à traiter les perturbations. En utilisant ces deux aptitudes, le cadre doit travailler sous tension. Tout comme on peut entraîner le corps à supporter la tension physiologique, on peut supposer qu'il est possible d'entraîner l'esprit à supporter la tension psychologique. les techniques de jeu de rôle peuvent être utiles pour simuler le conflit en formation et donc pour développer chez les cadres les aptitudes à la résolution des conflits. De plus, nous avons une certaine compréhension des aptitudes à la médiation ; elles devraient s'avérer utiles dans les programmes de formation.

Les aptitudes au traitement de l'information. Les étudiants en gestion devraient apprendre comment construire des réseaux informels d'information, trouver des sources d'information et en extraire ce dont ils ont besoin, valider l'information, l'assimiler et construire des modèles mentaux efficaces. De plus, ils devraient apprendre à diffuser l'information, à exprimer leurs idées de façon efficace, et à s'exprimer formellement en tant que représentant d'organisations.

Nous consacrons aujourd'hui à ces points un peu de temps dans les programmes universitaires. Les cours de recherche opérationnelle traitent de l'élaboration de modèles formels, et beaucoup des cours consacrés aux domaines fonctionnels indiquent aux étudiants où trouver des données spécialisées (des statistiques sur le revenu national dans les cours d'économie, des informations sur les coûts dans les cours de comptabilité). Quelques écoles ont à leur programme des lectures sur la méthodologie de la recherche, et, en demandant à leurs étudiants de réaliser divers projets ou une thèse, leur fournissent l'occasion de développer leurs aptitudes à trouver des données sur le terrain et à les valider. Les recherches bibliographiques développent les aptitudes à collecter des informations. La méthode des cas développe l'aptitude de l'étudiant à communiquer ses pensées, et la méthode des incidents, dans laquelle on donne à l'étudiant un cas bref en lui permettant de rechercher des données complémentaires, est une méthode plus précisément adaptée au développement de ses aptitudes à collecter des informations.

Tout programme de gestion fait ces choses en partie. Ce qui manque souvent, par contre, ce sont les moyens de former l'étudiant à extraire l'information non structurée et non écrite que les cadres recherchent le plus souvent. Nous devons accorder dans nos programmes de formation continue une attention particulière au développement des aptitudes verbales. Nous devrions en fait développer des méthodes pour former les étudiants en gestion à l'utilisation de chacun des moyens de communication utilisés par le cadre. Le téléphone, les réunions programmées et non programmées, la tournée des installations, et le courrier sont les principaux moyens du cadre. Nous devrions former systématiquement l'étudiant à leur usage.

Les aptitudes à la prise de décision sous ambiguïté. La situation non structurée est l'élément le plus caractéristique de la prise de décision du cadre dirigeant. Le cadre doit d'abord décider quand il faut prendre une décision, il doit alors faire le diagnostic de la situation et décider comment l'approcher ; il doit rechercher des solutions et évaluer leurs conséquences ; enfin il doit choisir l'une des alternatives. Ceci n'est bien sûr que la partie émergée de l'iceberg, car, comme nous l'avons vu, une "décision" est en fait une suite de décisions de plus faible importance imbriquées les unes dans les autres. De plus, le cadre ne s'occupe pas d'une décision à la fois ; il jongle avec une quantité de décisions, s'occupant de chacune par intermittence, tout en essayant dans une certaine mesure de les intégrer.

Les écoles de gestion consacrent aujourd'hui une attention considérable au développement des aptitudes à la décision. Mais les prescriptions faites aux étudiants sont assez élémentaires lorsqu'on les considère à la lumière de l'ambiguïté complexe à laquelle font face les cadres dirigeants. La méthode des cas fournit la question et les données dans un document écrit et bien net, et demande à l'étudiant de procéder à une analyse et de débattre de différentes alternatives. Le jeu d'entreprise fournit une situation nette et structurée dans laquelle un ensemble fixe de décisions est requis à chaque période.

Les sciences de gestion contiennent une variété de techniques qui peuvent être enseignées : l'analyse bayesienne, la programmation linéaire, la théorie des files d'attente et l'analyse des investissements pour n'en nommer qu'une partie. Mais ces techniques, si elles apportent une certaine idée lorsqu'il s'agit de choisir entre des alternatives données dont les conséquences sont connues, ne peuvent s'appliquer aux caractéristiques dynamiques et ouvertes des situations réelles de décision. Le cadre ne se trouve pas face à des décisions en avenir *certain,* ni *risqué,* ni même *incertain* comme le décrivent les manuels, mais à des décisions sous *ambiguïté.* Le cadre qui est face à une question stratégique n'a que très peu d'information, et presqu'aucune n'est structurée. Les techniques de planification stratégique ou de planification à long terme sont créées expressément pour traiter des décisions stratégiques liées les unes aux autres. L'état de la science de la planification formelle, lorsqu'on le met en contraste avec les pratiques des cadres dans le domaine de l'élaboration de la stratégie, apparaît réellement primitif.

Les sciences de gestion ont eu tendance à servir les spécialistes fonctionnels de l'organisation qui doivent prendre des décisions relativement routinières sur la base de données d'entrée structurées. Par conséquent, enseigner les sciences de gestion, c'est informer les étudiants des processus utilisés par les technocrates, pas de ceux utilisés par les cadres. Ce savoir est, bien sûr, de valeur pour tout futur cadre. Puisque la voie qui mène aux postes d'encadrement passe de plus en plus par la technostructure, les écoles de gestion peuvent préparer les étudiants à la suivre. De plus, la pratique des sciences de gestion développe probablement l'aptitude à la décision, même si les décisions prises par les cadres sont de nature différente. L'étudiant apprend à structurer les problèmes, à développer des solutions et à rechercher des données solides. Quelle que soit la vérité contenue dans ces arguments, nous ne devons pas nous laisser arrêter dans notre recherche de meilleurs moyens pour simuler dans la salle de classe la réalité de la décision sous ambiguïté, et pour enseigner des méthodes correpondant à la complexité de cette même réalité. L'étudiant en gestion devrait apprendre les aptitudes nécessaires pour trouver les problèmes et les opportunités, pour faire le diagnostic des problèmes non structurés, pour rechercher des solutions, gérer la dynamique de la prise de décision, jongler avec un ensemble de décisions parallèles et les intégrer en des plans.

Les aptitudes à la répartition des ressources. Les cadres doivent choisir entre des demandes de ressources qui sont en concurrence les unes avec les autres ; ils doivent décider comment programmer leur propre temps, déterminer quel travail devront faire leurs subordonnés et dans quelle structure formelle ils doivent travailler, et juger, parfois très rapidement, de projets qui exigent des ressources organisationnelles.

A l'exception de ce qui est enseigné en théorie de la conception des organisations, (et qui est valable pour chaque cadre), peu de chose sont faites dans les écoles de gestion pour développer les aptitudes à la répartition des ressources. Ce n'est pas tout à fait vrai pour les programmes de formation continue, qui consacrent parfois quelque attention à la gestion par le cadre de son propre temps. Des cours traitant de cette question de façon sensible sont probablement utiles et méritent d'autres développements. De plus, un effort devrait être fait pour simuler de situations dans lesquelles l'étudiant doit jongler et prendre des décisions à propos d'un ensemble de questions complexes. La technique "de la corbeille d'entrée", dans laquelle on demande à l'étudiant de traiter un ensemble de documents, suggère le type de chose qui peut être fait en salle de classe.

Les aptitudes entrepreneuriales. Cet ensemble d'aptitudes décisionnelles comprend la recherche des problèmes et des opportunités et la mise en œuvre contrôlée du changement dans les organisations. On peut se demander ce qui peut être enseigné formellement dans ce domaine, mis à part les aptitudes nécessaires pour être "agent de changement" telles qu'elles sont discutées dans la littérature des sciences du comportement. Mais, dans la nature même de nos écoles de gestion et la philosophie qui sous-tend la conception de leurs programmes, il est possible de créer un climat qui encourage l'utilisation des aptitudes entrepreneuriales.

L'école de gestion peut consciemment encourager l'esprit d'entreprise parmi ses étudiants. La prise raisonnable de risque, et l'innovation, peuvent être récompensées et une haute valeur peut être accordée à la créativité. Clairement, une structure de programme inflexible, la passivité et la régurgitation devraient être découragées. Si ces choses ne sont pas faites, on court le risque réel d'effrayer ceux-là même qui devraient recevoir une formation formelle à la gestion.

Les aptitudes à l'introspection. Le cadre devrait avoir une compréhension approfondie de son travail ; il devrait être sensible à son impact sur sa propre organisation ; il devrait être capable d'apprendre par introspection. C'est sans doute le rôle du professeur qui enseigne le cours de politique générale d'informer l'étudiant des éléments essentiels concernant le travail du cadre : de la nature et des caractéristiques du travail lui-même, de la formulation des buts de l'organisation, de la nature du processus d'élaboration de la stratégie, et du rôle du planificateur. Plus important encore, les étudiants devraient être encouragés à développer les aptitudes à l'introspection dont ils auront besoin pour apprendre par eux-mêmes lorsqu'ils seront en activité. Les organisations peuvent peut-être encourager cet apprentissage en fournissant à leurs cadres des moyens d'auto-apprentissage et en encourageant la réunion de cadres en sessions au cours desquelles ils se feraient mutuellement des commentaires honnêtes (et confidentiels) sur leur comportement. Mais aucun moyen d'apprentissage, qu'il s'agisse de la salle de classe, de séminaires de formation continue pour cadres dirigeants ou de sessions de commentaires mutuels entre pairs, ne peut surpasser le travail lui-même, à condition que le cadre sache comment apprendre à partir de sa propre expérience.

Comme nous l'avons dit avec insistance, les écoles de gestion ont jusqu'ici prêté peu d'attention au développement des aptitudes nécessaires pour faire le travail d'un cadre : elles ont donc fait réellement peu de choses pour former des cadres. Il y a maintenant des signes montrant que les écoles de gestion rejoignent les formateurs intervenant dans les séminaires de formation continue pour cadres dirigeants, et reconnaissent la nécessité d'enseigner ces aptitudes. L'enseignement des aptitudes sera probablement - et devrait être - la prochaine révolution dans la formation à la gestion.

Une note sur la sélection

L'efficacité de la formation à la gestion et des programmes de formation continue est significativement influencée par la sélection des participants. C'est clairement un gâchis que de donner la bonne formation aux mauvaises personnes. L'éducation formelle ne peut pas faire des cadres. On peut seulement espérer développer les aptitudes de base que les étudiants apportent en salle de classe, et leur communiquer un savoir. Si l'étudiant a le potentiel d'être un leader, la formation l'aidera à être un leader plus efficace ; s'il n'a pas ce potentiel, aucune formation dispensée en classe ne pourra atteindre ce but. Par conséquent les écoles de gestion qui réussiront le mieux seront celles qui seront capables (1) de déterminer le plus précisément quels candidats ont les aptitudes à l'encadrement et (2) de développer en eux ces aptitudes de façon significative. Malheureusement nous continuons à manquer des moyens nécessaires pour choisir de façon efficace et systématique ceux qui réussiront dans les postes d'encadrement. Livingston nous fournit quelques données intéressantes montrant que ceux qui réussissent le mieux dans les programmes de gestion ne sont pas nécessairement ceux qui réussissent le mieux dans leur activité de cadre. Il conclut : "Il paraît y avoir peu de doute que les écoles de gestion et les entreprises qui font confiance à la qualité des études, aux résultats des tests d'intelligence et aux notes comme mesure du potentiel professionnel des cadres utilisent de mauvais indicateurs" (1971, p. 81).

En fait, aujourd'hui, la seule voie qui donne à l'école de gestion la sécurité dans la sélection des candidats consiste à retenir ceux qui peuvent se prévaloir de succès dans des postes d'encadrement. On peut se demander si nous avons plus d'efficacité dans la sélection pour les postes de travail eux-mêmes. Combien de cadres qui recrutent d'autres cadres ou décident de leur promotion font plus confiance à leurs propres moyens intuitifs de prédiction qu'à la science des psychologues spécialisés dans les questions de personnel (5) ? Pour conclure, nous continuons à tâtonner dans notre recherche de méthodes efficaces et systématiques pour sélectionner ceux qui réussiront dans les postes de cadre.

La théorie dite "des traits" représente une tentative importante pour prédire l'efficacité des cadres. Les premiers chercheurs dans ce domaine ont tenté d'isoler un trait unique ou une constellation de traits qui soient caractéristiques de tous les cadres efficaces. Mais leurs efforts ont dans une large mesure échoué. Ils ont rencontré des difficultés pour mesurer les traits et pour les relier aux cadres efficaces. Ceux qui ont été isolés étaient souvent de nature trop générale (comme l'intelligence, l'empathie) pour être pratiquement utiles. En conséquence de nombreux chercheurs se sont récemment tournés vers des théories situationnelles ou contingentes du leadership, dans lesquelles ils supposent qu'une situation donnée détermine l'ensemble des traits qui sont désirables pour le leader (Gibb, 1969, et Fiedler, 1966).

Mais où était l'erreur dans la théorie des traits ? Dans l'hypothèse selon laquelle tous les cadres qui réussissent ont un ensemble commun de caractéristiques personnelles ? Ou dans les caractéristiques particulières que les chercheurs ont cherché à mesurer ? Je penche pour la seconde explication, en croyant que la difficulté que nous rencontrons pour isoler et pour mesurer des traits généralement caractéristiques des cadres ne devrait pas nous arrêter dans notre recherche des caractéristiques personnelles qui conduisent certaines personnes à réussir et d'autres à échouer dans une grande variété de postes d'encadrement. Il faut insister dans ce domaine sur deux points. D'abord, nous avons noté avec soin, tout au long de ce livre, le fait que les postes de cadre présentent des variations qui viennent s'ajouter à des ressemblances fondamentales. Ceci

_____

(5) Le manque d'une base systématique pour la sélection a conduit à la persistance de ce qu'on peut appeler le «syndrôme du meilleur vendeur»: le choix du cadre fondé sur l'hypothèse selon laquelle celui qui fait le mieux le travail de l'unité sera le meilleur pour le superviser. Il est clair que les aptitudes nécessaires pour faire le travail du cadre sont différentes des aptitudes spécialisées de celui qui effectue le travail. Il est aussi intéressant de noter que lors d'élections à des postes politiques importants (président, gouverneur, premier ministre, maire), nous entendons peu parler des aptitudes qu'ont les candidats à assumer leurs fonctions de gestion. Elles sont sans doute déterminantes pour le succès, mais nous ne les comprenons pas encore assez bien pour les analyser.

suggère que le cadre efficace possède les caractéristiques personnelles reliées à son travail particulier, ajoutées aux caractéristiques générales qu'il partage avec tous les cadres efficaces. En d'autres termes, j'ai personnellement la conviction que des théories plus puissantes de l'efficacité du leadership auront à tenir compte à la fois de caractéristiques personnelles de base et de caractéristiques personnelles contingentes du leader.

En second lieu, il faut mettre en question la focalisation sur les traits. Un "trait" est un concept intangible, difficile à opérationnaliser et à relier au comportement du cadre. L'aptitude, en revanche, est un concept opérationnel plus directement relié au comportement. Une aptitude est simplement un comportement spécifique qui a pour résultat une performance efficace. Si, au lieu de chercher des traits, nous cherchons à identifier des aptitudes communes (et contingentes) au métier de cadre, nous serons capables d'utiliser le comportement comme base de mesure. Par exemple, nous pouvons conclure de notre liste d'aptitudes présentée plus haut dans cette section que les cadres qui réussissent devraient avoir une capacité particulière dans le domaine des relations avec les pairs, du leadership, de la résolution des conflits interpersonnels et décisionnels, des décisions reliées les unes aux autres, de la répartition des ressources (y compris de leur propre temps) et de l'innovation. Le chercheur peut utilement consacrer son temps à chercher à mesurer l'efficacité dans ces aptitudes générales.

En résumé, si la formation première et la formation continue en gestion veulent atteindre un niveau raisonnable d'efficacité, nous devons apprendre à sélectionner les candidats qui ont les aptitudes particulières requises pour faire le travail du cadre.

CONSEQUENCES POUR L'ANALYSTE

Le chapitre 6 a longuement traité du rôle de l'analyste dans la reprogrammation du travail du cadre, et comporte à sa fin un résumé. Nous répétons ici les points fondamentaux pour le lecteur non spécialiste.

Le cadre d'aujourd'hui est surchargé de travail, et il y a peu de choses qu'il puisse faire pour alléger sa charge. C'est l'analyste qui au bout du compte l'aidera à reconsidérer son travail et à améliorer son efficacité de façon significative. Mais avant que l'analyste, qu'il soit planificateur, concepteur de systèmes d'information, spécialiste de recherche opérationnelle ou analyste système, puisse aider le cadre, il faut qu'il comprenne son travail. C'est une folie de croire que les planificateurs peuvent aider à l'élaboration de la stratégie s'ils ne comprennent pas la dynamique du travail du cadre, ou que les analystes peuvent aider le cadre à prendre des décisions sans comprendre son information. La littérature en gestion a peu de choses à dire sur le travail du cadre et ce qu'elle dit reflète la faiblesse de la compréhension qu'on en a. L'analyste semble souvent considérer le travail du cadre dans les termes du modèle simple de décision "rationnelle" élaboré par les économistes (des objectifs explicites, des alternatives distinctes, des choix isolés effectués pour maximiser les bénéfices nets), et c'est en fonction de ce modèle qu'il conçoit des systèmes à l'intention du cadre.

Puis il se demande pourquoi le cadre dédaigne ses plans à long terme ou n'utilise pas son système d'information.

L'analyste doit étudier et comprendre le travail de l'homme pour lequel il conçoit des systèmes et résoud des problèmes. Il doit obtenir l'accès à l'information jusqu'ici non écrite du cadre avant de pouvoir concevoir pour lui des systèmes utiles. De cette façon il trouvera que le cadre a en général grandement besoin, non des informations quantitatives, routinières et internes que le système d'information lui a toujours fourni, mais d'informations incertaines, *ad hoc*, externes. Il découvrira que le cadre peut utiliser non pas des plans statiques à long terme, mais des plans flexibles qui peuvent être modifiés en chemin. Il apprendra que l'analyse fait "à la va vite", qui donne des résultats en temps réel, peut être plus utile en cas de crise que des données statistiquement significatives.

Les cadres utilisent des programmes qui sont mal compris. L'analyste doit aider à reprogrammer le travail du cadre ; il doit spécifier en détail les programmes du cadre et les reconcevoir avec pour objectif d'améliorer la performance. Certains des programmes du cadre - ceux qui ont trait au leadership par exemple - ne se prêtent pas à la reprogrammation. Un nombre réduit d'entre eux peuvent être extensivement reprogrammés. La gestion par le cadre de son propre temps est un de ceux qui méritent une attention particulière de la part de l'analyste : les décisions y sont répétitives, les données d'entrée spécifiques et dans une certaine mesure quantifiables. Pour certains cadres, les bénéfices potentiels d'une meilleure gestion de l'emploi du temps sont importants.

Enfin, une partie importante du travail du cadre se prête à une reprogrammation partielle, au terme de laquelle le cadre peut travailler avec l'analyste (ou avec l'ordinateur) dans une sorte de système homme-machine. Le cadre définit les questions et fournit une partie des données d'entrée, l'analyste fournit le temps et la capacité d'analyse. Le chapitre 6 a discuté dans ce domaine d'un certain nombre de possibilités : la recherche active et la diffusion d'information, la recherche des problèmes et des opportunités, la conduite d'analyses coûts-bénéfices, le suivi des projets supervisés par le cadre, la production de plans stratégiques adaptables, de plans contingents, de modèles permettant d'aider à faire des choix, et d'analyser en temps réel aidant à réagir à des événements imprévus.

Les sciences de gestion ont étendu leur influence vers le haut de l'organisation depuis que Taylor a commencé à la fin du siècle dernier à expérimenter des méthodes visant à améliorer l'efficacité dans l'usine. Mais l'orientation a changé au cours de la dernière décennie et les progrès se sont ralentis. L'analyste a recherché l'élégance dans ses techniques. Une telle attitude a pu être appropriée tant que les problèmes traités étaient très structurés. Mais les questions rencontrées au niveau de la politique générale ne sont pas si nettes, et il lui faudra du temps pour apprendre à les structurer. Dans sa recherche de l'élégance, l'analyste a diminué sa capacité de participer à la résolution des problèmes de politique générale. Sans corrompre sa science, l'analyste doit être prêt à abandonner l'élégance, à ajuster ses techniques aux problèmes plutôt que de chercher des problèmes qui correspondent aux techniques. Les sciences de gestion doivent redevenir l'application de l'analyse, c'est-à-dire de la pensée claire et systématique s'appuyant sur des données explicites, aux problèmes de la gestion.

CONSEQUENCES POUR LE CHERCHEUR

Le succès du formateur en gestion et de l'analyste, dans leur tentative pour aider à améliorer la pratique de l'encadrement, dépendra du succès du chercheur. Ce dernier doit leur donner de meilleures descriptions du travail. Cette étude suggère un certain nombre de domaines dans lesquels des recherches pourraient être effectuées :

Des études ouvertes. Nous savons encore très peu de choses sur le travail du cadre et nous avons le plus grand besoin d'études dans lesquelles le chercheur essaie par induction de développer une compréhension approfondie. L'observation systématique et la méthode des incidents critiques paraissent être dans ce domaine les plus prometteuses.

Des études faites pour confirmation. J'ai avancé dans ce livre un certain nombre de points qui méritent d'être étudiés avec plus de soin. L'ensemble des activités que nous avons considéré est-il valable pour décrire le travail de tous les cadres ? Les rôles peuvent-ils être décrits de façon plus précise, dans des termes plus opérationnels, nous permettant ainsi de comparer avec plus de précision le travail de différents cadres ? Nous avons clairement besoin d'études plus longues portant sur des échantillons plus importants et plus divers de cadres pour tester la validité de ce que nous avons trouvé.

Des études de différences entre postes. Nous devons accorder une attention considérable à l'étude des différences entre postes. Comment varient de poste à poste l'importance relative des rôles et les caractéristiques du travail ? Pourquoi varient-elles ainsi ? Nous ne savons presque rien des variations causées par la culture, ou par le style de la personne qui tient le poste, et peu de choses sur d'autres facteurs qui sont sources de variation. Nous devons étudier les cadres qui sont responsables de groupes fonctionnels, les cadres japonais, les cadres administratifs, les cadres débutant dans leur poste, les cadres formés dans différents types d'écoles, les cadres travaillant dans un environnement stable, les cadres qui font face à des crises sans fin, etc... Le partage des rôles est un phénomène important et des plus intéressants ; il mérite une étude approfondie. L'influence de la situation et les effets des changements sociétaux demandent certainement des études.

Des études portant sur des aspects particuliers du travail. Il est intéressant de se focaliser sur les aspects spécifiques du travail du cadre, mais il ne faut pas oublier le fait que les différentes parties en sont reliées les unes aux autres. Nous pouvons avec profit rechercher diverses configurations de rôles : les rôles externes, les rôles liés à l'information, les rôles ayant essentiellement un caractère d'obligation. Nous devons en apprendre plus sur les actes liés au leadership, sur les méthodes utilisées par le cadre pour faire face aux crises, sur la prise de décision sous la forme d'une suite d'épisodes, sur le processus par lequel sont développés les contacts qui apportent l'information, sur le processus de découverte des opportunités et des problèmes. Tous les aspects du travail du cadre méritent des recherches approfondies.

Des études sur l'efficacité du cadre. Nous devons découvrir ce qui dans leurs actions distinguent les cadres qui réussissent de ceux qui ne réussissent pas. Nos recherches doivent aller des études sur la fatigue aux analyses du traitement des perturbations. D'une certaine façon trouver ce que les termes "efficacité" et "efficience" signifient dans le travail du cadre.

Programmer le travail. Enfin, et peut-être surtout, nous devons décrire le travail du cadre comme un système de programmes. Notre capacité à prescrire des améliorations repose sur notre capacité à décrire la réalité avec précision. Avec ce que nous savons actuellement, il y a très peu de choses que nous puissions prescrire au cadre avec certitude. Le moyen le plus précis dont nous disposons pour décrire le travail du cadre consiste à le programmer : à identifier les programmes qu'utilisent les cadres, à en spécifier le contenu, à les combiner en une simulation du travail du cadre. Nous ne développerons une science que lorsque nous réussirons dans des efforts de ce type.

Lorsqu'on considère le développement de la recherche en gestion au cours des dix dernières années, il est surprenant de voir que le travail du cadre a fait l'objet de si peu d'attention. Il apparaît que le chercheur contemporain a réagi négativement aux premiers efforts faits dans ce domaine, en essayant d'échapper aux déclarations vagues faites par les tenants de l'école classique sur les principes et les fonctions. Ils ont souvent cherché refuge dans les domaines fonctionnels où l'ambiguïté est moindre et la quantification plus facile. C'est le chercheur qui, en fournissant le savoir au cadre et à l'analyste, déterminera au bout du compte la capacité de nos grandes bureaucraties à faire face à leurs immenses problèmes.

J'espère que ce livre sera accueilli comme une contribution au début d'une compréhension significative du travail du cadre. Il ne peut certainement pas être plus que cela. J'espère de plus que cette recherche encouragera d'autres personnes à poursuivre les recherches sur le travail du cadre. Il s'agit là d'un travail aussi intéressant qu'important.

Bibliographie

Aguilar F. J. (1967) *Scanning the Business Environment,* New York : Macmillan.

Ansoff H. I. (1965) *Corporate Strategy,* New York : McGraw-Hill.

Ansoff H. I. *Stratégie du développement de l'entreprise. Hommes et Techniques, 1980.*

Anthony R. N. (1965) *Planning and Control Systems : A Framework for Analysis.* Boston : Harvard Business School, Division of Research.

Argyris C. (1953) *Executive Leadership : An Appraisal of a Manager in Action,* New York : Harper et Row.

Bailey J. C. (1967) "Clues for Success in the President's Job", *Harvard Business Review, 45,* May-June : 97-104.

Barnard C. I. (1966) *The functions of the Executive,* Cambridge Mass : Harvard University Press. First

Bavelas A. (1960) "Leadership : Man and Function", *Administrative Science Quarterly, 5 :* 491-498.

Berle A. A. and Means G. C. (1968) *The Modern Corporation and Private Property,* New York : Harcourt Brace Josanovich, First published 1932.

Blake R. R. and Mouton J. S. (1964) *The Managerial Grid,* Houston, Tex : Gulf.

Blau P. M. and Scott W. R. (1962) *Formal Organizations,* San Francisco : Chandler.

Braybrooke D. (1964) "The Mystery of Executive Success Re-examined", *Administrative Science Quarterly, 8 :* 533-560.

Braybrooke D. and Lindblom C. E. (1963) *A Strategy of Decision,* New York : Free Press.

Brewer E. and Tomlinson J. W. C. (1964) "The Manager's Working Day", *The Journal of Industrial Economies, 12 :* 191-197.

Bronowski J. (1958) "The Creative Process", *Scientific American, 199,* September : 59-65.

Brooks E. (1955) "What Successful Executives Do", *Personnel, 32 :* 210-225.

Burns T. (1954) "The Directions of Activity and Communication in a Departmental Executive Group", *Human Relations, 7 :* 73-97.

Burns T. (1957) "Management in Action", *Operational Research Quarterly, 8 :* 45-60.

Burns T. and Stalker G. M. (1961) *The Management of Innovation,* London : Tavistock Publications.

Business Week (1967) "How Johnson Brings the World to His Desk", March 4 : 178-182.

Campbell J. P. Dunnette M. D. Lawler E. E. III, and Weick K. E., Jr. (1970) *Managerial Behavior, Performance, and Effectiveness,* New York : McGray-Hill.

Carlson S. (1951) *Executive behaviour : A Study of the Work Load and the Working Methods of Managing Directors.* Stockholm : Strömbergs.

Cartwright D. (1965) "Influence, Leadership, and Control" in J. G. March, ed., *Handbook of Organizations,* Chicago : Rand Mc Nally.

Centre Emile Bernheim pour l'Etude des Affaires (1959) *Les cadres supérieurs des entreprises : leur origine, leur carrières, leur caractéristiques,* Bruxelles : Université Libre de Bruxelles.

Chapple E. D. and Sayles L. R. (1961) *The measure of Management,* New York : Macmilan.

Charnes A. and Cooper W. W. (1962) "Management Science and Managing", *Quarterly Review of Economics and Business, 2,* May : 7-19.

Choran I. (1969) *The Manager of a Small Company,* Montreal : McGill University, Unpublished M.B.A. thesis.

Churchman C. W. (1961) *Prediction and Optimal Decision*, Englewood Cliffs, N. J. : Prentice-Hall.

Clarkson G. P. E. (1962) *Portfolio Selection : A Simulation of Trust Investment*, Englewood Cliffs, N. J. : Prentice-Hall.

Collins O. F. and Moore D. G. (1970) *The Organization Makers*, New York : Appleton.

Collins O. F. Moore D. G. and Unwaila D. B. (1964) *The Enterprising Man.* East Lansing, Mich : Michigan State University Press.

Copeland M T. (1951) *The Executive at Work.* Cambridge Mass : Harvard University Press.

Copeman, G. H. (1959) *The Role of the Managing Director*, London : Business Publications Ltd.

Copeman G. H. Luijk H. and Hanika F. de P. (1963) *How the Executive Spends His Time* London : Business Publications Ltd.

Cordiner R. J. (1965) "The Work of the Chief Executive" in Moranian T. et al. *Business Policy and Its Environment*, New York : Holt, Rinehart et Winston.

Costin A. A. (1970) *Management Profiles in Business and Government*, Montreal : McGill University. Unpublished M. B. A thesis.

Courtois Abbé G. (1961) *L'art d'être chef.* Paris : Editions Fleurus.

Cyert R. M. and March J. G. (1963) *A Behavioral Theory of the Firm.* Englewood Cliffs, N. J. : Prentice-Hall.

Dale E. (1960) *The Great Organizers*, New York : McGraw-Hill.

Dale E. and Urwick L. F. (1960) *Staft in Organization.* New York : McGraw-Hill.

Dalton M. (1959) *Men Who Manager.* New York : Wiley.

Davis R. T. (1957) *Performance and Development of Field Sales Managers, Boston :* Harvard Business School, Division of Research.

Dill W. R. (1959) "Environment as an Influence in Managerial Autonomy" in J. D. Thomson et al *Comparative Studies in Administration.* Pittsburgh : University of Pittsburgh Press.

Dill W. R. (1964) "Decision-making" in *Sixty-third Yearbook of the National Society for the Study of Education. Part II.* Chicago : Behavioral Science and Educational Administration. 199-222.

Dill W. R. (1964) "The Varieties of Administrative Decisions" in H. J. Leavitt and L. R. Pondy, eds. *Readings in Managerial Psychology.* Chicago : University of Chicago Press.

Dimock M. E. (1945) *The Executive in Action,* New York : Harper et Row.

Drucker P. F. (1954) *The practice of Management,* New York : Harper et Row.

Drucker P. F. (1967) *The Effective Executive* New York : Harper et Row.

Drucker P. F. (1967) "How the Effective Executive Does It" *Fortune* February : 140-143.

Dubin R. (1962) "Business Behavior Behaviorally Viewed" in G. B. Strother, ed. *Social Science Approaches to Business Behavior,* Homewood, Ill. : Irwin-Dorsey.

Dubin R. and Spray S. L. (1964) "Executive Behavior and Interaction", *Industrial Relations 3 :* 99-108.

Elliott O. (1959) *Men at the Top* New York Harper et Row.

Ewing D. W. (1964) "The Knowiedge of an Executive", *Harvard Business Review, 42,* March-April : 91-100.

Ewing D. W. (1964) *The Managerial Mind* New York : Free Press

Fayol H. (1950) *Administration industrielle et générale* Dunod 1981

Feigenbaum E. A. and Feldman J. (1963) *Computers and Thought* New York : McGraw-Hill.

Fiedler F. E. (1966) "The Contingency Model : A Theory of Leadership Effectiveness" in H. Proshansky and B. Seidenberg eds. *Basic Studies in Social psychology.* New York : Holt, Rinehart et Winston. 538-551.

Filley A. C. and House R. J. (1969) *Managerial Process and Organizational Behavior* Glenview. Ill. Scott, Foresman.

Flanagan J. C. (1951) "Defining the requirements of the Executive's Job" *Personnel 28 :* 28-35.

Flanagan J. C. (1954) "The Critical Incident Technique" *Psychological Bulletin, 51 :* 327-358.

Fleishman E. A. (1953) "The Description of Supervisory Behavior" *Journal of Applied psychology, 37 :* 1-6.

Fleishman E. A. (1953) "Leadership Climate, Human Relations Training, and Supervisory Behavior", *Personnel psychology, 6 :* 205-222.

Forbes Magazine (1971) "The Buck Stops Here : The Role of the Chief Executive Office", *15.* May : whole issue.

Forrester J. W. (1961) *Industrial Dynamics* Cambridge, Mass : M.I.T. Press.

Fortune editors (1956) *The Executive Life.* Garden City N. Y. : Double day.

Galbraith J. K. (1967) *The New Industrial State* Boston : Houghton Mifflin.

Gaudet F. J. and Carli A. R. (1957) "Why Executives Fail", *Personnel Psychology 10 :* 7-22.

Gibb C. A. (1969) "Leadership" in G. Lindzey and E. A Aronson, eds. *The Handbook of Social Psychology,* 2nd ed. Reading, Mass : Addison-Wesley vol. 4.

Goodman R. A. (1968) "A System Diagram of the Functions of a Manager". *California Management Review 10. :* 27-38.

Gore W. J. and Dyson J. W eds, (1964) *The Making of Decisions,* New York : Free press.

Gross B. M. (1964) *The Managing of Organizations* New York : Free Press.

Guest R. H. (1955-1956) "Or Time and the Foreman", *Personnel, 32 :* 478-486.

Gulick L. H. (1937) "Notes on the Theory of Organization" in L. H. Gulick and L. F. Urwick eds, *Papers on the Science of Administration,* New York : Columbia University Press.

Hacker A. (1967) "The Making of a (Corporation) Président, *The New York Times Magazine,* April 2 : 26-27, 126-132.

Haire M. Ghiselli E. E. and Porter L. W. (1966) *Managerial Thinking : An International Study,* New York : Wiley.

Hamblin R. I. (1958) "Leadership and Crises" *Sociometry 21 :* 322-335.

Harbison F. and Myers C. A. (1959) *Management in the Industrial World : An International Analysis,* New York : McGraw-Hill.

Harper W. K. (1968) *Executive Time : A Corporation's Most Valuable. Scarce and Irrecoverable Resource.* Boston : Harvard University. Graduate School of Business Administration. Unpublished D.B.A. thesis.

Harrell T. W. (1961) *Manager's performance and Personality.* Cincinnati. Ohio : South-Western.

Harrington A. (1959) *Life in the Crystal Palace,* New York : Knopf.

Hekimian J. S. and Mintzberg H. (1968) "The Planning Dilemma",*The Management Review 57 :* May : 4-17.

Hemphill J. K. (1959) "Job Descriptions for Executives, *Harvard Business Review 37,* September-October : 55-67.

Hemphill J. K. (1960) *Dimensions of Executive Positions.* Colombus : Ohio State Univercity, Bureau of Business Research. Research Monograph Number 98.

Hitch C. J. (1965) *Decision-Making for Defense,* Berkeley : University of California Press.

Hitch C. J. and McKean R. N. (1960) *The Economics of Defense in the Nuclear Age,* Cambridge, Mass : Harvard University Press.

Hodgson R. C. Levinson D. J. and Zaleznik A. (1965) *The Executive Role Constellation : An Analysis of Personality and Role Relations in Management,* Boston : Harvard Business School. Division of Research.

Homans G. C. (1950) *The Human Group,* New York : Harcourt Brace Jovanovich.

Homans G. C. (1958) "Social Behavior as Exchange" *American journal of Sociology, 63 :* 597-606.

Horne J. H. and Lupton T. (1965) "The Work Activities of Middle Managers - An Exploratory Study" *The journal of Management Studies 2 :* 14-33.

Inkson J. H. K. Schwitter J. P. Pheysey D. C. and Hickson D. J. (1970) "A Comparison of Organization Structure and Managerial Roles : Ohio U.S.A. and the Midlands, England" *The Journal of Management Studies, 7 :* 347-363.

Jackson P. W. and Messick S. (1965) "The Person, the Product, and the Response : Conceptual Problems in the Assessment of Creativity", *The Journal of Personality, 33 :* 309-329.

Jasinski F. J. (1956) "Foremen Relationships Outside the Work Group" *Personnel, 33 :* 130-136.

Jennings E. E. (1960) *An Anatomy of Leadership,* New York : Harper et Row.

Jennings E. E. (1965) *The Executive in Crisis* East Lansing. Michigan : Michigan State University, Graduate School of Business Administration.

Jerdee T. H. and Mahoney T. A. (1957) "New Way to look at Manager's jobs" *Factory Management and Maintenance,* December : 110-112.

Katz D. and Kahn R. L. (1966) *The social Psychology of organizations.* New York : Wiley.

Katzell R. A. Barret R. S. Vann D. H. and Hogan J. M (1968) "Organizational Correlates of Executive Roles", *Journal of Applied Psychology 52 : 22-28.*

Kaufmann W. W. (1964) The Mc Namara Strategy New York : Harper et Row.

Kay B. R. (1959) "Key Factors in Effective Foreman behavior", *Personnel, 36,* January-February : 25-31.

Kay E. and Meyer H. H. (1962) "The Development of a Job Activity Questionnaire for Productions Foremen" *Personnel Psychology 15 :* 411-418.

Kelly J. (1964) "The Study of Executive Behaviour by Activity Sampling" *Human Relations 17 :* 277-287.

Kelly J. (1969) *Organizational Behavior* Homewood, Ill : Irwin-Dorsey.

Klahr D. and Leavit H. J. (1967) "Tasks, Organization Structures, and Computer Programs" in C. A Myers, ed. *The Impact of Computers on Management,* Cambridge, Mass : MIT Press.

Knight F. H. (1921) *Risk, Uncertainty, and Profit,* Boston : Houghton Mifflin.

Koontz H. and O'Donnell C. (1968) *Principles of Management : An Analysis of Managerial Functions.* New York : McGraw-Hill.

Krech D. Crutchfield R. S. and Ballachey E. L. (1962) "Leadership and Group Change" in *Individual in Society.* New York : Mcgraw-Hill. 422-454.

Landsberger H. A. (1962) "The Horizontal Dimension in Bureaucracy", *Administrative Science Quarterly, 6 :* 299-332.

Lawler E. E III Porter L. W. and Tennenbaum A. (1968) "Manager's Attitudes Toward Interaction Episodes", *Journal of Applied Psychology 52 :* 432-439.

Learned E. P. et al (1951) *Executive Action,* Boston : Harvard Business School, Division of Research.

Leavitt H. j. and Whistler T. L. (1958) "Management in the 1980 s". *Harvard Business Review 36,* November-December : 41-48.

Lewis R and Steward R. (1958) *The Boss,* London : Phœnix House.

Light H. R. (1961) *The Bussiness Executive,* London : Pitman.

Likert R. (1961) *New Patterns of Management,* New York : McGraw-Hill.

Lindblom C. E. (1959) "The Science of Muddling Through" *Public Administration Review 19 :* 79-88.

Lindblom C. E. (1965) *The Intelligence of Democracy,* Ne York : Free press.

Lindblom C. E. (1968) *The policy-making Process,* Englewood cliffs. NJ. : Prentice-Hall.

Livingston J. S. (1971) "Myth of the Well-Educated Manager. *Harvard Business Review, 49,* January-February : 79-89.

Livingston R. T. and Waite W. W. eds (1960) *The Manager's Job, New*

McGraw J. E. (1964) "Toward a "Theory of method" for Research on Organizations" in W. W. Cooper, H. J. Leavitt, and M. W. Shelly, eds, New Perspectives in Organization Research, New York. Wiley.

McGregor D. La profession de Manager 1974 Gauthier-Villars.

McGregor D. La dimension humaine de l'entreprise 1969 Gauthier-Villars.

McGregor D. (1960) *The Human Side of Entreprise,* New York : McGraw-Hill

McGregor D. (1967) *The Professional Manager,* New York : McGraw-Hill.

Mackenzie R. A. (1969) "The Management Process in 3-D", *Harvard Business Review, 47,* November-December : 80-87.

McMurry R. N. (1965) "Clear Communications for Chief Executives" *Harvard Business Review, 43,* March-April : 131-147.

Mahoney T. A. Jerdee J. H. and Carrol S J (1963) *Development of Managerial Performance - A Research Approach,* Cincinnati, Ohio : South-Western, Monograph C9.

Manley R. and Manley S. (1962) *The Age of the Manager,* New York : Macmillan.

March J. G. and Simon H. A. (1958) *Organizations,* New York : Wiley.

March et Simon *Organisations* 1969 Dunod.

Marples D. L. (1967) "Studies of Managers - A Fresh Start ?" *The Journal of Managements Studie 4 :* 282-299.

Martin N. H. (1956) "Differential Decisions in the Management of an Industrial Plant", *Journal of Business, 29 :* 249-260.

Melcher R. D. (1967) "Roles and Relationships : Clarifying the Manager's Job", *Personnel, 44* May-June : 33-41.

Mills C. W. (1956) *The Power Elite.* New York : Oxford University Press.

Mintzberg H. (1967) "The Science of Strategy-making" *Industrial Management Review, 8 :* 71-81.

Mintzberg H. (1968) *The Manager at Work - Determining his Activities, Roles, and Programs by Structured Observation,* Cambridge, Mass : M.I.T. Sloan School of Management, Ph D. thesis.

Mintzberg H. (1970) "Structured Observations as a Method To Study Managerial Work", *The Journal of Management Studies, 7 :* 87-104.

Mintzberg H. (1971) "Managerial Work : Analysis from Observation," *Management Science, 18:*B97-B110.

Mintzberg H. (1972) "The Myths of MIS." *California Management Review, 14,* Fall : 92-97.

Mitchell W.N. (1965) *The business Executive in a Changing World,* New York : American Management Association. Inc.

Moonman E. (1961) *The Manager and the Organization,* London : Tavistock Publications.

Morris D. (1967) *The Naked Ape.* New York : McGraw-Hill and London : Cape.

Myers, C.A. (1965) "The Impact of EDP on Management Organization and Managerial Work." *MIT Working Paper 139-65,* Cambridge, Mass. : Sloan School of Management, M.I.T.

Myers C.A., ed. (1967) *The impact of Computers on Management,* Cambridge, Mass. : M.I.T. Press.

Nealey S.M. and Fiedler F.E. (1968) "Leadership Functions of Middle

Neustadt R.E. (1960) *Presidential Power : The politics of Leadership,* New York : Wiley.

Newcomer M. (1955) *The Big Business Executive,* New York : Columbia University Press.

Newell A. and Simon H.A. (1972) *Human Problem Solving*, Englewood Cliffs, N.J. : Prentice-Hall.

Nordling R. (1954) "Work Simplification at the level of the General Manager of a Company" (translated by the Management Consultation Services of General Electric from *Revue Mensuelle de l'Organization*, June).

Ohmann O.A. (1957) "Search for a Managerial Philosophy", *Harvard Business Review*, *35*, September-October : 41-51.

O'Neill H.E. and Kubany A.J. (1959) "Observation Methodology and Supervisory Behavior", *Personnel Psychology*, *12* : 85-95.

Papandreou A.G. (1952) "Some Basic Problems in the Theory of the Firm" in B.F. Haley, ed. *A Survey of Contemporary Economics*, Homewood, III. : Irwin, vol. 2 : 183-219.

Peres S.H. (1962) "Performance Dimensions of Supervisory Positions," *Personnel Psychology*, *15* : 405-410.

Ponder Q. D. (1957) "The Effective Manufacturing Foreman" in E. Young, ed. *Industrial Relations Research Association Proceedings of the Tenth Annual Meeting*, Madison, Wisconsin, 41-54.

Prien E. P. (1963) "Development of a Supervisor Position Description Questionnaire," *Journal of Applied Psychology, 47* : 10-14.

Radomsky J. (1967) *The Problem of Choosing a Problem*, Cambridge, Mass. : M.I.T., Sloan School of Management. Unpublished M.S. thesis.

Radosevich R. and Ullrich R. A. (1971) "Program Design Strategies for Graduate Professional Learning," *AACSB Bulletin*, April : 18-29.

Redlich F. (1951) "Innovation in Business," *The American Journal of Economics and Sociology, 10* : 285-291.

Rockwell W.F., Jr. (1971) *The Twelve Hats of a Company President*, Englewood Cliffs, N.J. : Prentice-Hall.

Rubin I.M., Stedry A. C., and Willits R. D. (1965) "Influences Related to Time Allocation of R et D. Supervisors," *IEEE Transactions on Engineering Management, 12* : 70-78.

Sarbin T. R. and Allen V. L. (1968) "Role Theory" in G. Lindzey and E. Aronson, eds. *The Handbook of Social Psychology* 2nd ed., Reading, Mass. : Addison-Wesley, vol. 1 : 488-567.

Sayles L. R. (1964) *Managerial Behavior : Administration in Complex Organizations*, New York : McGraw-Hill.

Scholefield J. (1968) "The Effectiveness of Senior Executives," *The Journal of Management Studies*, May : 219-234.

Schumpeter J. A. (1947) "The Creative Response in Economic History," *The Journal of Economic History, 7* : 149-159.

Schumpeter J. A. (1961) *The Theory of Economic Development*, Cambridge, Mass. : Harvard University Press. First published 1934.

Scott W. R. (1965) "Field Methods in the Study of Organizations" in I.G. March Handbook of Organizations?

Selznick P. (1957) *Leadership in Administration*. New York : Harper et Row.

Senger J. (1971) "The Co-Manager Concept," *California Management Reviews, 13*, Spring : 71-83.

Shartle C. L. (1949) "Leadership and Executive Performance," *Personnel, 25* : 370-380.

Shartle C. L. (1956) *Executive Performance and Leadership*, Englewood Cliffs, N.J. : Prentice-Hall.

Simon H. A. (1957) *Administrative Behavior* 2nd ed., New York : Macmillan.

Simon H. A. (1965) *The Shape of Automation*. New York : Harper et Row.

Sloan A. P. (1963) *My Years with General Motors*, Garden City, N.Y. : Doubleday.

Sorenson T. C. (1963) *Decision-making in the White House*. New York : Columbia University Press.

Spencer L. M. (1955) "10 Problems that Worry Presidents," *Harvard Business Review, 33*, November-December : 75-83.

Starbuck W. H. (1965) "Organizational Growth and Development" in J. G. March, ed. *Handbook of Organizations*. Chicago : Rand Mc-Nally.

Steiner G. A. (1969) *Top Management Planning*. New York : Macmillan.

Stewart R. (1963) *The Reality of Management*, London : Heinemann.

Stewart R. (1965) "The Use of Diatries to Study Managers'Jobs." *The Journal of Management Studies, 2 :* 228-235.

Stewart R. (1967) *Managers and their Jobs*, London : Macmillan.

Stewart R. (1968a) "Management Education and our Knowledge of Managers'Jobs," *International Social Science Journal, 20 :* 77-89.

Stewart R. (1968b) "Diary Keeping as a Training Tool for Managers," *The Journal of Management Studies, 5 :* 295-303.

Stieglitz H. (1969) *The Chief Executive — And His Job*, New York : National Industrial Conference Board. Personnel Policy Study No. 214.

Stieglitz H. (1970) "The Chief Executive's Job — and the Size of the Company," *The Conference Board Record, 7*, September : 38-40.

Stogdill R. M. (1965) *Managers, Employees, Organizations*, Columbus : Ohio State University, Bureau of Business Research, Research Monograph Number 125.

Stogdill R. M. and Coons A. E., eds (1957) *Leader Behavior : Its Description and Measurement*, Columbus, Ohio : Ohio State University. Bureau of Business Research, Research Monograph Number 88.

Stogdill R. M., Goode O. S., and Day D. R. (1963) "The Leader Behavior of Corporation Presidents," *Personnel Psychology, 16 :* 127-132.

Stogdill R. M., Goode O. S., and Day D.R. (1963) "The leader Behavior of United States Senators," *The Journal of Psychology, 56 :* 3-8.

Stogdill R. M., Goode O.S., and Day D. R. (1964) "The Leader Behavior of Presidents of Labor Unions," *Personnel Psychology, 17 :* 49-57.

Stogdill R. M., Scott F. I. and Lavnes W. F. (1956) *Leadership and Role Expectations*, Columbus : Ohio State University, Bureau of Business Research. Research Monograph Number 86.

Stogdill R. M., Shartle C. L., and Associates (1956) *Patterns of Administrative Performance*, Columbus, Ohio : Ohio State University. Bureau of Business Research. Research Monograph Number 81.

Strong E. P. (1965) *The Management of Business : An Introduction*, New York : Harper et Row.

Strong L. (1955) "Every Day is Doomsday — the Ordeal of Executive Decision", *The Management : Review, 44*, November : 746-755.

Stryker P. (1960) *The Men from the Boys*, New York : Harper and Row.

Sullivan J. W. (1967) "New Man on the Hill," *Wall Street Journal*. January 26 : 1, 19.

Tannenbaum R. (1949) "The Manager Concept : A Rational Synthesis," *The journal of Business, 22 :* 225-241.

Taylor F. W. (1947) *Scientific Management*, New York : Harper and Row. First published 1911.

Thomas E. J. and Biddle B.J. (1966) *Role Theory : Concepts and Research*, New York : Wiley.

Thomason G. F. (1966) "Managerial Work Roles and Relationships Part I, " *The Journal of Management Studies, 3 :* 270-284.

Thomason G. F. (1967) "Managerial Work Roles and Relationships Part II". *The Journal of Management Studies, 4* : 17-30

Tilles S. (1963) "The Manager's Job — A systems Approach," *Harvard Business Review, 41*, January-February : 73-81.

Urwick L. F. (1954) *The Load on Top Management — Can it be Reduced ?* London : Urwick, Orr and Partners Ltd.

U.S. News and World Report (1966) "A look at the Inner Workings of the White House : Interview with Bill D. Moyers. Top Aide to the President," June 13 : 78-85.

Walker C. R., Guest R. H., and Turner A. N. (1956) *The Foreman on the Assembly Line*, Cambridge, Mass. : Harvard University Press.

The Wall Street Journal (1967) "Portrait of a company President : Younger, More Higly Educated," September 29 : 12.

Warner W. L. and Abegglen J. C. (1955) *Big Business Leaders in America*, New York : Harper and Row.

Warner W. L. and Martin N. H. ed. (1959) *Industrial Man : Businessmen and Business Organizations*, New York : Harper & Row.

Weber M. (1950) *The theory of Social and Economic Organization*, New York : Free Press. First published 1927.

Weick K.E. (1968) "Systematic Observational Methods" in G. Lindzey and E. A. Aronson, eds, *The Handbook of Social Psychology*, 2nd ed., Reading, Mass. : Addison-Wesley.

Whistler T. L. (1956) "The Assistant-to : the Man in Motley," *The Journal of Business, 29* : 274-279.

Whistler T. L. (1960) "The Assistant-to in Four Administrative Settings," *Administrative Science Quarterly, 5* : 181-216.

Whyte W. F. (1955) *Street Corner Society* 2nd ed., Chicago : University.

Whyte W. H., Jr. (1954) "How Hard Do Executives Work ?" *Fortune*, January : 108-111, 148, 150-152.

Wikstrom W. S. (1967) *Managing at the Foreman's Level*, New York : National Industrial Conference Board. Personnel Policy Study No. 205.

Wirdenius H. (1958) *Supervisors at Work*, Stockholm : The Swedish Council for Personnel Administration.

Wong N. L. (1970) *A programmed View of Managerial Work*, Montreal : McGill University, Unpublished M.B.A. thesis.

Woodward J. (1965) *Industrial Organization : Theory and Practice*, London : Oxford University Press.

Wrapp H. E. (1967) "Good Managers Don't Make Policy Decisions," *Harvard Business Review, 45*, September-October : 91-99.

Annexe 1

Un tour d'horizon des vraies fonctions du dirigeant

Cet article est paru initialement en anglais sous le titre « Rounding out the Manager's Job » dans la *Sloan Management Review*, automne 1994. Il a été traduit en français dans *L'Expansion Management Review* n° 76, mars 1995.

Selon Tom Peters, les bons managers sont des acteurs. Michael Porter suggère que ce sont des concepteurs. Pas tant que ça, soutiennent Abraham Zaleznik et Warren Bennis : ce sont en réalité des leaders. Et pendant une bonne partie de ce siècle, des auteurs classiques comme Henri Fayol et Lyndell Urwick nous ont répété que les bons dirigeants étaient essentiellement des contrôleurs.

L'un des aspects étranges de la littérature sur le management, c'est que ses auteurs les plus réputés semblent tous privilégier un aspect particulier de la fonction de manager, et ce à l'exclusion de tous les autres. Sans doute ces différents aspects réunis recouvrent-ils les diverses facettes de cette fonction, mais ce n'est pas pour autant qu'ils la décrivent dans sa totalité.

Nous nous sommes tant acharnés à réduire cette fonction en morceaux que nous n'en sommes jamais venus aux prises avec sa globalité. Il est donc grand temps d'envisager la fonction de direction de manière intégrée.

C'est ce que j'ai énoncé, il y a plusieurs années, découragé que j'étais par toutes les listes sur le sujet (y compris celles que j'avais moi-même élaborées dans une étude initiale sur la fonction de manager, en 1973). Je ne ressentais pas le besoin de découvrir ce que faisait le manager. Nous le savions déjà, pensais-je, sur la base du corps considérable de recherches et de publications de ces dernières décennies. Nous avions besoin d'un cadre pour tout mettre ensemble, un modèle de manager, en quelque sorte. Les gens devaient être en mesure de « voir » la fonction à un endroit afin de traiter globalement les parties qui la constituent. Mes idées se développant, le modèle a pris la forme d'un ensemble interactif de cercles concentriques.

Je commençai alors à passer du temps avec des managers dans le cadre de leurs fonctions, à la fois pour faire des recoupements de mon modèle et pour l'étoffer, en particulier sur le plan de son application selon les différentes fonctions et les différents styles de managers. J'ai ainsi passé une journée entière avec chacun d'eux à les observer, non pas pour tirer des conclusions définitives mais plutôt pour me faire une idée de l'immense variété des fonctions et des styles. J'en ai rencontré 23, depuis le responsable du plus grand système de prestations médicales en Europe jusqu'au manager d'un parc dans les montagnes canadiennes.

L'INDIVIDU DANS SA FONCTION

Nous partons du noyau central, c'est-à-dire de la personne accédant à sa fonction. Les individus ne sont pas neutres quand ils parviennent à une nouvelle fonction de manager. Ils ne sont pas une simple pâte, prête à se couler dans un moule imposé. Une meilleure appréciation de cet état de fait nous inciterait à une plus grande prudence, au départ, dans la manière dont nous sélectionnons les managers. Ou bien, à une plus grande flexibilité, par la suite, dans la manière dont nous les laissons modeler eux-mêmes leurs fonctions.

La figure 1 montre que l'individu qui parvient à la fonction de manager est doté d'un ensemble de valeurs, probablement déjà bien enracinées. Il apporte également son expérience grâce à laquelle il a forgé, d'une part, un ensemble de talents ou de compétences, parfois aiguisées par une formation, et, d'autre part, une base de connaissances provenant, par exemple, du fait d'avoir passé 35 ans dans le même poste de police avant d'en devenir le commissaire. Ces connaissances sont, bien sûr, utilisées directement mais elles sont également converties en un ensemble de modèles mentaux sur la base desquels les managers interprètent le monde qui les entoure : par exemple, comment l'infirmière en chef d'une salle d'hôpital perçoit le comportement des chirurgiens avec lesquels elle doit travailler. L'ensemble de toutes ces caractéristiques détermine la manière dont un manager aborde une fonction donnée : son style de direction. Le style prendra vie quand nous commencerons à voir comment un manager exerce les exigences de sa fonction.

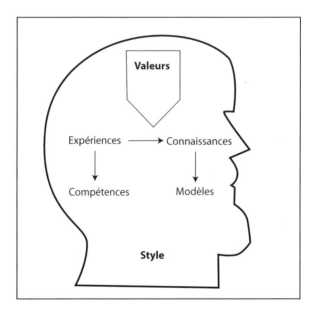

Figure 1 : L'individu dans sa fonction

LE CADRE DE LA FONCTION

Insérons la personne que nous venons de décrire dans un poste de manager donné, et on obtient la fonction de direction. Au cœur, se trouve une sorte de cadre de la fonction, la disposition mentale de son titulaire pour l'exercer. Nous pouvons l'interpréter selon trois composantes de spécificité croissante, émanant concentriquement de la personne comme le montre la figure 2.

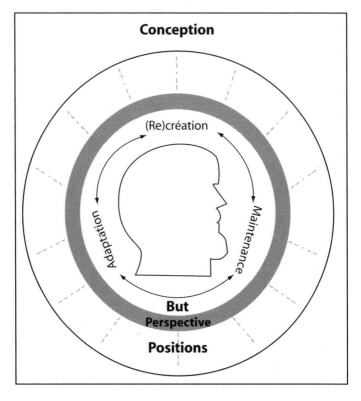

Figure 2 : Le cadre de la fonction

Premièrement, le but, à savoir ce que le manager cherche fondamentalement à faire de l'unité qu'il est supposé diriger : par exemple, augmenter le financement public d'un hôpital ou ouvrir de nouveaux magasins d'une chaîne de distribution. Comme l'illustre ce nouveau cercle, un manager peut créer une unité, maintenir l'efficacité d'une unité déjà créée, adapter celle-ci à de nouvelles conditions, ou recréer de manière plus ambitieuse une unité préalablement créée.

Les deux autres cercles décrivent deux autres dimensions du cadre, englobant à la fois la stratégie et la structure. Premièrement, se trouve la perspective, l'équivalent de ce que Peter Drucker a appelé une « théorie de l'activité » : il s'agit d'une approche globale du management de l'unité, comprenant des notions comme la « vision » et la « culture ». Deuxièmement, viennent des positions qui, par contraste, sont plus concrètes, plus proches du point de vue de Michael Porter sur la stratégie et, de l'opinion de nombreux cabinets-conseils, sur la structure. Ce sont les positionnements spécifiques de l'unité dans son environnement et ses modes de fonctionnement (produits, marchés, structure, systèmes, installations…).

Les différents managers conçoivent leurs cadres de manière différente. Autrement dit, le style d'exécution de ce premier rôle peut varier de manière significative. D'abord, le cadre peut être imposé par une autorité extérieure ou être développé par le manager lui-même. Ensuite, ce cadre peut être plus ou moins précis : par exemple, aller de « Réduisez-moi les coûts de 10 % avant la fin de l'année ! » jusqu'à « Mettez-moi un peu d'ordre ici ! ».

Le cadre des fonctions de direction, comme le suggère son emplacement au centre de notre modèle, constitue une sorte d'aimant pour les comportements qui l'entourent. Tant que ce cadre est précis, il réunit étroitement ces comportements. Mais quand il devient vague, les différentes questions et activités risquent de s'envoler dans toutes les directions. C'est probablement pourquoi on enregistre une aussi forte demande, ces dernières années, pour une « vision » plus claire de la pensée stratégique.

Comme le montre le tableau 1, ces deux types de dimensions produisent quatre grands styles de cadres. Un cadre auto-sélectionné mais vague donne au manager une marge de manœuvre étendue, mais un faible pouvoir réel : le style de direction risque probablement de devenir opportuniste, comme dans le cas de ce responsable de santé qui utilise tous les moyens dont il dispose pour maîtriser son unité. Un cadre vague imposé au manager (du style « Déléguez à vos collaborateurs ! ») ne peut guère procurer d'aide réelle et risque d'induire un style passif de management (à moins, bien sûr, que le dirigeant ne le précise). Un cadre précis sélectionné par le manager lui-même tend à provoquer un style déterminé, parfois « visionnaire » : par exemple, le responsable d'un musée perçoit son rôle comme la préservation d'un patrimoine national. Un cadre précis mais imposé pourrait bien aboutir à un style dirigé de management, comme dans l'exemple du PDG d'une entreprise de communication institutionnelle s'efforçant de satisfaire les intentions des pouvoirs publics.

Tableau 1 : Les quatre styles de conception du cadre

		Clarté du cadre	
Sélection du cadre	Imposé	Style passif	Style dirigé
	Inventé	Style opportuniste	Style déterminé

L'AGENDA DE LA FONCTION

Prenons un individu occupant une fonction de direction particulière dotée d'un cadre particulier. La question se pose maintenant de savoir comment cela se manifeste à travers ses activités. Cela se traduit à travers l'agenda de son travail et le rôle de programmation (celle-ci a fait l'objet d'une attention considérable, notamment dans le travail de John Kotter). L'agenda est considéré à ici deux égards, de nouveau présentés sous forme de deux cercles concentriques (voir la figure 3).

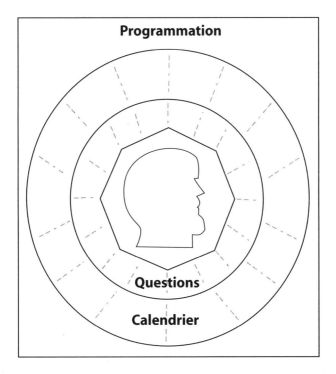

Figure 3 : L'agenda du travail

D'une part, le cadre se présente comme un ensemble de questions en cours. Interrogez n'importe quel manager sur son travail, en effet, et la première réponse portera sur les « questions » de préoccupation centrale. Examinons encore les procès-verbaux de réunions, et nous verrons de même une liste de questions (plutôt que de décisions). Car ce sont elles qui opérationnalisent le cadre (tout en le changeant, bien sûr, en introduisant de nouvelles préoccupations).

Plus le cadre est précis, plus les questions sont intégrées. Plus elles sont également réalisables : ce sont les cadres vagues qui donnent naissance au phénomène trop courant de la « liste de vœux pieux ». Parfois, un cadre peut être tellement précis que toutes les questions se réduisent à ce qu'Alain Noël a appelé une « obsession magnifique » : par exemple, imposer des changements au système de santé public ou étendre la chaîne de distribution.

D'autre part, le cadre et les questions se manifestent dans un calendrier plus tangible : l'affectation spécifique du temps de direction sur une base quotidienne. Est également inclus ici, même implicitement, l'établissement de priorités parmi ces questions. Programmer son temps et établir des priorités représente, à l'évidence, une grande préoccupation pour tous les managers. C'est même, en réalité, une préoccupation qui consomme elle-même une bonne partie du temps du manager. Une grande attention a été consacrée à ces préoccupations, comme le montre le nombre de stages sur la « gestion du temps ».

LE NOYAU CENTRAL DANS SON CONTEXTE

Si la personne dans sa fonction, dotée d'un cadre se manifestant par un agenda, constitue le noyau central, tournons-nous ensuite vers le contexte dans lequel s'inscrit ce noyau, le milieu dans lequel la fonction s'exerce.

Le contexte de la fonction est décrit dans la figure 4 par les lignes qui entourent le cœur du noyau. Jusqu'ici, j'ai utilisé le mot « unité » assez librement. Je vais être plus précis. Un manager, par définition, a une autorité formelle sur une unité organisationnelle, que ce soit l'ensemble de l'organisation, dans le cas d'un PDG, ou une division, un département ou une succursale, dans le cas d'un manager au sein de la hiérarchie. Ce contexte peut donc être scindé en trois domaines distincts — l'intérieur, l'environnement interne et l'extérieur — comme le montre la figure 4.

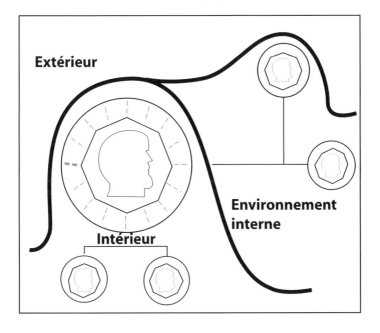

Figure 4 : Le noyau dans son contexte

L'environnement intérieur fait référence à l'unité gérée, placée au-dessous du manager pour représenter son autorité formelle sur ses collaborateurs et ses activités : la salle d'hôpital dans le cas de l'infirmière en chef, par exemple. L'interne, représenté sur la droite, fait référence au reste de l'organisation, aux autres unités avec lesquelles le manager doit travailler mais sur lesquelles il n'a pas d'autorité formelle : les médecins, la cuisine, les physiothérapeutes de l'hôpital... pour garder le même exemple. (Bien sûr, dans le cas du PDG, il n'y a pas de distinction entre l'intérieur et l'interne puisque cette personne exerce une autorité sur l'organisation entière.) Enfin, l'extérieur fait référence au reste du contexte qui ne fait pas formellement partie de l'organisation au sein de laquelle le manager travaille : dans cet exemple, les familles des patients, les institutions de repos à long terme où séjournent certains patients à leur sortie de l'hôpital, les associations d'infirmières, etc.

DIRIGER À TROIS NIVEAUX

Nous sommes maintenant prêts à nous pencher sur les comportements réels adoptés par les managers dans l'accomplissement de leur fonction. L'essence de ce modèle, conçu pour nous permettre de « voir » globalement le travail du manager, réside dans le fait que ces rôles sont effectués sur trois niveaux successifs, illustrés par les cercles de la figure 5.

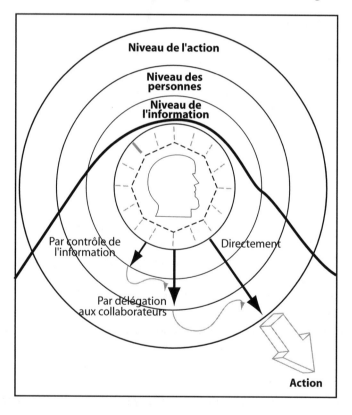

Figure 5 : Les trois niveaux d'exécution

En progressant de l'extérieur (niveau le plus tangible) vers l'intérieur, les managers peuvent diriger directement l'action, diriger les personnes pour les encourager à entreprendre les actions nécessaires, ou diriger l'information pour inciter ces personnes, à leur tour, à entreprendre leurs actions nécessaires. Autrement dit, l'objectif ultime du travail de direction de toute unité, la réalisation d'actions, peut être accompli directement, indirectement par les personnes ou encore plus indirectement par l'information à travers les personnes. Le manager peut ainsi choisir d'intervenir à l'un de ces trois niveaux mais, une fois ce choix opéré, il n'en doit pas moins continuer à fonctionner aux deux autres niveaux. La discussion qui suit décrit le comportement du manager en termes de rôles, chacun pertinent à un niveau donné et dirigé soit à l'intérieur, soit à l'extérieur de l'unité (ou les deux). En présentant ces divers rôles, il faut insister sur le fait que tous les managers les exercent tous, de par l'essence même de leur fonction. Les styles de management varient réellement mais pas tant dans le sens de savoir si ces rôles sont exercés que dans celui de savoir comment ils le sont.

Diriger par l'information

Diriger par l'information, c'est camper deux pas à l'écart du but de la fonction de direction. Le manager traite l'information pour entraîner les autres personnes, lesquelles, à leur tour, sont supposées veiller à ce que les actions nécessaires soient entreprises. Paradoxalement, si cette approche a été la perception classique de la fonction de direction pendant la première moitié de ce siècle, elle est également redevenue, ces dernières années, un point de vue très répandu, dans certains cas presque obsessionnel, illustré par l'approche des prétendus « résultats nets » du management.

Les divers comportements informationnels du manager peuvent être regroupés en deux grands rôles, intitulés ici communication et contrôle, et illustrés dans la figure 6.

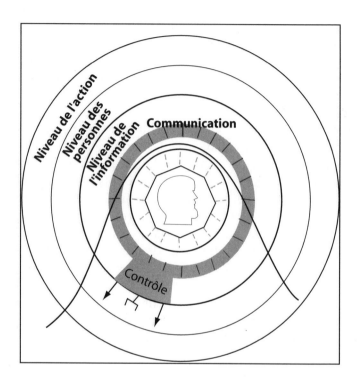

Figure 6 : Les rôles vis-à-vis de l'information

La communication

Il s'agit de la collecte et de la diffusion de l'information. Dans la figure 6, la communication est montrée par des flèches à double sens pour indiquer que les managers consacrent beaucoup d'efforts au double flux de l'information avec les personnes qui les entourent : les collaborateurs au sein de leur propre unité, les autres dans le reste de l'organisation, et un grand nombre de personnes extérieures avec lesquelles ils maintiennent un contact régulier. Ainsi, le responsable d'une division régionale de la police passe une bonne partie de sa journée à faire circuler l'information entre le quartier général et son personnel.

L'information formelle — celle que l'on peut informatiser — ne joue pas un rôle particulièrement dominant. L'information orale — comme le bouche-à-oreille et le ouï-dire — et même l'information non verbale, c'est-à-dire ce qui n'est pas entendu mais simplement perçu ou « senti », représente une partie essentielle de toutes les fonctions de direction exercées sérieusement.

Dans mon étude initiale, je décrivais les managers comme les « centres nerveux » de leur unité, utilisant leur statut pour avoir accès à une large variété de sources d'informations. À l'intérieur de l'unité, tous les gens sont des spécialistes, qui en savent généralement davantage sur leur spécialité que le manager. Mais, parce que ce dernier est connecté à tous ces spécialistes, il détient la base de connaissances la plus large sur l'unité en général. Cela s'applique au responsable d'un système de santé de 800 000 personnes, aussi bien qu'au directeur clinique de l'une de ses unités hospitalières.

Extérieurement, en vertu de leur statut, les dirigeants ont accès à d'autres managers qui sont eux-mêmes les centres nerveux de leurs propres unités. Aussi ont-ils tendance à être exposés à de puissantes sources d'informations extérieures.

Le résultat de tout ceci, c'est qu'une grande quantité de l'information du manager s'avère être privilégiée, en particulier celle qui est orale et non verbale. Les dirigeants doivent donc passer un temps considérable à partager leurs informations avec les personnes de l'extérieur (en jouant un rôle de porte-parole) et avec celles de l'intérieur (en jouant un rôle de propagateur).

J'ai découvert, dans l'étude que j'avais initialement effectuée sur des PDG, que près de 40 % de leur temps était consacré presque exclusivement au strict rôle de communicateur — juste pour acquérir et partager l'information, sans compter les aspects liés au traitement de celle-ci. En d'autres termes, la fonction de direction consiste fondamentalement à traiter l'information, en parlant, évidemment, mais surtout en écoutant.

Le contrôle

Ce qu'on peut appeler le rôle de contrôle décrit les efforts engagés par les managers non seulement pour acquérir et partager l'information, mais aussi pour l'utiliser de manière directive à l'intérieur de leur unité et provoquer ainsi une action générale des gens qui leur rendent compte.

Ils le font, globalement, selon trois approches : en développant des systèmes, en concevant des structures et en imposant des directives. Chacune de ces approches vise à contrôler la manière dont les autres individus travaillent, en particulier par rapport à l'affectation des ressources aux actions engagées.

Le développement des systèmes est la plus générale de ces trois approches, et la plus proche de la conception. C'est la manière dont l'information contrôle le comportement des individus. Les managers se chargent souvent d'établir et de gérer des systèmes dans leur unité, y compris ceux de planification et de contrôle de la performance. L'infirmière en chef, par exemple, se passait d'un des systèmes de contrôle principaux de l'hôpital, mais, en revanche, elle avait développé le sien propre.

Les managers exercent aussi leur contrôle à travers la conception des structures de leur unité. En établissant les responsabilités et en définissant l'autorité hiérarchique, ils exercent encore leur contrôle plutôt passivement, par le traitement de l'information. Les individus sont informés de leurs devoirs, ce qui, en retour, est supposé les inciter à réaliser les actions appropriées.

La dernière approche consiste à imposer des directives. C'est la plus directe des trois, la plus proche des individus et de l'action, même si elle est encore de nature informationnelle. Les managers font des déclarations et donnent des ordres spécifiques, habituellement dans un processus de « délégation » des responsabilités et d'« autorisation » de requêtes particulières. Ils dirigent en transmettant des informations pour permettre aux personnes d'agir.

Si l'on considère l'intégralité du processus de prise de décision au fil de ses trois étapes de diagnostic, de conception et de décision, il s'agit ici d'un point de vue restreint. Déléguer signifie principalement diagnostiquer («Voudriez-vous me faire la faveur de prendre en main ce problème dans ce contexte ?»), alors qu'autoriser signifie principalement décider (« D'accord, vous pouvez y aller ! »).

La partie la plus riche du processus, l'étape de la conception des solutions possibles, réside dans la personne contrôlée plutôt que dans le manager lui-même, dont le propre comportement demeure passif. Ainsi le manager, en tant que contrôleur, semble être moins un acteur mettant directement la main à la pâte qu'un critique calé dans le fond de son bureau en train d'émettre des jugements. C'est pourquoi ce rôle est généralement considéré comme informationnel. Je décrirai une approche plus riche de la prise décision lorsque j'évoquerai les rôles de l'action.

Le rôle du contrôle est montré dans la figure 6 dans la propre unité du manager, puisque c'est là que s'exerce l'autorité formelle. Les flèches à double pointe représentent les directives imposées, tandis que les fourches symbolisent à la fois la conception de la structure et le développement des systèmes. La proximité du rôle de contrôle et de l'agenda du manager reflète le fait que le contrôle informationnel est la manière la plus directe d'opérationnaliser l'agenda, par exemple en se servant des budgets pour imposer des priorités ou de la délégation pour affecter des responsabilités.

Le rôle du contrôle est, bien sûr, celui que l'on a à l'esprit quand on se réfère à l'aspect « administratif » de la fonction de direction. Il est intéressant de constater qu'il englobe presque tout l'ensemble des activités décrites par les auteurs classiques. Dans les années 1930, par exemple, Gulick et Urwick ont popularisé l'acronyme *Posdcorb* (*planning*-planification, *organizing*-organisation, *staffing*-recrutement, *directing*-direction, *coordinating*-coordination, *reporting*-compte-rendu et *budgeting*-budgétisation). On peut en conclure que la description longtemps « populaire » du travail de manager n'était pas tant fausse qu'étroite, se centrant presque exclusivement sur un seul aspect de la fonction : le contrôle informationnel de l'unité à travers l'exercice de l'autorité formelle.

Diriger par les personnes

Diriger par les personnes, au lieu de l'information, consiste à se rapprocher d'un pas de l'action. Ici, la cible de l'attention du manager devient d'influer plutôt que d'effectuer. Ce n'est pas le manager lui-même ni même la substance de ses pensées mais les autres personnes qui deviennent le moyen de faire faire les choses. Après plusieurs décennies de pensée *Posdcorb* et de techniques tayloriennes, les expériences de Hawthorne, dans les années 1930, ont montré que le management est plus qu'un simple contrôle informationnel des subordonnés. Les personnes sont apparues comme des entités devant être « motivées », puis « habilitées ». L'influence a commencé à se substituer à l'information, et l'engagement à rivaliser avec les calculs chiffrés. En fait, dans les années 1960 et 1970, le management des personnes est devenu une obsession, que ce soit sous l'étiquette de « relations humaines », de « théorie Y » ou de « management participatif ».

Pourtant, pendant longtemps, ces personnes sont restées des « subalternes » à maints égards. La « participation » les maintenait dans un état de subordonnés, car elle était considérée comme acquise sous l'ordre de managers détenant toujours un plein contrôle. Ainsi en est-il du terme actuellement populaire de « délégation » qui suppose que le pouvoir est accordé grâce aux managers. (Les directeurs d'hôpitaux ne « délèguent » pas aux médecins !)

Les personnes restaient également subordonnées dans la mesure où la cible était intégralement portée sur l'intérieur de l'unité, et non pas à l'extérieur. Ce n'est que lorsque des recherches ont été sérieusement menées sur la fonction de direction qu'il est devenu évident combien il est important pour les managers d'entretenir des contacts avec des individus extérieurs à leur unité (qui, par exemple, n'ont absolument rien à voir avec le *Posdcorb*). Nous décrirons donc ici deux rôles : l'un interne, appelé leadership ; l'autre externe, baptisé mise en relation.

Le leadership

Le rôle de leader/meneur a fait l'objet d'une plus grande attention, dans la littérature sur le management, que tous les autres rôles réunis. Nous n'avons donc pas besoin de nous y étendre. Mais nous ne devons pas non plus l'ignorer : bien sûr, les dirigeants font bien plus que mener les personnes au sein leurs propres unités, mais leur fonction ne peut certainement pas être comprise sans cette dimension. Nous pouvons décrire le rôle de leader à trois niveaux, comme le montre la figure 7.

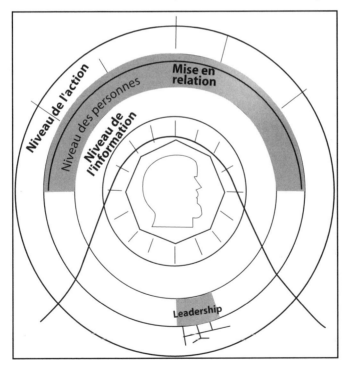

Figure 7 : Les rôles vis-à-vis des personnes

Premièrement, les managers dirigent à un niveau individuel, « un par un » selon l'expression. Ils encouragent et dirigent les personnes de leurs unités ; ils les motivent, les inspirent, les entraînent, les alimentent, les poussent, leur servent de mentor... Tous les managers s'accordent quelques moments d'entretiens informels avec leurs collaborateurs pendant la journée pour les encourager dans leur travail.

Deuxièmement, les managers dirigent au niveau du groupe, notamment en établissant et en gérant des équipes, initiative faisant l'objet d'une attention considérable depuis quelques années. Troisièmement, ils dirigent au niveau de l'unité, en particulier pour créer et maintenir la culture, autre sujet faisant l'objet d'une attention croissante ces dernières années (grâce en particulier aux Japonais) : les managers s'engagent, par exemple, dans de nombreux actes de nature symbolique pour soutenir la culture.

Tous les managers semblent consacrer du temps à ces trois niveaux de leadership même si, à nouveau, les styles varient selon le contexte dans lequel ils se trouvent et selon leur personnalité. Si le rôle de communication décrit le manager comme le centre nerveux de l'unité, alors le rôle de leader doit le caractériser comme son « centre d'énergie ». Étant donné la bonne « chimie » du manager, il se peut que ce soit la seule présence du manager qui, en quelque sorte, rapproche les choses. En exsudant cette substance mystique, le leader unit ses gens, en les galvanisant dans l'action pour accomplir la mission de l'unité et pour l'adapter aux mutations du monde ambiant.

La mise en relation

L'attention excessive portée au rôle de leader se fait probablement au détriment de celle consacrée à la mise en relation. Dans la répartition de leur temps, les managers s'avèrent être des agents de liaison avec l'extérieur autant que des leaders internes. En 1964, Leonard Sayles a souligné cet aspect dans son ouvrage pionnier et je l'ai répété en 1973, tout comme John Kotter en 1982. Pourtant, ce point ne semble guère perçu.

La figure 7 suggère un petit modèle du rôle de mise en relation. Les flèches qui entrent et sortent indiquent que le manager est à la fois l'avocat de l'influence de son unité à l'extérieur et, en retour, le récepteur d'une grande partie de l'influence exercée sur elle par son environnement. Au milieu, se trouvent deux lignes parallèles représentant l'aspect « tampon » de ce rôle : les managers doivent réguler l'entrée de l'influence extérieure pour protéger leurs unités ; ils en sont les « gardes-barrières ».

Pour ajouter une métaphore, le manager agit comme une sorte de valve entre l'unité et son environnement. Nulle part, mon observation des trois niveaux de management ne m'a paru plus claire que dans l'exemple du parc national : un directeur régional, responsable d'une réserve de montagne, et un manager sur le terrain, tous deux confrontés à un éventail complexe de forces (promoteurs désirant améliorer les opportunités commerciales, écologistes voulant préserver les ressources naturelles, touristes souhaitant jouir de la beauté du site, camionneurs désirant conduire sans entrave à travers la réserve, élus souhaitant éviter une publicité négative, etc.).

Il apparaît que tous les managers consacrent beaucoup de temps à « créer des réseaux », à établir un éventail impressionnant de contrats, de coalitions et de supporters au-delà de leurs propres unités. Pour tous ces contrats, le manager représente l'unité à l'extérieur, en faisant du lobbying pour défendre ses intérêts. Dans le cas de la PDG d'une société cinématographique, cette création de réseaux était spectaculaire. En une seule journée, elle a négocié des contrats complexes avec divers médias de différents pays.

En retour, les personnes ayant pour but d'influencer le comportement d'une organisation ou d'une de ses unités devront souvent exercer des pressions directement sur son manager, escomptant qu'il transmette l'influence à l'intérieur, comme l'a montré l'exemple des managers de la réserve canadienne. Ici, la fonction de manager devient un équilibre délicat, un acte complexe de médiation. Les managers qui laissent l'influence extérieure s'immiscer trop librement à l'intérieur — se comportant comme des filtres — risquent de rendre leur personnel fou. Bien sûr, ceux qui agissent comme des éponges en absorbant personnellement toute l'influence risquent de devenir eux-mêmes fous ! Et ceux qui obstruent toute influence — agissant comme du plomb face aux rayons X — risquent de détacher leurs unités de la réalité (et ainsi de tarir les sources de soutien extérieur). Savoir quelle influence laisser passer devient un aspect crucial du style de direction, qui mérite une attention croissante.

Diriger par l'action

Si les managers dirigent passivement par l'information et affectivement par les personnes, ils dirigent aussi activement par leur propre implication dans l'action. En réalité, cette perception de la fonction de direction n'est pas nouvelle, même si, tout au long de ce siècle, l'excès d'attention porté premièrement sur le contrôle, puis sur le leadership et, plus récemment, sur la conception a obscurci son importance. Pourtant, il y a longtemps que Leonard Sayles insiste régulièrement sur cet aspect, depuis son livre publié en 1964 et, plus que jamais, avec *The Working Leader* (publié en 1993) où il souligne le fait que les managers doivent être des foyers d'action. Leur implication directe doit, selon lui, passer avant la force de traction du leadership et avant la force de poussée du contrôle.

J'appellerai cela le rôle agissant. En utilisant cette définition, courante dans le jargon managerial, il faut souligner que les managers, en réalité, « font » rarement eux-mêmes. À peine touchent-ils leur propre téléphone !

Observons un manager : son rôle consiste presque exclusivement à parler et à écouter, ainsi, bien sûr, qu'à observer et à « sentir ». (C'est la raison pour laquelle je montre les managers figurant au cœur de ce modèle sous forme d'une tête et non d'un corps entier !) « Agir » est supposé signifier, en conséquence, se rapprocher pour ne plus se trouver qu'à un pas de l'action. Les managers « agissants » gèrent directement l'exécution de l'action au lieu de procéder indirectement, en dirigeant les gens ou en traitant l'information. Un « agissant » est en réalité quelqu'un qui fait faire. Le jargon managerial est riche d'expressions reflétant cela : « Passer des marchés », « Se faire le champion du changement », « Lutter contre les incendies », « Jongler avec les projets ». Ici, le manager diagnostique et conçoit autant qu'il décide : il s'implique pleinement dans la direction d'activités particulières. Ainsi, durant la journée que j'ai passée avec le responsable d'une petite chaîne de distribution, j'ai observé un courant continu de toutes sortes de personnes, la plupart impliquées dans un aspect particulier de l'exploitation, qui venaient là pour obtenir des instructions sur la manière de procéder à l'étape suivante. Ce patron ne déléguait ni n'autorisait, mais il était clair qu'il dirigeait des projets portant sur le développement, étape après étape.

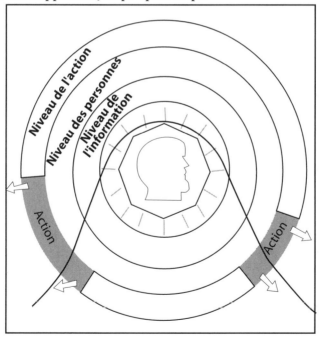

Figure 8 : Les rôles vis-à-vis de l'action

Tout comme ils communiquent autour du cercle, les managers « agissent » aussi autour de lui, ainsi que le montre la figure 8. Ils gèrent des projets, résolvent des problèmes ou éteignent des incendies, à l'intérieur de leurs unités ; ils passent des marchés et négocient des accords avec des personnes de l'extérieur.

À l'intérieur

Agir à l'intérieur porte sur les projets et les problèmes. Cela n'implique pas que les projets soient indépendants des problèmes, ni que les uns et les autres soient exclusivement internes. Cela signifie plutôt qu'il s'agit essentiellement de changer l'unité elle-même, proactivement et réactivement. Les managers se font les champions du changement pour exploiter les opportunités qui se présentent à leurs unités, ils prennent en main les problèmes et résolvent les crises en mettant souvent directement « la main à la pâte ». Ainsi, le président d'une importante société de systèmes a passé une partie de sa journée en réunion sur un contrat spécifique. Interrogé sur la raison de sa présence, il a répondu que c'était un projet « de pointe », susceptible de changer sa société. Il était informé, bien sûr, mais il « agissait » également (plus qu'il ne contrôlait) : il était un membre actif de l'équipe.

La différence entre décider (dans le rôle de contrôle) et agir (dans le rôle de l'action) est la même que celle entre être assis dans un bureau à émettre des jugements sur les questions en suspens et sortir de son bureau pour s'engager activement dans une question depuis son identification jusqu'à sa résolution finale. Ici, le manager devient un véritable concepteur, non de stratégies abstraites ou de structures générales mais de projets de changement tangibles. En général, les managers jonglent simultanément avec un grand nombre de projets de ce type, jusqu'à plusieurs douzaines dans le cas de PDG. D'où la popularité du terme « gestion de projets ».

Les managers « agissent » également à deux égards à l'intérieur. Premièrement, ils accomplissent parfois un travail de routine dans leur unité à la place d'autres personnes. Bien sûr, quand ils remplacent des employés absents, cela peut être considéré comme une autre façon de prendre les problèmes en main. Deuxièmement, certains dirigeants poursuivent une activité « normale » même s'ils sont déjà managers. Par exemple, l'infirmière en chef voyait un patient (tout comme un doyen peut donner un cours). Cela peut être considéré comme distinct de la fonction de manager. Mais cette attitude répond aussi souvent à un souci de direction. C'est peut-être une façon efficace de « rester en contact » avec le travail de l'unité et de découvrir ses problèmes (auquel cas cette attitude relève du rôle de la communication). Ou pour démontrer l'implication et l'engagement auprès des autres au sein de l'unité (elle relève alors de l'instauration d'une culture dans le rôle de leadership).

À l'extérieur

Agir à l'extérieur se situe en termes de marchés et de négociations. À nouveau, on retrouve les deux côtés de la même médaille, en ce sens que les managers négocient afin de conclure des marchés et qu'ils continuent à négocier, une fois les marchés passés. Dans les organisations plus importantes, les cadres supérieurs peuvent être entourés de toutes sortes de négociateurs spécialisés (par exemple, des juristes pour les contrats et des spécialistes en relations sociales pour les négociations syndicales). Mais cela ne les libère pas, pour autant, d'avoir à consacrer un temps considérable aux négociations elles-mêmes, en particulier dans les moments cruciaux. Après tout, ce sont eux qui ont le pouvoir d'engager les ressources de leurs unités, ce sont eux qui sont le centre nerveux, le centre d'énergie de leur activité et le centre conceptuel de leur stratégie.

COMMENT CIRCONSCRIRE LA FONCTION DE DIRECTION

Au début de cet article, j'ai fait remarquer que les auteurs de management les plus réputés semblent tous porter l'accent sur un aspect particulier de la fonction de direction : « action » pour Tom Peters, « conception » pour Michael Porter, « leadership » pour Abraham Zaleznik et Warren Bennis, « contrôle » pour les auteurs classiques, etc. Tenir compte de l'avis de n'importe lequel d'entre eux risque de mener à une pratique bancale de la fonction de manager. C'est pourquoi il est important de montrer toutes les composantes de la fonction sur un seul diagramme intégré, comme la figure 9, pour rappeler, au premier regard, que ces composantes forment une seule fonction et ne peuvent être séparées les unes des autres.

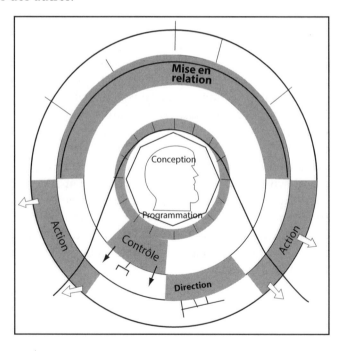

Figure 9 : Un modèle pour la fonction de manager

Un excès de leadership produit une fonction vide de contenu — sans but, sans cadre et sans action — tandis qu'un excès de mise en relation produit une fonction détachée de ses racines internes. Rien ne bouge quand le manager ne fait que communiquer ou que concevoir, mais celui qui ne fait qu'« agir » risque de se retrouver à tout faire tout seul.

Si nous sommes capables de séparer les composantes de cette fonction en termes conceptuels, elles ne peuvent pas être séparées en termes de comportements. En fait, les aspects les plus intéressants de cette fonction peuvent se situer aux limites de ses différentes composantes. Par exemple, Andrew Grove, PDG d'Intel, aime décrire ce qu'il fait comme « se frayer un chemin », combinaison parfaite de contrôle, de leadership et d'action.

Les managers qui essaient d'« agir » à l'extérieur sans « agir » à l'intérieur se retrouvent inévitablement dans des situations problématiques. C'est le cas de tous ces PDG qui ont conclu un marché et qui en laissent l'exécution à d'autres. De même, il n'y a aucun sens à concevoir puis à ne pas assumer le leadership et l'action (comme dans la prétendue « planification stratégique » où le contrôle est souvent considéré comme suffisant pour la mise en œuvre), pas plus qu'il n'y a de sens à assumer l'action ou le leadership sans réflexion.

De même que le rôle central de la conception ne peut pas être séparé du rôle de surface de l'action, de même les rôles internes du contrôle, du leadership et de l'action ne peuvent pas être séparés des rôles extérieurs de la mise en relation et de l'action. En fait, ils se mêlent les uns aux autres.

DIRIGER SELON UN STYLE

Décrire les diverses composantes de la fonction de direction comme intégrée et bien circonscrite ne signifie pas que les managers les effectuent toutes avec une même priorité. Différents dirigeants finissent par mettre l'accent sur différentes choses de manière différente. Pourtant, paradoxalement, c'est à travers le cadre commun que l'on comprend le mieux la fonction. C'est ainsi que j'utilise le modèle de la figure 9 pour considérer brièvement certaines questions liées au style de direction : quels rôles favorise un manager, comment il s'en acquitte, et quel type de relations existe entre ces rôles ?

Premièrement, les dirigeants de différents contextes mettent l'accent sur des rôles différents. Par exemple, les managers de professionnels autonomes, comme dans le cas des hôpitaux ou des universités, ont tendance à favoriser la mise en relation par rapport au leadership (sans parler du contrôle). En effet, ces professionnels n'ont guère besoin d'encouragements ou de supervision, même s'ils ont besoin d'un soutien extérieur considérable. Pourtant, quand des experts doivent travailler en équipes, comme dans certains laboratoires de recherche ou certains sports professionnels, le leadership devient plutôt essentiel, en particulier au niveau du groupe.

Les entrepreneurs, par contraste, qui dirigent leurs propres activités, ont tendance à porter l'accent sur l'action (ainsi que sur la conception) dans la mesure où ils s'impliquent profondément dans des questions spécifiques. On observe le même phénomène au niveau de la maîtrise, par exemple, les chefs d'équipe qui doivent résoudre de nombreux problèmes d'exploitation. Les cadres supérieurs des grandes entreprises, eux, accordent une plus grande attention au contrôle, notamment à travers les systèmes de mesure de la performance et les décisions d'autorisation des mises de fonds.

Bien sûr, quel que soit le contexte, les managers sont souvent personnellement prédisposés à favoriser certains rôles de la fonction. On peut, par exemple, distinguer un style conceptuel de management (centré sur le développement du cadre), un style administratif (soucieux en priorité du contrôle), un style interpersonnel (favorisant le leadership à l'intérieur et la mise en relation à l'extérieur) et un style d'action (portant essentiellement sur les agissements tangibles). Lorsqu'un collaborateur lui demande conseil, par exemple, un manager peut répondre en communicateur (« Vous trouverez des données à ce sujet dans le registre des salaires »), en contrôleur (« Non, ne le faites pas ! »), en leader

(« Quel est votre sentiment à ce sujet ? ») ou en agissant (« Je m'en occupe ! »).

Deuxièmement, quels que soient les rôles de sa fonction sur lesquels un manager choisit de porter l'accent, son style personnel se manifeste par la manière dont il les assume. Nous avons déjà vu cela, par exemple, dans les différentes approches de la mise en relation (le filtre, le plomb, l'éponge) ou de la conception (les styles passif, dirigé, opportuniste et déterminé).

Le troisième aspect du style de management porte sur les interactions entre les diverses composantes de la fonction. Par exemple, une distinction importante peut être faite entre une approche déductive et une approche inductive. La première procède depuis le noyau central vers l'extérieur : le cadre conçu est mis en œuvre à travers la programmation qui se sert de l'information pour inciter les personnes à effectuer l'action. Nous pouvons appeler ceci un style cérébral, en faisant remarquer qu'il s'est répandu depuis les premiers auteurs du Posdcorb jusqu'aux tenants de la planification stratégique et de la conception des « résultats finaux ». Mais il y a un point de vue alternatif qui émerge : le processus de management procède par induction, depuis la surface extérieure jusqu'au noyau central. Nous pourrions l'appeler style perspicace. Selon Karl Weick, par exemple, les managers s'efforcent d'acquérir une expérience, de retenir les succès, d'interpréter les résultats, puis de faire progressivement évoluer leurs cadres.

Quand une situation est bien comprise, le type cérébral peut sembler logique ; dans des conditions plus ambiguës, le style perspicace peut avoir plus de sens. Une partie de notre problème, ces dernières années, réside dans le fait que la formation des managers prédispose au style cérébral, alors que les situations d'ambiguïté croissante exigent davantage une perspicacité inductive. Comment un manager qui se base sur le contrôle — trois pas à l'écart de l'action — peut-il s'atteler sérieusement à un problème d'organisation ?

Quelques profils de managers

Pour donner une idée de la manière dont on pourrait étoffer le squelette de ce modèle, je voudrais décrire brièvement quelques-uns des managers que j'ai observés. Cela donne une idée de la façon dont le contexte et la prédisposition personnelle interagissent avec les diverses composantes de la fonction pour définir une réalité.

Ann était directrice du service des infirmières d'un hôpital près de Londres. Peter était manager d'un district du Service national de santé publique en Angleterre. Les différences de leurs fonctions respectives étaient marquées. Ann peut être décrite comme « dirigeant vers le bas », Peter comme « dirigeant vers le haut ».

Ann, rattachée à la délivrance de soins médicaux sur une base quotidienne, était bien informée des moindres détails concernant ses opérations hospitalières. C'est grâce à des gens comme elle que le système continue à fonctionner. Elle concevait et dirigeait à l'extérieur, et ses contacts avec les médecins autonomes correspondaient idéalement au modèle de mise en relation. Elle semblait maintenir les opérations internes par une certaine quantité d'« actions » combinées à une bonne dose de leadership et de contrôle.

Peter, au contraire, dirigeait essentiellement vers le haut, étant plus concerné par les dédales administratifs de la hiérarchie que par le district sur lequel il avait autorité. La gestion du district était détachée de la délivrance quotidienne de soins médicaux. Aussi le management interne semblait limité au contrôle formalisé, en particulier aux systèmes d'affectation des ressources. J'ai trouvé moins d'« action » ici, et guère de leadership. Les contacts extérieurs semblaient être la priorité, afin de maintenir de bons liens avec les échelons supérieurs.

Résultat : le rôle de « tampon » émergeait naturellement dans cette fonction. Si le style d'Ann pouvait être décrit comme impliqué et perspicace, celui de Peter était cérébral et déductif.

Carol dirigeait une société cinématographique à Londres, produisant des films de qualité essentiellement pour la télévision. Elle ne pouvait se permettre de diriger ni exclusivement vers le haut ni exclusivement vers le bas. J'ai décrit son travail en termes de « négociations *hard* » et de « leadership *soft* ». Elle semblait être avant tout une agissante, surtout à l'extérieur pour passer des marchés. Mais, une fois le marché passé, une équipe devait être réunie dont le travail, effectué par des professionnels compétents, ne devait pas tant être contrôlé que suivi, pour veiller à réagir rapidement aux besoins des clients. Ainsi, le travail extérieur de Carol était ciblé et intense — « agir » dans détails et d'« arrache-pied » — tandis que son travail intérieur semblait plus indirect (leadership plutôt qu'action). Son orientation globale devait être plutôt opportuniste (c'est une activité hautement soumise à la mode), mais avec un cadre suffisamment précis pour aider à sélectionner les projets et à maintenir une unité dans la société. Le propre style de Carol apparaissait plus perspicace que cérébral, plus inductif que déductif.

Norman dirigeait une importante force de police, au niveau national, au Canada. La mise en relation était importante : c'est une fonction dans laquelle l'information et le rôle de tampon sont cruciaux. Selon ses propres termes, il veillait à ce qu'il n'y ait « pas de surprise », pour les élus en particulier. Par-dessus tout, il protégeait en renforçait une culture légendaire. Le contrôle n'était pas absent de la fonction de commissaire de police, mais celui-ci penchait plutôt vers le niveau collectif du leadership.

Fabienne était infirmière en chef d'une salle de chirurgie d'un hôpital canadien. Il y avait beaucoup moins de formalisme et de mouvements dans sa fonction : elle dirigeait debout la plupart du temps dans le poste des infirmières, autour duquel tout tournait. Ni Norman était « en haut » des choses, hiérarchiquement et familièrement, alors Fabienne était au milieu. Cela lui permettait de résoudre rapidement et informellement les problèmes. La mise en relation, ici, était relativement moindre : Fabienne n'était pas « dingue de RP », comme elle le disait elle-même. Elle pouvait plutôt être décrite comme « agissante » en matière de leadership, combinant ses différentes activités dans un cadre central décrit comme un style humanitaire de management : cela consistait, selon elle, à se consacrer à ses infirmières comme elle l'avait fait autrefois avec ses patients.

Annexe 2

Une journée
avec un dirigeant

Cet article est paru initialement dans la *Revue française de gestion*, n° 111, nov.-déc. 1996. La traduction a été réalisée par Michel Barabel et révisée par Pierre Romelaer.

Dans cet article, nous présentons un modèle général de l'activité du manager, que nous illustrons en nous appuyant sur la description d'une journée de travail du directeur général de GSI (Générale de service informatique), une des plus importantes sociétés françaises de services informatiques. Il s'agit d'une partie d'une recherche plus importante sur le travail du manager, dont l'objectif est d'étudier approximativement cinquante dirigeants sur une période d'une journée, afin de comprendre la nature et le déroulement de leur travail, ainsi que leur style de management. À cette date, vingt-six dirigeants ont déjà été observés, parmi lesquels trois chefs d'entreprise (le dirigeant d'une chaîne de magasins de détail, celui d'un studio de cinéma et le directeur général de GSI), des dirigeants à trois niveaux hiérarchiques de la police montée royale du Canada, le président de Médecins sans frontières (MSF), le directeur général de Greenpeace, de nombreux dirigeants des services civils fédéraux du Canada et des managers à tous les niveaux des services de santé publique en Grande-Bretagne, du directeur général au responsable de clinique, en passant par un directeur régional et une infirmière-chef dans un hôpital.

Une journée est bien entendue une période d'observation très courte, mais ce choix permet de maximiser le nombre de personnes et de postes de managers à étudier. En effet, avec vingt-six journées d'observation disponibles, il est préférable d'étudier vingt-six dirigeants pendant un jour plutôt que, par exemple, cinq dirigeants pendant une semaine. Le résultat permettra d'avoir des données sur vingt-six journées de travail de managers différents, ce qui constitue un échantillon raisonnable. Pour certains managers, l'observation d'une journée peut suffire car leurs activités paraissent dans l'ensemble assez similaires d'un jour à l'autre, comme c'est le cas par exemple pour l'infirmière-chef. Cela est moins vrai en revanche pour d'autres managers, qui peuvent avoir des journées plus différentes les unes des autres : un président d'entreprise peut avoir par exemple une ou deux réunions importantes tel jour particulier.

1. LE MODÈLE

Cette recherche a pour but d'élaborer un nouveau modèle d'analyse du travail du dirigeant, particulièrement en ce qui concerne les « pourquoi » et les « comment » de ce travail. Quels rôles et quels aspects du travail de management les dirigeants tentent-ils de favoriser, et comment exercent-ils tous ces rôles ?

En 1973, j'ai publié un livre sur « la nature du travail du manager » (*Le manager au quotidien*). Un chapitre de ce livre présente en détail une série de dix rôles que tous les managers paraissent exercer. Cette liste se présente comme une décomposition en éléments et non comme un modèle interactif, et c'est un défaut qu'elle partage avec la plupart des descriptions du travail du manager proposées par d'autres auteurs. Insatisfait notamment pour cette raison, j'ai développé une nouvelle conception du travail du manager, proche dans sa forme d'un modèle, en me fondant sur une analyse et une intégration des différents rôles décrits dans la littérature sur le travail du manager. Ce modèle est présenté dans un article intitulé « Rounding Out the Manager's Job » (« Un tour d'horizon des vraies fonctions du dirigeant »).

La figure 1 décrit le modèle de base, constitué de cercles concentriques. Au centre du cercle se trouve le manager, qui amène un ensemble de valeurs, d'expériences, de savoirs et de compétences. Le manager, dans son travail, crée un *frame*, ou cadre d'ensemble, qui inclut l'objectif de son poste, c'est-à-dire une perspective particulière sur ce qui doit être fait. Le cadre d'ensemble comprend aussi des activités stratégiques à conduire pour atteindre cet objectif. Ce *frame* peut être, selon les cas, très général ou très précis. Il peut être choisi par le dirigeant ou imposé par l'environnement. À ce cadre correspond un agenda de questions spécifiques à traiter et des programmes de travail. On peut considérer l'ensemble de ces éléments comme le cœur du travail du manager. Le caractère central du cadre d'ensemble est suggéré par sa position au centre de la figure. Autour de ce centre, se trouvent trois cercles concentriques qui sont autant de niveaux où le travail du manager peut se situer. J'appelle ces niveaux l'information, les personnes et l'action. De l'intérieur à l'extérieur, en commençant par le niveau le plus abstrait, un manager peut traiter l'information en espérant que cela incitera les personnes à agir. Un peu plus concrètement, un manager peut travailler avec des personnes pour les encourager à agir. Au niveau le plus concret, un manager peut diriger l'action de façon plus ou moins directe. Dans chaque cas, comme la figure 1 le montre, l'effort du manager peut s'exercer directement à l'intérieur de l'unité de l'organisation dont il est responsable, mais il peut aussi porter sur le reste de l'entreprise ou sur des éléments extérieurs à l'entreprise. En plus des rôles de conception du cadre d'ensemble et de programmation de l'agenda, situés dans le cœur, se trouvent cinq rôles dans les trois cercles extérieurs : deux sont liés à l'information, deux aux personnes, et un rôle est lié à l'action :

- *communiquer* : chercher, recevoir des informations et les partager avec d'autres, soit en interne en tant que diffuseur, soit en externe en tant que porte-parole ;
- *contrôler* : utiliser l'information pour contrôler le travail des autres, par des directives spécifiques, par la conception de la structure organisationnelle, ou par le développement et la mise en œuvre de systèmes formels ;
- *être leader* : encourager les membres de la partie de l'entreprise dont il est responsable et leur permettre

d'agir de manière efficace, soit en se focalisant sur les individus (jeu du rôle de mentor, récompense, etc.), soit en se focalisant sur les groupes (création d'un esprit d'équipe, résolution des conflits, etc.), soit en se focalisant sur l'ensemble de l'entreprise (construction d'une culture d'entreprise) ;

- *relier* : créer des liens et un réseau de contacts avec des personnes situées à l'extérieur de l'unité dirigée, de façon à transmettre à l'extérieur les besoins de l'unité et à affirmer son influence. Cette création de liens et d'un réseau a aussi pour but de transmettre l'influence de ces personnes externes à l'intérieur de l'unité de l'entreprise dont le manager est responsable ;
- *agir* : superviser l'action plus ou moins directement, ce qui inclut la gestion de projets de changement, le traitement des perturbations et des crises, ainsi que la négociation et l'exécution des accords passés avec l'extérieur.

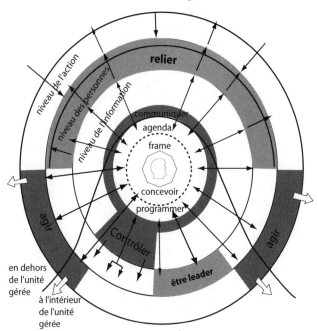

Figure 10 : Le travail du dirigeant

2. PRÉSENTATION DE L'ENTREPRISE GSI

Le dirigeant de plus haut niveau d'une entreprise porte en général en France le titre de président-directeur général, ce qui correspond aux États-Unis à la fonction de *Chief Executive Officer*. Dans l'entreprise GSI, cette fonction a été divisée entre Jacques Raiman, le fondateur de la société, au poste de président, et Jacques Bentz à celui de directeur général[1]. Cette distinction est assez proche de celle qui existe aux États-Unis entre le *chairman* et le *president*, qui sont en fait les dénominations utilisées par l'entreprise dans ses documents rédigés en anglais. Jacques Bentz dispose, à Paris, d'un bureau au siège social de GSI dans un immeuble récent, et Jacques Raiman a le sien à l'étage au-dessus, apparemment plus éloigné des activités journalières.

GSI est une sorte de phénomène en France, non seulement à cause de son taux de croissance depuis des années (les ventes de 1993 dépassent les 2,5 milliards de francs), mais aussi en raison de son style de management ouvert et flexible[2]. Michel Crozier a consacré un chapitre à GSI dans l'un de ses ouvrages récents (*L'Entreprise à l'écoute*, InterEditions, 1989). Il y écrit : « GSI représente un exemple remarquable et très rare encore du passage d'un seuil. Cette entreprise a réussi à faire évoluer son système humain au point de pouvoir effectivement mettre

---

1. Cette enquête a été menée en 1993 et telle était la situation des deux responsables. Depuis, l'entreprise a changé d'actionnaires, ce qui a conduit au départ des deux dirigeants cités. Jacques Bentz et Alfred Mesguich, cités dans cet article, sont aujourd'hui respectivement président et directeur général de la société Tesci, ancienne filiale de GSI qu'ils ont rachetée.
2. J'avais, dans le passé, animé un atelier de travail d'une journée dans l'entreprise et j'avais à cette occasion été étonné par le haut niveau de discussion aussi bien que par l'atmosphère de créativité. Étaient invités à cette réunion quelques dizaines de cadres dirigeants et, entre autres, un entraîneur français très connu d'une équipe de football qui avait fait une intervention sur le leadership et un jeune chercheur britannique qui avait étudié la culture de l'entreprise.

en pratique les trois principes d'organisation nouveaux : simplicité des structures et des procédures, autonomie très poussée des unités opérationnelles, développement d'une culture d'entreprise suffisamment forte pour corriger, dans une large part, les dysfonctionnements des règles et de l'ordre hiérarchique » (p. 173).

Michel Crozier poursuit en disant que l'entreprise ne vend pas de « services préfabriqués, de conseils standardisés, ou même de logiciels en "package" », mais « des solutions à des problèmes », ce que le fondateur de l'entreprise appelle *solware* au lieu de *software* ou de *hardware* (p. 174). Michel Crozier décrit aussi Jacques Bentz comme un « intellectuel » qui a quitté un institut de recherche prestigieux à Paris pour fonder une société de conseil en systèmes d'information, juste avant de rencontrer Jacques Raiman qui l'a embauché à GSI (p. 178).

En 1993, GSI se définit elle-même comme étant dans l'industrie des « technologies de l'information », plus particulièrement dans l'offre de logiciels et de services informatiques, le « numéro un en Europe pour les logiciels de paye et de gestion des ressources humaines, les logiciels de compensation, la logistique et la gestion des données marketing pour l'industrie automobile. Elle est aussi l'un des plus importants fournisseurs mondiaux de systèmes pour tester les logiciels de télécommunication », Elle tire 56 % de ses revenus de l'*out-sourcing* et de la gestion d'applications, « un ensemble d'activités grâce auxquelles les clients voient leurs flux d'informations optimisés » et qui comprend « l'installation, la modélisation, la formation, la maintenance et l'assistance ». Elle fournit par exemple des progiciels de paye à 9 000 entreprises européennes, des systèmes pour la gestion de Sicav, etc. GSI tire 27 % de ses revenus de solutions logiciels et activités connexes : elle assure par exemple la compensation de plus de 40 millions des billets IATA[1] émis par les agences de

---

1. IATA : International Aeronautics Transport Association (association internationale du transport aérien).

voyage de six pays européens. Et elle tire 17 % de ses revenus d'activités de conseil, d'intégration de systèmes et de développement (source : *Rapport annuel*, 1993).

Ainsi, bien que l'entreprise vende des progiciels standards, dont beaucoup sont adaptés aux besoins des utilisateurs, elle conduit aussi des activités de type « projets *ad hoc* » pour ses clients. En conséquence, une forte dimension de type « adhocratie »[1] ou « management par projet » se ressent dans sa structure. En 1993, 64 % des revenus de GSI ont été générés en France, et la plupart des autres ont été réalisés en Europe de l'Ouest, bien que l'entreprise soit aussi présente aux États-Unis, au Canada, en Australie et à Singapour. D'après le rapport annuel de 1993, les salariés et les anciens salariés possèdent 49 % des actions du groupe.

3. LA JOURNÉE DE JACQUES BENTZ, DIRECTEUR GÉNÉRAL DE GSI, PARIS, LE 24 AOÛT 1993

Nous nous sommes rencontrés à 8 h 45 dans le bureau de Jacques Bentz, un très petit bureau qui reflète son style personnel, un style modeste : peu de documents, un petit micro-ordinateur, pas de table de réunion, juste une simple table pour travailler. (Quand il a été nommé directeur général,

---

1. L'adhocratie est une structure « organique » flexible, organisée autour de projets spécifiques. Cette structure peut prendre deux formes (voir H. Mintzberg, *Structure et dynamique des organisations*, Éditions d'Organisation, p. 65, 1982) : les adhocraties opérationnelles, qui réalisent des projets directement pour leurs clients (par exemple les agences de publicité), et les adhocraties administratives, qui entreprennent leurs projets pour elles-mêmes (par exemple, les entreprises qui s'investissent dans de nombreux projets de développement de nouveaux produits). Il est intéressant de constater que GSI conduit de front ces deux types d'activités, par exemple dans ses activités sous contrat avec La Poste et dans le développement de ses propres *packages* de logiciel.

Jacques Bentz pensait changer de bureau, mais il ne l'a pas fait !) Il y avait déjà dans son bureau, quand je suis arrivé, une personne de l'entreprise venue demander un conseil sur une négociation en cours. Cette personne est partie à 9 heures et nous avons discuté. Jacques Bentz m'a décrit quelques-unes des personnes avec lesquelles il travaille (il n'y avait pas d'organigramme disponible) et il m'a dit qu'il était souvent dans les couloirs (« Je peux sortir pour une minute et y passer deux heures »).

Puis, vers 9 h 40, des personnes ont commencé à arriver pour une réunion. Elles ont discuté un moment dans le couloir — tous attendaient quelqu'un qui était arrivé parmi les premiers, mais qui était reparti pour chercher quelques transparents — et après quelques minutes, les huit personnes sont entrées dans une salle de réunion, ont refermé la porte et ont commencé. La réunion portait sur une « plate-forme logicielle » que l'entreprise était en train de développer, cette plate-forme constituant une partie d'un très important contrat potentiel avec La Poste.

Une personne fit une présentation au début de la réunion, apparemment pour coordonner le travail de différents groupes intervenant sur le projet, puis rapidement la discussion devint très ouverte, sur un mode de résolution de problème. Ils discutaient du travail de développement, de la répartition de ce travail, et ils échangeaient leurs impressions sur les réactions du client. La discussion était très animée, tout le monde y était impliqué (parfois tous à la fois !), Jacques Bentz étant la majeure partie du temps dans une attitude d'écoute attentive. On ne sentait, dans la discussion, aucune différence de statut entre les personnes (de fait, au bout de vingt minutes, Jacques Bentz s'est levé et a demandé qui voulait du café) et, autant que je puisse le voir, il n'y avait aucune de ces attitudes destinées à impressionner les autres qu'on voit si souvent dans ce type de réunion. Ils discutaient seulement des problèmes à résoudre.

À 10 h 15, la secrétaire de Jacques Bentz vint le chercher et il partit quelques minutes durant lesquelles la conversation continua. (Un client qui rencontrait un problème sur une prestation de service cherchait à joindre Jacques Bentz depuis plusieurs jours, et il avait dit à sa secrétaire de ne pas hésiter à l'interrompre pendant la réunion.) Une autre personne a passé la tête à la porte de la salle de réunion vers 10 h 30 et Jacques Bentz est de nouveau sorti pour trois minutes, cette fois pour être informé du fait que des négociations en cours sur une acquisition en Grande-Bretagne ne se passaient pas bien.

À un moment, après un peu plus d'une heure de réunion, quelqu'un s'est tourné vers Jacques Bentz pour avoir une information et obtenir son soutien sur un point, et la même personne a recommencé cinq minutes plus tard. À cette exception près, pendant la première heure et demie de la réunion, le rôle de Jacques Bentz a plus consisté à écouter qu'autre chose. Mais à 11 h 05, au milieu d'une discussion visant à savoir s'il fallait diviser le projet ou le traiter comme une seule entité, il a fait sa première réelle intervention, en remarquant qu'« il y avait un choix à faire » et en donnant calmement quelques conseils d'expert sur la façon d'approcher le client. Il a fait une autre brève intervention à 11 h 23, dans laquelle il a exprimé certaines valeurs et donné des conseils (en insistant fortement sur la nécessité de s'assurer que les besoins à long terme du client seraient satisfaits). À 11 h 47, après deux heures de réunion, il est intervenu de façon un peu directive, pour la première fois, pour dire ce qu'il fallait faire avant la prochaine réunion. La réunion s'est achevée à 11 h 53, et Jacques Bentz est parti après avoir échangé quelques mots avec quelques personnes.

Quand je lui ai demandé pourquoi il participait à cette réunion, Jacques Bentz a répondu que c'était un premier projet qui pourrait devenir important, un précédent pour l'entreprise, « le début d'une stratégie », bien que la réunion ait porté sur le projet lui-même et non pas sur ses implications stratégiques plus abstraites (« une discussion, la stratégie derrière », comme dit Jacques Bentz).

Puis il dit : « Allons voir Raiman : c'est ce que je fais d'habitude », et il ajouta : « On peut faire des choses normales ! » Nous sommes montés et nous avons trouvé Raiman dans le couloir. Ils ont discuté un moment, échangeant des informations sur une grande variété de questions : une réunion qui avait eu lieu la veille avec une personne qui pourrait convenir pour un poste de haute responsabilité dans l'entreprise, une filiale française qui était en crise — il s'agissait de déterminer s'il fallait continuer à réduire les coûts ou juste la vendre, et de savoir comment éviter les licenciements. Sur cette question, Jacques Raiman était un peu provocateur, se comportant en même temps comme un mentor (par exemple : « Qu'avez-vous appris ici ? ») et parfois de façon plus dure et plus directive (par exemple «Vous devez le faire... vite ! »). Après quelques instants de silence, Jacques Bentz me dit ; « Professeur Mintzberg, c'est dur la vie, parfois ! » Dans l'ensemble, leur discussion a porté sur des questions concrètes, mais en abordant cette fois clairement les conséquences stratégiques et organisationnelles. À 12 h 17, la secrétaire de Jacques Raiman est venue le chercher et après sa troisième tentative, quelques minutes plus tard, l'entretien s'est terminé et Jacques Bentz est parti dans le bureau de Pierre-Antoine Gardeil (le directeur administratif) où ils ont discuté de la réunion de 15 heures et du besoin de se rencontrer avant. Nous sommes retournés dans le bureau de Jacques Bentz à 12 h 25.

Jacques Bentz a alors passé un coup de téléphone au président de La Poste, qu'il a obtenu immédiatement (et qu'il tutoyait), pour déterminer la date d'une réunion. Ils sont convenus que la réunion aurait lieu le vendredi, bien que le président de La Poste eût préféré attendre un peu pour consulter ses collègues. Jacques Bentz m'expliqua que GSI avait à La Poste cinq ou six projets en cours et qu'il voulait avoir l'avis du président sur l'ensemble, savoir ce qu'il voulait.

Puis Jacques Bentz a appelé Pierre-Antoine Gardeil, qui est arrivé à 12 h 40 dans son bureau, pour discuter d'un modèle de standardisation des procédures de salaire à usage interne pour GSI, de ce qu'il fallait y inclure, comment régler la question des voitures d'entreprise, etc. Le style de Jacques

Bentz, ici comme ailleurs, était très ouvert, plus guide que directif. (Par exemple ; « Je te donne une idée, ce n'est pas imposé » ou « Ce que nous recherchons, c'est la compatibilité ».)

Pierre-Antoine Gardeil est reparti à 13 h 03, et nous sommes partis déjeuner avec le responsable des systèmes de paye pour l'ensemble de GSI, son homologue pour l'Allemagne, un spécialiste du marketing du groupe paye, une personne chargée du développement des nouveaux produits et un autre manager. Nous sommes allés au restaurant et, après avoir commandé, Jacques Bentz a soulevé la question de l'offre d'acquisition d'une entreprise britannique de progiciels de paye. Le responsable du groupe paye a commencé à faire une synthèse de la situation pour les personnes présentes, dirigeant ses commentaires essentiellement à l'attention de Jacques Bentz. Ils ont discuté du prix, des autres candidats à cette offre ainsi que des réactions négatives au rachat par une entreprise française (ironiquement, cette discussion se déroulait en anglais, Jacques Bentz s'exprimant aussi en allemand avec le participant allemand de la réunion)[1]. Nous sommes partis à 14 h 30.

Nous avons discuté sur le chemin du retour et dans le bureau, jusqu'à 15 heures. Jacques Bentz m'a dit que la réunion du matin n'était pas très typique. Il y était parce qu'il connaissait le président de l'organisation cliente. Il a ajouté que le traitement de son courrier n'était pas un gros travail, et m'a montré une pile de courriers qu'il n'avait pas encore regardés, ajoutant que la plupart du courrier opérationnel était intercepté par sa secrétaire.

Lui et Jacques Raiman travaillaient ensemble depuis vingt ans, m'a-t-il dit, et il était entré dans l'entreprise un an après sa création quand il avait vendu sa propre société de conseil. Il

---

1. J'ai eu droit à quelques plaisanteries parce que je prenais des notes sur la nourriture — « c'est très important en France » — mais je n'étais pas habitué à voir des gens manger des cuisses de grenouille et boire du vin dans un restaurant chinois !

a décrit Jacques Raiman comme le penseur, et lui-même comme le réalisateur, tout en disant que chacun d'entre eux faisait les deux. Et il a dit que le style de management qu'ils avaient tous les deux était un style affectif.

À 15 heures, Jacques Bentz s'est rendu à une réunion avec Alfred Mesguich, de la division haute technologie, et avec Pierre-Antoine Gardeil. La réunion concernait le démarrage d'opérations au Mexique, considérées comme une ouverture sur le pays. Ils ont discuté des marchés potentiels et des structures initiales (« commencer par quelque chose de simple », mais « faire en sorte que ce soit extensible »), des postes dans lesquels il fallait utiliser du personnel français plutôt que du personnel local (« à quel degré faut-il y injecter la culture française ? ») et plus précisément quels Français y nommer. La discussion s'est ensuite focalisée sur la personne à nommer pour diriger les opérations, Jacques Bentz insistant particulièrement sur les qualités de leadership, puis ils ont commencé à discuter de candidats spécifiques à partir de la liste des qualités idéales qu'ils venaient d'élaborer. Jacques Bentz a mené la discussion et y a participé activement, posant des questions et conduisant la discussion d'un point à un autre, suggérant à un moment à Alfred Mesguich : « Commence ton travail de couloir. » Ensuite, sur une suggestion de Jacques Bentz, ils ont recentré la discussion sur la structure qui devait être adoptée, décidant de créer une société, et ils ont abordé le fait de savoir si le reporting devait être fait sur une base géographique ou lié au métier. Comme les sujets de la réunion paraissaient être traités, Jacques Bentz demanda : « L'étape suivante, c'est quoi ? » et il clôtura la réunion à 16 h 25.

Jacques Bentz discuta brièvement avec Pierre-Antoine Gardeil puis l'invita à le suivre dans son bureau pour traiter de « deux ou trois petites choses », parmi lesquelles une émission d'actions par l'entreprise, une question concernant un conseil juridique et l'appartenance à une structure affiliée. Ils ont consacré une partie importante de leur discussion à cette dernière question et, à un moment, ont évoqué le contraste entre « le modèle hiérarchique » et « le modèle Bentz ». Pierre-Antoine Gardeil a reçu un message important à 16 h 54 et est parti quelques minutes plus tard.

Jacques Bentz avait dit un peu avant que c'était une période tranquille — une grande partie de la France et les Parisiens plus particulièrement sont en vacances au mois d'août — et il a pris le temps de passer en revue avec moi les rendez-vous notés sur son agenda, en prenant au hasard la semaine du 15 mars.

- Lundi :
  - réunion avec des investisseurs potentiels ;
  - comité exécutif (réunion plus informationnelle que décisionnelle).

- Mardi :
  - un séminaire concernant la culture de GSI (Jacques Bentz indiqua qu'il y avait vingt séminaires d'une journée complète en moyenne chaque année, qu'il essayait d'y consacrer à chaque fois une demi-journée, ce qui lui donnait l'occasion d'écouter les gens parler de leurs propres problèmes et d'obtenir des informations venant directement de la base. On peut noter que l'entreprise est particulièrement fière de l'« université GSI » et mentionne dans le rapport annuel son affiliation avec l'université Motorola, l'une des universités d'entreprise les plus connues aux États-Unis) ;
  - préparation de la réunion du conseil d'administration.

- Mercredi :
  - recevoir le PDG d'IBM France, entreprise importante pour GSI à la fois comme fournisseur, comme client et comme concurrent (ils ont discuté du fait qu'il se sentait préoccupé de l'éventualité que GSI prenne un de ses clients).

- Jeudi :
  - le matin, réunion du conseil d'administration (« donner des informations et demander des conseils », telle est la

façon dont Jacques Bentz caractérise la réunion) ;

- à déjeuner, il a rejoint un groupe de personnes de GSI et de France Telecom qui se réunissaient pour la journée. Il était à ce déjeuner comme premier représentant de l'entreprise ;

- dans l'après-midi, discussion au sujet d'une acquisition en Grande-Bretagne. Jacques Bentz ne décrit pas sa présence dans la réunion comme celle du leader, mais comme celle d'un membre d'un groupe qui cherche à atteindre un consensus ;

- dîner avec des clients allemands pour créer une relation de travail conviviale pour la réunion de toute la journée du lendemain (Jacques Bentz était là pour représenter GSI parce qu'il connaît bien l'Allemagne) ;

• Vendredi :
- réunion avec les Allemands le matin ;

- dans l'après-midi, Jacques Bentz assiste à la clôture d'un cours de l'université GSI et anime une session de questions-réponses. Il analyse cette activité comme de la communication, la construction d'une culture et la transmission de valeurs ;

• Samedi :
- réunion de tous les actionnaires pour présenter les résultats de l'exercice, répondre aux questions, procéder aux votes d'approbation.

Jacques Bentz a ensuite passé en revue les réunions de deux autres semaines prises au hasard dans son agenda :
• avec des investisseurs ;
• avec un consultant japonais sur leur programme de TQM (*total quality management*) ;
• sur un passage en revue de la politique générale de ce programme ;
• pour participer, en dehors de Paris, à une exposition itinérante sur les services de GSI (pour voir comment travaille le marketing) ;

- sur la préparation du rapport annuel ;
- sur des contestations d'ordre juridique émises par un actionnaire ;
- avec les chefs de division pour discuter des problèmes et leur donner des conseils ;
- pour donner un conseil à quelqu'un à propos du conflit qu'il a avec son supérieur hiérarchique ;
- pour assister à une présentation effectuée sur l'informatique par un expert américain ;
- pour aider à résoudre plusieurs conflits entre des salariés ;
- quelques jours aux États-Unis pour assister à un séminaire sur la culture d'entreprise, visiter les opérations américaines de GSI, y rencontrer des gens et avoir une réunion du type questions/réponses avec le personnel américain.

Nous avons aussi regardé l'emploi du temps à venir pour le mois de septembre, où Jacques Bentz a noté un grand nombre de réunions (c'était le début de la période de passage en revue de la stratégie), certaines de trois heures avec les patrons de division, réunions au cours desquelles ils font généralement une présentation suivie de questions posées par Jacques Bentz et d'autres personnes.

Nous avions discuté environ 45 minutes et il était maintenant 17 h 50. Jacques Bentz est alors parti voir quelqu'un « pour une minute » et il est revenu à 18 h 20. Il avait vu trois personnes et couvert « cent sujets en une demi-heure ! ». L'un de ces sujets concernait une concentration qui venait juste de se réaliser (dont il n'a pas spécifié le contenu). Il avait rencontré par hasard dans le couloir un manager du sud de la France qu'il avait questionné sur le programme de TQM, « parce qu'il le connaît bien ». Et il était allé saluer un nouvel arrivant à la comptabilité.

À 18 h 23, Jacques Bentz est allé dans le bureau du directeur financier afin de passer en revue les prévisions pour l'année à venir. Il a la plupart du temps écouté, sans intervenir de façon directive, posant une question à l'occasion, puis ils ont travaillé ensemble sur les chiffres d'un budget de façon plus précise pour s'assurer que tout était correct. (Il s'agissait majoritairement de questions concernant les dépenses internes, mais il y avait une réunion du conseil d'administration trois semaines plus tard, et Jacques Bentz dit qu'il gardait cette réunion à l'esprit.)

À 19 h 15, ils sont passés à d'autres questions, parmi lesquelles une réunion à venir à Marseille, et les grilles de salaires pour les bas et les moyens niveaux hiérarchiques. Jacques Bentz a quitté le bureau du directeur financier à 19 h 25. Après quatre autres brèves discussions dans le couloir pour dire bonjour ou discuter d'une réunion, etc., chaque fois pendant une ou deux minutes, nous sommes retournés dans son bureau.

Je lui ai demandé pourquoi il ne semblait pas avoir beaucoup de travail à l'extérieur ce jour-là, et Jacques Bentz m'a dit : « Ces jours-ci, je suis trop souvent au siège. » Il a attribué cette situation aux difficultés dans l'économie en général et dans sa propre entreprise en particulier : « Il est difficile de travailler en profondeur quand il y a un feu dans la maison. » L'année précédente, il avait passé trois jours par semaine à voyager, a-t-il ajouté. Après un bref regard sur son e-mail (incluant un message du président Clinton que Jacques Bentz a reçu comme quatre millions d'Américains !), Jacques Bentz a demandé un taxi à 19 h 45 pour finir ce qu'il a appelé « une journée relativement calme ».

4. ANALYSE DE LA JOURNÉE

Mettez ensemble toutes les observations décrites ci-dessus et vous avez ici une large palette des activités auxquelles on peut s'attendre de la part du président d'une grande entreprise : représenter l'entreprise, construire une culture, travailler sur les systèmes de contrôle, informer et être informé, effectuer en plus quelques travaux pour relier l'entreprise à l'extérieur (bien que ces derniers soient sous-représentés, comme nous l'avons noté) et ainsi de suite. Mais un thème semble clairement dominer l'ensemble : l'accent fortement mis sur les projets spécifiques.

Bien qu'il s'agisse du directeur général d'une grande entreprise, et même en tenant compte des inclinations intellectuelles et du caractère réfléchi de Jacques Bentz (juste avant que je vienne, il m'avait demandé copie d'un papier de 132 pages sur les différentes écoles de pensée concernant la formation de la stratégie), son travail journalier n'était pas focalisé sur des généralités abstraites — contrôler sur la base d'une politique générale — mais sur des activités spécifiques. Jacques Bentz était clairement impliqué dans le quotidien. Dans les termes du cadre conceptuel qui guide cette recherche, si son travail n'est pas strictement de « réaliser », il se situe alors sur la frontière entre faire et contrôler, faire et diriger (*leading*), et spécialement, peut-être, faire et concevoir. En d'autres mots, il me semble que Jacques Bentz est impliqué lui-même dans le travail sur les projets, spécialement dans ceux qui établiront des précédents. Il n'y est pas là comme un spectateur ni même comme contrôleur, mais un participant actif. Il est entre autres un expert averti. Mais, par les actions dans lesquelles il s'implique, il paraît plus particulièrement faciliter ses rôles de leadership, de communication, de contrôle, de liaison et de conception, avec une mention spéciale pour le dernier nommé.

Ainsi, même les cadres dirigeants des plus hauts niveaux sont impliqués dans les projets, comme on peut s'y attendre dans une entreprise qui prend naturellement la forme d'une adhocratie, au moins dans les services les plus avancés et les plus étroitement adaptés aux besoins spécifiques des clients. Cette implication est aussi encouragée par les inclinations culturelles de l'entreprise. Le travail de direction générale paraît se faire par implication directe dans des questions spécifiques, même si ces questions spécifiques sont très importantes.

La culture est un élément essentiel dans l'approche qu'a GSI de ses activités opérationnelles, et c'était aussi évident ce jour-là. Jacques Bentz « agit » dans le but de soutenir et de transmettre la culture de GSI, et c'est clairement une activité très consciente de sa part. Dans notre cadre conceptuel (présenté au début de cet article), la culture est considérée comme faisant partie du rôle de leader. Mais, en ce sens, on peut également la considérer comme un outil de contrôle, bien que cela se fasse de manière subtile et plutôt douce, ce qui est d'ailleurs en accord avec le style personnel de Jacques Bentz. Il y avait aussi, au cours de cette journée, des formes plus conventionnelles de contrôle, sous la forme de directive occasionnelle (bien que donner des conseils et des informations ait été beaucoup plus fréquent), ainsi que dans les activités liées à l'élaboration de la structure organisationnelle. Mais l'utilisation de la culture semble être, pour Jacques Bentz et vraisemblablement pour GSI, la façon préférée d'exercer un contrôle.

« Agir » était très lié à concevoir, comme nous l'avons noté ci-dessus, en ce sens que la construction de la stratégie paraît être ici un processus fortement inductif et émergent qui va du particulier au général (dans notre cadre conceptuel, de l'extérieur vers l'intérieur). Jacques Bentz semble se servir des actions spécifiques dans lesquelles il s'implique pour s'aider lui-même à concevoir des concepts généraux. L'entreprise, en d'autres termes, paraît entreprendre ses projets pour apprendre de nouveaux métiers, et peut-être ainsi y développer des activités nouvelles. Les projets portent sur des points spécifiques, et ils créent des précédents qui conduisent à l'élaboration de modèles plus généraux (rappelons-nous ce que Jacques Bentz appelle le « début d'une stratégie »). Même pour le Mexique, alors que l'entrée dans le pays était vue comme un moyen de créer une nouvelle activité, la discussion portait essentiellement sur les aspects spécifiques de l'entrée, pas sur les espérances à long terme. C'était tout à fait évident dans la décision qui a été prise de commencer avec un patron de nationalité française, même si cette personne devait apprendre l'espagnol. Un Mexicain pourrait être formé par la suite pour faire le travail.

GSI ne donne pas du tout l'image typique d'une gestion hiérarchique et mécanisée à la française. Elle est tout aussi éloignée du stéréotype de la pensée cartésienne française. Elle apparaît réellement comme une « organisation apprenante » qui a une direction générale ouverte à toutes sortes d'idées nouvelles et créatives.

Cela suggère que le *frame* de Jacques Bentz doit rester plutôt flexible et modérément formalisé, ouvert à tout ce que peuvent apporter les nouvelles opportunités et les résultats des projets mis en œuvre pour les saisir. Mais on ne peut pas dire que ce cadre d'ensemble est opportuniste, parce que GSI a cette forte culture qui permet de maintenir la ligne directrice. Jacques Bentz semble, dans ce domaine, attribuer les mérites à Jacques Raiman, le « penseur ». GSI est une entreprise qui dispose d'une multitude d'opportunités, et cette multiplicité ne paraît pas du tout de nature à l'induire en confusion.

Les adhocraties sont des structures fortement décentralisées dans lesquelles le couplage entre les différentes parties de l'entreprise peut être étroit ; l'initiative y est répandue et elles naviguent dans un océan d'opportunités. Le contrôle y est donc habituellement un problème notoirement difficile.

Un message-clé de cette observation d'une journée d'un dirigeant est peut-être qu'une culture forte doit être utilisée comme un moyen pour maintenir la cohésion interne dans une adhocratie, là où les contrôles suffisent pour une bureaucratie routinière. En un sens, la colle entre les différents projets et entre les individus créatifs doit être située dans la force des normes, des valeurs et des attitudes partagées. D'où l'insistance sur l'université GSI.

Comme nous l'avons noté, on constate, dans le travail de Jacques Bentz, l'existence des rôles de communication et de liaison. Ce dernier rôle est apparu plus particulièrement quand nous avons consulté son agenda. Il semble n'y avoir aucune raison de croire que cela doive être différent dans le travail d'autres dirigeants qui ont des postes comparables. Il y a cependant plus qu'une inclination vers les questions spécifiques : le travail de liaison a pour but de soutenir les projets (comme le montre le coup de téléphone au président de La Poste) et la communication vise à comprendre les aspects spécifiques des activités de l'entreprise.

Jacques Bentz a un style de management distinct, même quand on considère uniquement la journée que nous avons observée. Comme nous l'avons précédemment noté, il semble être ouvert et ne pas chercher à affirmer sa visibilité. Il soutient et donne de l'information plus qu'il n'est directif. Il est très réfléchi et peut-être même intellectuel, mais il est aussi très inductif. Jacques Bentz combine d'une manière intéressante le cérébral avec la pratique. On retrouve peut-être cette combinaison chez des dirigeants comme Jack Welch de General Electric ou Andrew Grove d'Intel. Si la renommée de ces dirigeants peut être prise comme une indication, ce style pourrait devenir le style de référence pour la gestion des organisations complexes composées d'experts.

Annexe 3

Le yin et le yang du management

Cet article est paru initialement en anglais sous le titre «The Yin and the Yang of Managing », dans *Organizational Dynamics*, vol. 29, n° 4, printemps 2001. Il a été traduit en français par Jean-Louis Klisnick et est paru dans *L'Expansion Management Review* n° 107, décembre 2002.

Quelqu'un a dit qu'en ce monde il y a deux sortes de gens : ceux qui croient qu'il existe effectivement deux sortes de gens et ceux qui ne le croient pas. Rares, toutefois, sont ceux qui nient qu'il y a des hommes et qu'il y a des femmes. Ne pourrait-on y voir les deux visages du management ?

De l'un, on peut dire qu'il est plus agressif, plus interventionniste, plus proche de l'intervention médicale. C'est ce visage qui est devenu prédominant ces dernières années, en particulier dans la peinture populaire faite du grand patron. Nous l'appellerons le yang du management, son côté masculin — bien qu'on le retrouve chez de nombreuses femmes. L'autre est plus engageant, plus englobant, plus proche des soins infirmiers. C'est le yin, le côté féminin — bien qu'on le retrouve chez de nombreux hommes.

On lira ci-dessous le récit d'une journée de travail de deux cadres dirigeants. Chacun d'eux est à la tête d'une organisation de petite taille mais bien connue, et située à Paris. Là s'arrête la ressemblance. L'un préfère foncer à travers Paris sur sa moto, l'autre s'y faufiler sur son scooter. Le reste parle de lui-même.

UNE JOURNÉE AVEC RONY BRAUMAN, PRÉSIDENT DE MSF

Rony Brauman — un toubib, mais ce n'est pas hasard — était depuis onze ans à la tête de Médecins sans frontières, quand eut lieu notre rencontre. Il était le patron remarqué d'une organisation remarquable, profondément impliquée dans l'une des situations politiques les plus tendues du moment. MSF est interventionniste par nature : elle met en place des services humanitaires dans les points agités de la planète.

La « journée » commença en fait la veille au soir, à la demande de Rony Brauman. Celui-ci avait convoqué une conférence de presse pour expliquer pourquoi MSF avait décidé de retirer ses troupes de Somalie — en partie parce qu'il y avait du danger pour l'équipe, mais aussi pour exprimer son opposition au rôle des Nations unies sur les lieux. Après avoir, pendant une demi-heure, communiqué ses informations à la dizaine de journalistes présents — dont la plupart écrivaient dans des publications liées à l'Afrique —, Rony Brauman répondit à leurs questions, qui dans l'ensemble portaient sur la Somalie plus que sur l'association. La réunion prit fin au bout de 80 minutes, après quoi il enregistra une interview pour une radio africaine.

Comme convenu, je me présentai à 9 heures le lendemain matin dans le petit immeuble moderne que possède MSF tout près de la place de la Bastille. De même que presque tout le monde en ces lieux, Rony Brauman était habillé très simplement — jeans et col ouvert, mais une veste et une cravate étaient accrochées dans un coin de la pièce. À mon arrivée dans son bureau, le docteur P., le directeur général qui s'occupait surtout des affaires internes, était avec lui et l'informait sur la sécurité de l'équipe MSF en Somalie, menacée notamment par la présence de *snipers* embusqués sur les toits. « Et alors, décision quand ? », demanda Rony Brauman, concernant l'envoi de quelqu'un pour évaluer la situation. À quoi il reçut cette réponse : « Décision hier ! »

À 9 h 55, Rony Brauman rejoignit la réunion à laquelle il était censé assister à 9 h 30 : huit personnes, le management du siège, tous avec leurs agendas ouverts. On passa en revue l'ordre du jour : envoi de personnes en ex-Yougoslavie, problèmes juridiques, projet d'un séminaire de réflexion du management, nouveau traitement contre le Sida, nouvelle vague de tuberculose en France, visite à Paris du secrétaire général des Nations unies, etc.

Les gens allaient et venaient ou régulièrement se dirigeaient vers la porte pour allumer une cigarette et en souffler la fumée dans le couloir — y compris Rony Brauman. Il écoutait beaucoup, à l'occasion reprenait l'initiative, et intervint plusieurs fois pour exprimer des opinions ou des points de vue, par exemple que le programme du séminaire devait être maintenu ouvert. À 12 h 20, il marcha vers la porte, s'y arrêta quelques minutes pour écouter encore (et fumer), et finalement sortit.

« J'espère que vous n'avez pas peur de circuler à moto, c'est le moyen le plus rapide pour traverser Paris », dit-il en empoignant sa veste, en route pour sa prochaine réunion, une interview en direct à la télévision. « Ne craignez rien, je suis prudent », promit-il à ma petite personne qui depuis tant d'années regardait d'un œil suspicieux les maniaques français de la motocyclette. (Pour ne pas arriver trop en retard, il passa plusieurs fois de l'autre côté de la bordure de ciment, roulant à contresens avant de se rabattre « juste à temps » au feu rouge suivant.)

Une femme nous attendait à la porte de France 2 et poussa Rony Brauman dans une cabine de maquillage. Puis il fut introduit dans un studio pour y être « briefé » par son hôte avant de rejoindre son siège — la veste sur le dos et le jeans sous la table. L'hôte lut les nouvelles puis lui posa des questions sur la Somalie en général plus que sur MSF en particulier. Cela dura deux minutes, puis Rony Brauman sortit ôter son maquillage. Un journaliste ami, appartenant à la chaîne, passa dire bonjour et discuter de divers problèmes. Nous sortîmes à 13 h 35.

Après un voyage de retour tout aussi rapide, Rony Brauman échangea quelques mots avec sa secrétaire (« Rien d'urgent ») et chercha s'il y avait quelqu'un sur les lieux ; ne trouvant personne, il fila vers le bistrot le plus proche et se joignit à un groupe de trois MSF installés autour d'une table. La discussion porta d'abord sur des sujets d'ordre général, puis sur un texte que l'on avait demandé à l'un d'eux de préparer pour une journée de communication. Rony Brauman lui en donna les grandes lignes et expliqua ce qu'il désirait tandis que les deux autres prenaient des notes. « Bon, vous avez compris l'idée ? », s'enquit-il à la fin.

La demi-heure qui suivit fut consacrée à une autre interview sur la Somalie, en présence d'un photographe. Après quoi, pour la première fois (sauf à hurler d'un casque à l'autre), j'eus quelques minutes pour discuter avec mon hôte. « Une organisation humanitaire doit parfois aller contre ses intérêts », dit-il en référence à ses activités de lobbying sur des problèmes d'ordre public. Il décrivit MSF comme occupant sa propre niche, bien que d'autres l'aient rejointe dans son domaine, tout en étant de plus devenue un « intervenant public ».À 15 h 07, la secrétaire entra et demanda à un Rony Brauman détendu s'il n'avait pas oublié son rendez-vous de 15 heures avec un journaliste de *l'Humanité*, et le rythme frénétique reprit de plus belle.

Mais bientôt le rythme s'accéléra de nouveau (habitude typiquement française, seul le temps du déjeuner avait été réellement détendu). Pendant les soixante minutes qui suivirent, diverses personnes vinrent parler à Rony Brauman, encouragées par la porte ouverte de son bureau à paroi vitrée. Avec le docteur P. (le directeur général), il discuta d'un problème de calendrier et d'une campagne de publipostage ; avec une personne du secrétariat, il mit au clair une lettre qu'il ne trouvait pas suffisamment explicite ; puis il jeta un coup d'œil sur quelques autres courriers prêts à partir, pendant qu'un technicien informatique effectuait quelques réparations sur sa machine. Le téléphone sonna plusieurs fois, dont une pour une invitation à un débat public. Ensuite il passa une

minute dans le bureau du directeur général avant de rejoindre
(à 16 h 40) une réunion prévue et déjà commencée. Un
certain nombre de jeunes MSF s'informaient sur la situation
en Somalie. Vingt minutes plus tard, Rony Brauman, qui
s'était contenté d'écouter, sortit.

Quelques minutes après 17 heures, il revint à son bureau
pour téléphoner (à propos de réunions et du retrait de
Somalie), voir son agenda avec sa secrétaire et rédiger son
courrier. Puis il y eut une autre course folle à travers Paris
pour un rendez-vous en direct à 18 heures précises sur France
Inter. (Je suis parvenu à lui glisser : « C'est une bonne chose
que vous soyez prudent », mais ce fut interprété différemment
et il me répondit : « Oui, mieux vaut arriver tard que blessés. »
Nous sommes parvenus à destination indemnes à 17 h 58 !)

Il restait très peu de temps avant l'interview, et je demandai
à Rony Brauman ce qu'il faisait quand il était en Somalie.
Rencontrer les gens de MSF et d'autres, dont le personnel des
Nations unies, principalement, dit-il, pour aider les premiers à
formuler leurs problèmes et si nécessaire à réorienter leur
mission, mais aussi pour développer le travail d'équipe et se
tenir au courant.

Puis, à l'antenne, il répondit à de nouvelles questions sur la
Somalie, mais cette fois plus approfondies et plus difficiles.
Cela s'acheva vers 19 heures et nous reprîmes la route dans le
trafic des heures de pointe (ce qui se révéla ne pas être un
problème pour une motocyclette : nous filions à 70 km/h entre
les voitures arrêtées, tandis que j'imaginais ce que serait la vie
sans genouillères).

De retour au bureau, nous avons passé quelque temps à
parler de la structure de MSF, de la levée de fonds (dans
laquelle Rony Brauman affirmait ne pas être beaucoup
impliqué), de la rédaction de ses articles et de ses livres sur les
problèmes politiques, et de ses déplacements sur les points
névralgiques — qui sont d'une durée minimale d'une semaine
et qui lui prennent jusqu'à trois mois par an. En puisant dans
ce que j'avais entendu pendant la journée, je lui demandai
pourquoi, dans le même temps où il annonçait le retrait de

MSF de Somalie, lequel s'était effectué trois jours plus tôt, l'organisation recommençait déjà, en fait, d'y envoyer des gens. Les combats ont repris de plus belle, répondit-il, avec leur cortège de violence et de blessures.

Rony Brauman était supposé finir sa journée à 19 h 30 ; mais, quand je suis parti, à 20 h 20, il s'apprêtait à jeter encore un regard sur les dernières nouvelles de Somalie.

UNE JOURNÉE AVEC CATHERINE JOIN-DIÉTERLE, CONSERVATEUR EN CHEF DU MUSÉE DE LA MODE ET DU COSTUME

Dans une vaste salle blanche, un petit morceau toile est en train de sécher sur une table de verre. La lumière la traverse, de sorte que le tissage peut être aligné avec les marques sur la table. Cet élément fait partie d'un vêtement récemment reçu d'une donation, acheté au bas mot 15 000 dollars. Il faudra de quatre heures à quatre jours de travail à temps plein pour le nettoyer. Il sera ensuite rangé dans un sac de toile spécial et entreposé dans des réserves en sous-sol flambant neuves, à température et humidité constantes. Plus tard, il fera peut-être partie d'une exposition, auquel cas quelqu'un passera au moins quatre heures à le disposer sur un mannequin.

Tel est le musée de la Mode et du Costume, gardien de l'héritage de la haute couture française. L'établissement remplit sa mission, unique, avec un sens du détail et un soin rares dans notre monde contemporain. À sa tête depuis de nombreuses années, Catherine Join-Diéterle n'assume pas seulement ce mandat, elle l'incarne dans son style de management et dans son intérêt pour cette institution. Son titre de « conservateur en chef » est on ne peut plus approprié.

Le musée est hébergé dans l'élégant palais Galliera, construit autrefois pour une duchesse. Palais et musée sont aujourd'hui propriété de la Ville de Paris. Il y a là les services administratifs ainsi qu'un espace d'exposition, une bibliothèque et des ateliers pour les dessins et les photographies. La collection de 30 000 costumes (plus quelque 40 000 accessoires : chapeaux, chaussures, gants et même cannes et parapluies) est abritée dans un autre site de Paris, où sont effectués le nettoyage et la restauration.

Je suis arrivé à 8 h 50. Catherine Join-Diéterle m'avait demandé de venir à 9 heures, mais elle était déjà dans son petit bureau, logé sous les toits du musée. Elle organisait sa journée. Nous avons bavardé jusqu'à neuf heures et quart, sur le musée et sa fondation en 1918. En France, la peinture tient la première place et la sculpture la seconde, dit-elle, mais le vêtement a quelque chose de plus personnel, de l'ordre de « la relation avec le corps ».

À 9 h 15 un fax tomba, et nous partîmes d'un pied alerte pour le rez-de-chaussée, tandis que j'emportais un sac Christian Dior plein de vêtements à confier à un spécialiste pour préparation (et couture d'étiquettes afin de décourager le vol). Tout en parcourant les couloirs, Catherine Join-Diéterle rencontra différentes personnes, avec lesquelles elle discuta de donations, du besoin d'un mannequin d'enfant et d'une robe Givenchy.

Nous étions de retour dans le bureau à 9 h 30 quand son assistante Sylvie (« mon bras droit ») appela puis entra avec une pile de papiers administratifs. Elles parlèrent du départ à la retraite d'un membre de l'équipe. Catherine Join-Diéterle téléphona à cette personne à propos de la date de ce départ. Puis l'attachée de presse fit son apparition pour lui montrer un vêtement que lui avait donné une amie. Catherine Join-Diéterle et son assistante discutèrent ensuite du menu de déjeuner pour un groupe de visiteurs, de fleurs pour une soirée de réception en l'honneur du donateur d'une collection de photographies de mode, du type de personne souhaité pour le standard téléphonique, et de quelqu'un qui avait posé sa candidature pour un poste au musée. « Oh, non ! Je connais le bonhomme. Je ne veux pas de lui », protesta-t-elle, ce à quoi Sylvie répondit tranquillement que, peut-être, elle pourrait souhaiter le rencontrer quand même. Elles poursuivirent sur un certain nombre de problèmes, notamment le besoin de quelqu'un pour nettoyer les vitres de l'entrée.

À 9 h 57, quelqu'un apporta le courrier, lequel fut immédiatement ouvert avec Sylvie : factures, invitations, catalogues, « une autre femme qui veut vendre une robe de mariée, je vais l'appeler ». Catherine Join-Diéterle consulta son agenda puis passa une série de coups de téléphone : au sujet d'un mannequin d'enfant, de quelqu'un pour prendre des photos d'une exposition en partance pour le Japon ; à Sylvie à propos de ce photographe, etc.

À 10 h 35, nous sortîmes pour prendre le métro vers une annexe (normalement, Catherine Join-Diéterle circulait à scooter, s'excusa-t-elle, mais comme il n'avait pas de place pour moi, elle l'avait laissé chez elle). Nous arrivâmes à 11 heures pour trouver un certain nombre de personnes piétinant sur le trottoir. Catherine Join-Diéterle réunit le groupe, environ 25 participants venus pour une visite des réserves. Pendant une dizaine de minutes, elle expliqua la nature du musée et le programme de la visite, avant de passer la parole à Jean-François, l'attaché de presse. Celui-ci conduisit le groupe de pièce en pièce — « restauration », nettoyage, installations actuelles d'entreposage, etc. Catherine Join-Diéterle restait avec le groupe et intercalait régulièrement des commentaires (par exemple, à propos d'une robe sur une table de nettoyage, qu'elle décrivit et dont elle précisa qu'elle devait être expédiée au Japon pour une exposition ; ou en expliquant les lumières très faibles par le fait qu'un éclairage trop fort risquait de détériorer le tissu). Elle s'échappait aussi de temps en temps, mettant à profit l'occasion de contacter son équipe opérationnelle sur des sujets divers. Quand le groupe descendit dans les réserves (« 50 % d'humidité, 20 °C »), l'un des participants eut peur de prendre l'ascenseur. Catherine Join-Diéterle l'accompagna donc sur la rampe d'accès. La visite continuait, mais à 12 h 37 elle décida de partir. Nous trouvâmes un petit restaurant à proximité, pour déjeuner et discuter.

« Tout est dans la tête, déclara Catherine Join-Diéterle. Il faut savoir le sortir. » Elle ajouta que sa porte était toujours ouverte, et qu'elle se considérait comme étant là pour être dérangée (bien que parfois il lui faille se réfugier dans la bibliothèque pour pouvoir avancer dans son travail). Elle organisait elle-même certaines expositions et se chargeait des contacts avec les municipalités, tout en confiant de plus en plus le travail administratif — comme les locations — à Sylvie. Le soir, elle faisait ce qu'elle appelait le « travail scientifique » : elle donnait des cours (par exemple, d'histoire de la mode), préparait des catalogues, etc., et évitait le téléphone (à cette époque, son fils avait neuf ans).

De retour à son bureau à 14 h 05, Catherine Join-Diéterle salua une femme qui franchissait la porte (« une fan de costumes »), pris les messages à la réception, et donna plusieurs coups de téléphone, dont un pour trouver quelqu'un qui écrive le texte d'une exposition allemande. Ensuite, le responsable de l'informatique fit son entrée, plusieurs dessins à la main : « J'ai besoin d'un renseignement : est-ce bien du XVIe siècle ? » Elle pensait que non — que c'était dommage, car cela aurait été le plus ancien document du musée. « Pourquoi ne pas ajouter un point d'interrogation ? »

Après plusieurs allées et venues dans son bureau, Catherine Join-Diéterle descendit à 14 h 40 à la rencontre d'un particulier qui souhaitait faire donation au musée d'une collection d'imprimés et d'invitations. Elle les prit et lui fit signer un document reconnaissant la donation. Dix minutes plus tard, elle était de retour dans son bureau pour se plonger dans les papiers administratifs, avec plusieurs interruptions téléphoniques pour des problèmes sans gravité.

À 15 h 17, Sylvie entra, accompagnée d'un homme à qui Catherine Join-Diéterle expliqua en quoi consistait le travail (notamment le fait qu'il demandait du muscle pour transporter des caisses — « ici, nous sommes toutes des femmes ») et quelles étaient les règles de la maison, en particulier la nécessité de prévenir en cas de maladie. À leur départ au bout d'une quinzaine de minutes, je demandai à

Catherine Join-Diéterle comment elle avait pu accepter d'embaucher la personne à propos de qui elle s'était montrée si négative le matin même. « Il vient de traverser des moments difficiles, il fallait lui permettre de s'asseoir un peu », répondit-elle. Elle n'éprouva pas le besoin d'ajouter qu'elle avait suffisamment confiance en Sylvie pour accepter son avis.

À 15 h 40, alors qu'elle était sur le point de m'emmener visiter le musée, Jean-François fit son apparition, et Catherine Join-Diéterle entreprit de lui expliquer comment elle voulait que tel costume soit disposé dans une vitrine. Suivit un autre coup de téléphone à un expert sur les conditions de conservation d'une collection de photographies donnée au musée, de sorte qu'elle puisse en parler au donateur le soir même. Ou du moins, comme elle le confia à Sylvie qui était entrée pendant ce temps, « cette fois, j'ai quelque chose à lui dire » (et d'ajouter « bon, j'ai fait mon boulot »). Sylvie était venue avec les fleurs pour la réception, et elles discutèrent du détail des arrangements.

À 16 h 07, nous avons finalement commencé cette visite et nous avons passé près d'une heure dans les réserves et l'exposition en cours. En chemin, Catherine Join-Diéterle rencontra une femme au foyer qui souhaitait vendre quelques vêtements au musée. Elles franchirent la porte pour aller voir les pièces proposées. Catherine Join-Diéterle n'en avait pas l'utilisation mais, par sympathie pour quelqu'un qui de toute évidence traversait une passe difficile, elle lui donna le nom d'autres acheteurs potentiels.

De retour dans son bureau à 17 heures, elle se mit au travail sur une proposition d'exposition au printemps suivant. Il y eut encore quelques appels téléphoniques et le courrier, puis nous prîmes un peu de temps pour discuter avant l'heure de la réception.

Il n'y a pas de conseil d'administration, précisa Catherine Join-Diéterle. Le conservateur dépend directement de la direction des affaires culturelles de la Ville de Paris. La perception qu'a la ville du musée est, à son avis, très importante ; elle se fonde directement sur les personnes qui visitent les expositions, et indirectement sur ce qu'en reflète la presse. Ce soir-là, en particulier, un homme politique devait prendre la parole, mais Catherine Join-Diéterle avait elle-même rédigé les commentaires qui seraient publiés par son équipe. Elle serait présente, aussi, et circulerait partout.

Je suis parti à 18 h 15, laissant à Catherine Join-Diéterle le temps de se changer pour un élégant tailleur avant la réception de 18 h 30.

LA DIMENSION DUELLE DU MANAGEMENT

Deux journées très différentes ! Deux organisations très différentes, dirigées par des personnes ayant deux styles très différents. L'une de ces organisations parcourt la planète pour traiter des crises humanitaires sur une base intermittente. Elle va là où le monde est malade. Elle s'efforce d'apporter des soins curatifs ou palliatifs, puis elle s'en va. L'autre ne bouge pas d'un millimètre et reçoit des legs qu'elle conservera peut-être à jamais.

Leur management est dans le même ton (voir le tableau) : dans un cas, dramatique, agressif. interventionniste ; dans l'autre, attentif, soigneux, englobant. L'un est yang, de court terme comme une pénétration ; l'autre est yin, de long terme comme une grossesse.

Les caractères du yin et du yang

Yin	Yang
Culture de protection de l'environnement : engageante, englobante	Culture d'ingérence : agressive, interventionniste
Style managérial de soins infirmiers	Style managérial de type intervention médicale
Communication par l'image, la sensation	Communication par les mots, la dramatisation
Travail surtout interne à l'organisation : exécution, détails	Travail surtout externe à l'organisation : réseaux, promotion
Le yin est associé à ce qui est sombre, mystérieux, passif, etc.	Le yang est associé à ce qui est ouvert, clair, actif, etc.
Management équilibré	

Le fait est que tout cela fonctionne plutôt bien, même au niveau de la métaphore. MSF n'est pas seulement « affaire de » médecine mais aussi « semblable à » la médecine : elle prend résolument ses décisions (de traiter une crise ou d'arrêter le traitement), préfère l'aigu au chronique et s'en va quand les conditions se stabilisent. Ce n'est pas une coïncidence si son chef est un médecin. Lui aussi pratique le management comme la médecine — comme un traitement interventionniste — avec des mots qui font fonction d'ordonnances.

Le musée conserve à la fois des habits et un héritage. Il a à sa tête une femme conservateur en chef dont la tâche est affaire d'image et de sensations. Tout comme elle choisit des habits par la vue et le toucher, elle est « en contact » avec chaque détail de son organisation. Lorsqu'elle parlait de la relation intime des vêtements avec le corps, elle aurait aussi bien pu utiliser cela comme métaphore pour illustrer la relation entre la mission et le corps de son organisation, à savoir l'héritage que portent les vêtements dans leur structure soigneusement tissée.

Le travail de Rony Brauman ce jour-là était principalement externe — un travail de réseau et de promotion, qui conduit à élever la voix plus qu'à parler. Celui de Catherine Join-Diéterle, au contraire, était en grande partie interne — faire et détailler, voir et sentir. Ludwig Mies van der Rohe a dit, paraît-il, que « Dieu est dans les détails ». Non pas uniquement en architecture mais aussi en management, si cette journée est de quelque indication.

Bien sûr, il y a plus dans le symbolisme du yin et du yang. Le yin peut être absorbant, mais on le dit sombre, obscur et mystérieux. On dit le yang clair, léger et blanc. Mais peut-être est-ce un peu trop. Et si le yang est actif, le yin est plutôt passif. Peut-être pourrions-nous mettre un peu plus de passivité dans notre management, pour permettre à tous les autres d'être un peu plus actifs.

Par-dessus tout. ces deux « grandes forces cosmiques » ne peuvent, dit-on, exister l'une sans l'autre. Dans la dualité se trouve l'unité : elles sont la lumière dans l'ombre et l'ombre dans la lumière. Si l'harmonie s'obtient quand le yin et le yang sont équilibrés, n'y aurait-il pas quelque rééquilibrage à opérer dans le management ?

La dominante yang, le côté dramatique de MSF et le style correspondant de son leader apparaissent plus représentatifs du style de management pratiqué aujourd'hui. Du moins est-ce ainsi que la presse le dépeint, dans des exemples rédigés par des journalistes en mal de lecteurs. Le drame attire et fait vendre, mais non la routine. Pourtant, la plus grande partie du management est faite de routine quotidienne — pour tenter d'atteindre et de maintenir l'excellence. En ce sens, nous devrions accorder plus d'attention aux mystères du yin. S'il existe effectivement deux visages du management, force est d'admettre que nous avons négligé l'un des deux.

Composé par Compo Sud

Dépôt légal : septembre 2006
N° d'éditeur : 3374
IMPRIMÉ EN FRANCE

Achevé d'imprimer le 12 septembre 2006
sur les presses de l'imprimerie «La Source d'Or»
63200 Marsat
Imprimeur n° 11568